快速看盘

经典技术的108种图谱

刘益杰——编著

图解版

CANDLESTICK CHART

中国铁道出版社有限公司
CHINA RAILWAY PUBLISHING HOUSE CO., LTD.

内容简介

本书以图解为主，文字描述为辅，通过真实的股价走势案例，为读者分析多种股市中常用的技术指标的用法。全书共分 8 章，主要包括 KDJ、WR、BIAS、BOLL、PSY、BRAR、MACD 以及 MA 等几种技术指标。在讲解过程中大量使用一图展示、要点剖析、操盘精髓和分析实例的结构，深入讲解其用法，让读者能够快速理解知识点的含义并应用到实战中。

本书既适合初入股市的股民和希望通过投资股票实现理财的读者，帮助其找到通过技术分析从股市累积财富的方法，也可以作为在股市中打拼多年的投资者查阅各经典技术指标的参考资料。

图书在版编目（CIP）数据

快速看盘．经典技术的 108 种图谱：图解版 / 刘益杰编著．—北京：中国铁道出版社有限公司，2020. 6

ISBN 978-7-113-26848-0

Ⅰ．①快… Ⅱ．①刘… Ⅲ．①股票投资－图解 Ⅳ．① F830. 91-64

中国版本图书馆 CIP 数据核字（2020）第 072321 号

书　　名：快速看盘：经典技术的 108 种图谱（图解版）
作　　者：刘益杰

责任编辑：张亚慧　　读者热线：(010)63560056
责任印制：赵星辰　　封面设计：宿　萌

出版发行：中国铁道出版社有限公司（100054，北京市西城区右安门西街 8 号）
印　　刷：三河市兴博印务有限公司
版　　次：2020 年 6 月第 1 版　2020 年 6 月第 1 次印刷
开　　本：700 mm×1 000 mm　1/16　印张：17　字数：243 千
书　　号：ISBN 978-7-113-26848-0
定　　价：59.00 元

前言

PREFACE

中国的股市虽然起步晚，但随着国民经济的不断发展，股市也逐步走向成熟，越来越多的人将闲散资金投放到股市中，希望通过股市来实现资产的增值。也有一些人将未来美好的生活寄托在股市中，希望能在这里“一夜暴富”。

“工欲善其事，必先利其器。”要在股市中盈利，就需要一把利器来截断亏损，让利润“奔跑”。这把利器就是炒股必备的方法——技术分析。技术分析包括多个方面，如趋势、指标、K线、均线等。

本书以技术分析为基础理论，以技术指标为介绍对象。技术指标是专门用来观察股价运动趋势的参照标准。通过对股票每天的开盘价、收盘价、最高价、最低价进行各种计算，应用它们之间的复杂关系来体现股价的运动轨迹，从而预测股价未来的变动趋势。

精彩内容

本书共分8个章节，包含了108项技术，通过图解方式向读者展示了各种经典技术指标的分析方法，并讲解其具体的实战应用。

第1章 用图掌握KDJ NO.001~NO.013

作为判断短线买卖时机的重要指标，本章介绍了KDJ的计算方法，以及各种指标形态所包含的意义，比如各个值所代表的含义、金叉、死叉等。

第2章 用图掌握WR NO.014~NO.027

本章向读者介绍了WR指标，包括WR取值在超买区的图谱、在超卖区的图谱、在多空平衡区的图谱，以及从超卖区向上爬升超过80的图谱等。

第3章 用图掌握BIAS NO.028~NO.041

本章介绍了BIAS指标，包括BIAS指标的正乖离率、负乖离率、BIAS始终围绕着0的图谱、短期BIAS向上突破中长期BIAS的图谱等。

第4章 用图掌握BOLL NO.042~NO.054

本章主要介绍了BOLL指标，包括BOLL上轨压力作用、BOLL下轨支撑作用、股价在中轨上方运行、股价在中轨下方运行等。

第5章 用图掌握PSY NO.055~NO.066

本章介绍了PSY指标，包括PSY值大于50的图谱、PSY值小于50的图谱、PSY在50左右徘徊的图谱、PSY达到或超过75时的图谱等。

第6章 用图掌握BRAR NO.067~NO.080

本章介绍了BRAR指标，包括AR值在80~120之间的图谱、AR值大于180时的图谱、AR值小于40时的图谱、AR值高位与股价形成顶背离的图谱等。

第7章 用图掌握MACD NO.081~NO.094

本章介绍了MACD指标，包括DIF和DEA在0轴上方并向上运行的图谱、DIF和DEA在0轴下方并向下运行的图谱、DIF和DEA在0轴上方并同步向下的图谱等。

第8章 用图掌握MA NO.095~NO.108

本章介绍了MA指标，包括移动平均线低位金叉、移动平均线高位死叉、移动平均线W底形态、移动平均线M顶形态等。

内容特点

本书对股市中的各类经典指标做了专门介绍，包含丰富的图例，每个技术指标的每种形态都有一个案例，案例中的图上有进行充分说明的图标注，能够帮助读者更直观地感受案例所要表达的内容，让读者更快地学会本书包含的知识。

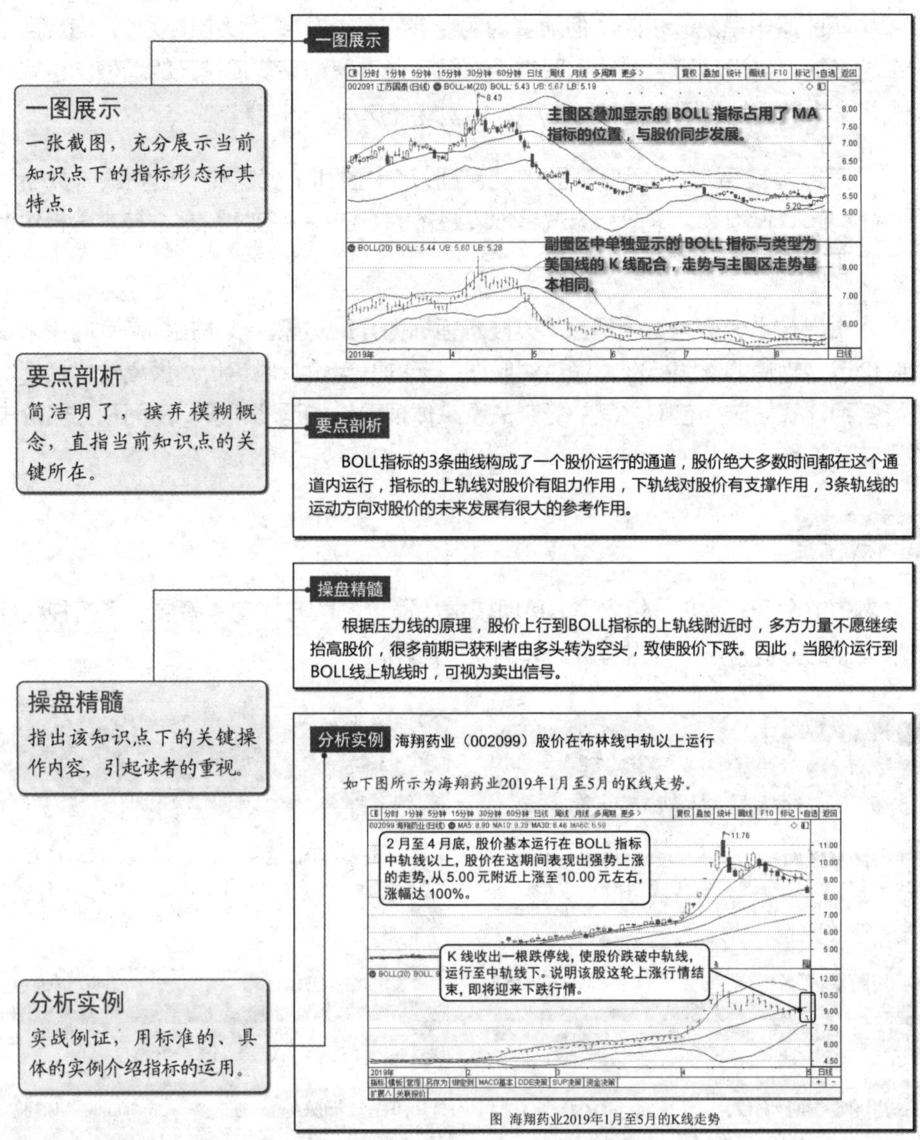

读者对象

无论是初次接触股市的新股民，还是经验丰富的老股民，本书都不失为一本了解股市、培养技能的好书。可以重点学习技术指标的各种形态与股价的关系，认真分析案例中的股票，充分理解和掌握指标的用法。

股市有风险，入市需谨慎。

编　者
2020年3月

目录
CONTENTS

第8章 用图掌握MA......231

第 1 章 用图掌握KDJ

KDJ 指标通过当日或最近几日最高价、最低价及收盘价等波动的波幅，来反映价格趋势的强弱，它是投资者判断买卖时机的常用指标之一。由于 KDJ 指标对行情的反应速度很快，给出的买卖信号也容易把握，因此受到众多投资者的喜爱。

NO.001

KDJ 参数图谱展示

KDJ 指标中文又称随机数指标，是超买超卖型指标之一。KDJ 指标由 K 线、D 线和 J 线 3 条曲线构成，3 条曲线各带一个参数，表示指标的周期。

一图展示

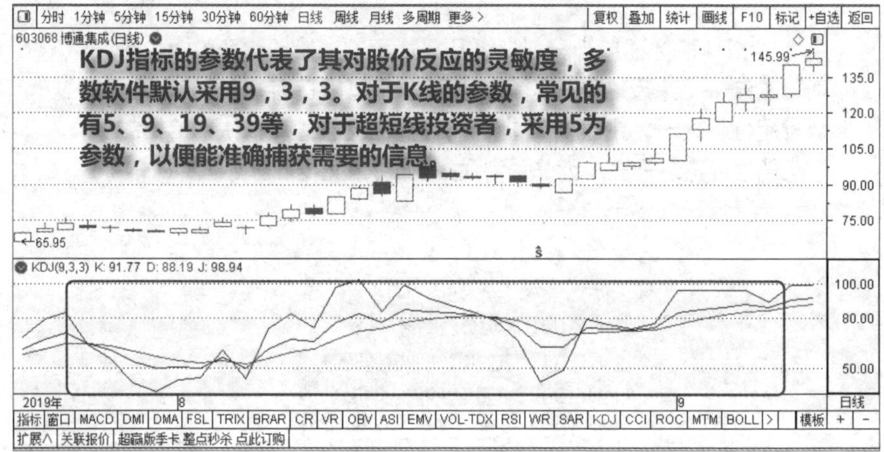

要点剖析

KDJ 指标在计算过程中，需要先计算出一个未成熟的随机值 RSV 作为中间变量，其完整计算公式如下。

RSV=(CLOSE−LLV(LOW,N))/(HHV(HIGH,N)−LLV(LOW,N)) × 100。

K=SMA(RSV,M1,1)。

D=SMA(K,M2,1)。

J=3 × K−2 × D。

在以上计算过程中，以 N 代表中间变量 RSV 的周期（即 KDJ 指标的综合周期），以 M1 代表 K 曲线参数，M2 代表 D 曲线参数，各表达式含义如下。

- CLOSE：当日收盘价。
- LLV(LOW,N)：N日内最低价的最低值。
- HHV(HIGH,N)：N日内最高价的最高值。
- SMA(RSV,M1,1)：RSV的M1日[1日权重]移动平均，即K曲线的值。
- SMA(K,M2,1)：K的M2日[1日权重]移动平均，即D曲线的值。
- 3×K-2×D：3倍当日K值减去2倍当日D值，即J曲线的值。

通过公式可以看出，参数 N 和参数 M1 的变化会影响整个指标体系中 3 条曲线的走势，参数 M2 的变化仅影响 D 曲线和 J 曲线的走势。在该指标中，N 值的最小取值为 2，最大取值为 90；M1 和 M2 的最小取值为 2，最大取值为 30。

操盘精髓

KDJ 指标在不同的 K 线周期中的表现是不相同的，通常投资者都仅对日 KDJ 指标进行分析，而忽略了周 KDJ 指标和月 KDJ 指标，如下图所示。

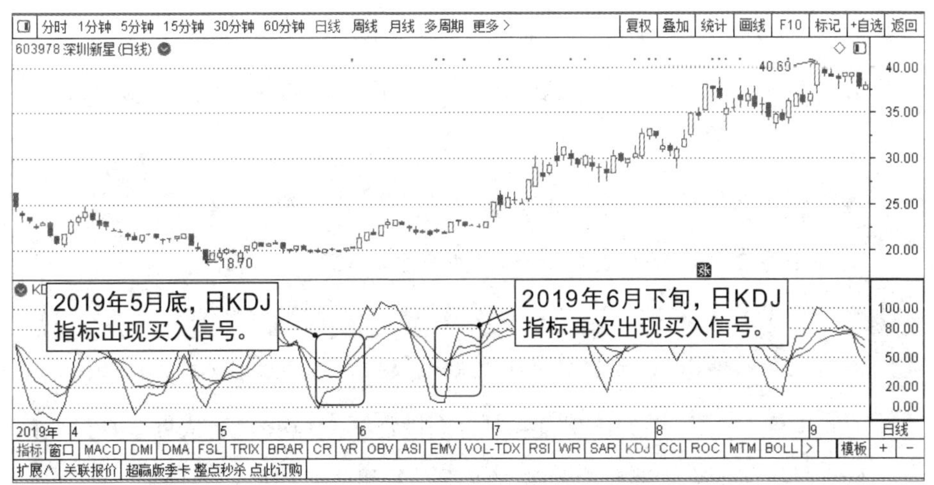

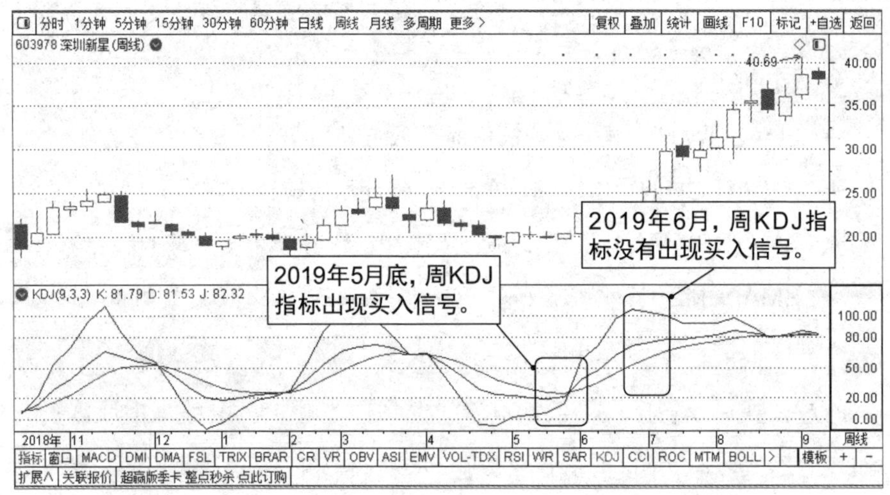

不同周期KDJ指标的信号指示

可以看出，日 KDJ 对股价变化方向反应极为敏感，是日常买卖进出的重要方法。但主力平时运作时更偏重周 KDJ 所处的位置，他们的操作往往造成日 KDJ 的钝化现象。因此，在实际操作中，投资者应尽量与周期指标相互配合来决定买卖时机。

在实战操作中，KDJ 指标根据各条曲线的数值以及与其他曲线的位置关系判断买卖时机，可参考如下法则。

- 当K值大于80时，认为进入超买区，股价回档概率大，宜逢高卖出。
- 当K值小于20时，认为进入超卖区，股价反弹概率大，可逢低吸入。
- K曲线在20左右自下而上突破D曲线时，视为买进信号。
- K曲线在80左右自上而下穿破D曲线时，视为卖出信号。
- 当J值大于100时，股价容易反转下跌，及时出逃为佳。
- 当J值小于0时，股价反转上涨概率较大，可逢低吸入。

KDJ 指标作为很多投资者确定中短期投资买卖点的判断依据，其最大的优点就是对行情反应的速度非常快，能提前给投资者提供买卖信号。

然而它的优点也正是它的不足，由于该指标对行情过于敏感，可能导致投资者过早入场而被套，或者过早离场而降低收益。因此，建议投资者在使用该指标时，应尽量结合其他指标综合分析后再做决策。

NO.002

掌握 KD 线取值的图谱

KDJ 指标中的 K 曲线和 D 曲线属于移动平均线类型，根据计算公式可知，K 曲线和 D 曲线的取值范围在 0 ~ 100，其取值所在区间可以提供较好的买卖信号。

一图展示

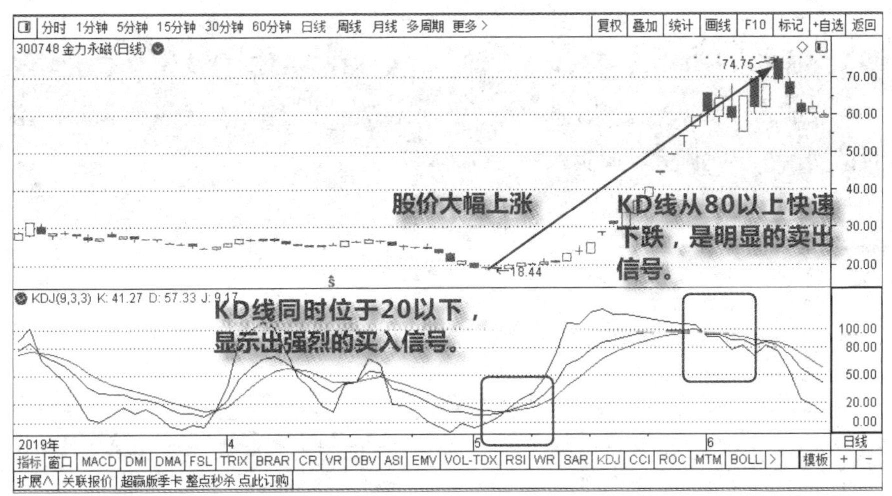

要点剖析

根据最通用的划分方法，将 KD 指标的值划分为 0 ~ 20、20 ~ 50、50 ~ 80 以及 80 ~ 100 共 4 个区间。在一般的股市行情中，通常认为当 KD 值小于 20 时即进入超卖区，股价反弹概率较大，可适时买入；当 KD 值大于 80 时即进入超买区，股价回档几率较大，宜择机卖出。

操盘精髓

以上划分方法仅是 KDJ 指标的初步应用，利用 KD 线的值来判断买卖时机还需要根据实际操作的股票的行情来确认超买区和超卖区。

在 K 曲线与 D 曲线的组合中，K 曲线是快速确认线，数值在 90 以上视为超买，在 10 以下视为超卖；D 曲线是慢速主干线，数值在 80 以上视为超买，数值在 20 以下视为超卖。以此标准来确定买卖时机，成功率会提高很多。

要点提示 *什么是超买与超卖*

超买和超卖都是股票市场中的一种现象，当某一时间段内，买入股票的人数过多并超过一定比例，就可认为出现超买现象。反之，当卖出股票的人数过多并超过一定比例，就可认为出现了超卖现象。

单从字面意义理解，也可认为超买即超出买方的承受能力，超卖即超出卖方的承受能力。根据“反群众心理”的操作思维，当股市出现超买现象时，宜反向卖出，反之则宜反向买入。

分析实例 光威复材（300699）由KD取值判断买卖时机

如下图所示为光威复材2018年7月至2019年1月的K线走势。

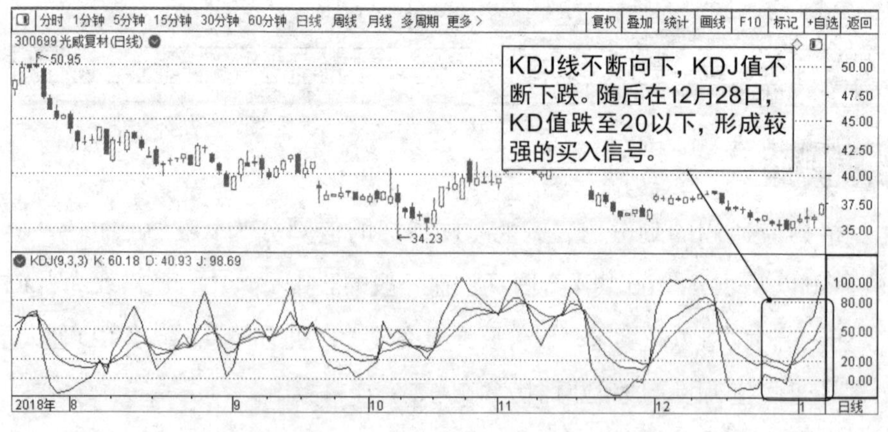

光威复材2018年7月至2019年1月的K线走势

从图中可以看出，该股前期处于下跌行情中，股价从50.00元价位线附近下跌至35.00元左右，跌幅达到30%。此时，KDJ线不断向下，KDJ值不断下跌。随后在12月28日，KD值跌至20以下，形成较强的买入信号。再看此时该股的整体走势，经过前期5个多月的下跌，已经到达了一个相对低点，因此当KDJ出现该现象时可判断为一个强买入信号。

如下图所示为光威复材2018年11月至2019年4月的K线走势。

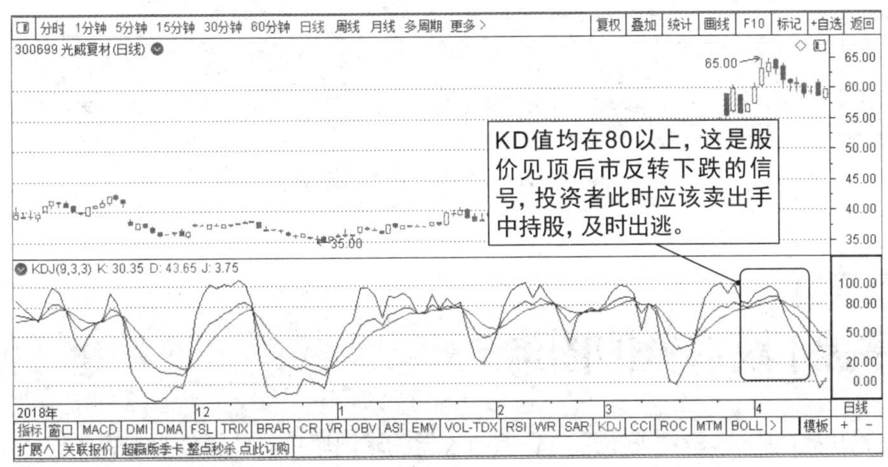

光威复材2018年11月至2019年4月的K线走势

从图中可以看到，KDJ出现KD值跌至20线以下发出买入信号，股价开启了一轮上涨行情，将股价从35.00元拉升至60.00元价位线附近。说明之前的KDJ买入信号较为准确，如果投资者在当时买入必然会得到不错的回报。

但是，股价在60.00元的高价位区域出现滞涨，K线连续收出阴线降低股价，此时查看KDJ发现，KD值均在80以上，这是股价见顶，后市反转下跌的信号，投资者此时应该卖出手中持股，及时出逃。

如下图所示为光威复材2019年3月至6月的K线走势。

从图中可以看到，KDJ出现KD值大于80发出卖出信号后，股价反转下跌，股价从45.00元附近跌至最低的30.80元，跌幅较深。因此，如果投资者在卖出信号出现时及时卖出持股，可避免损失。

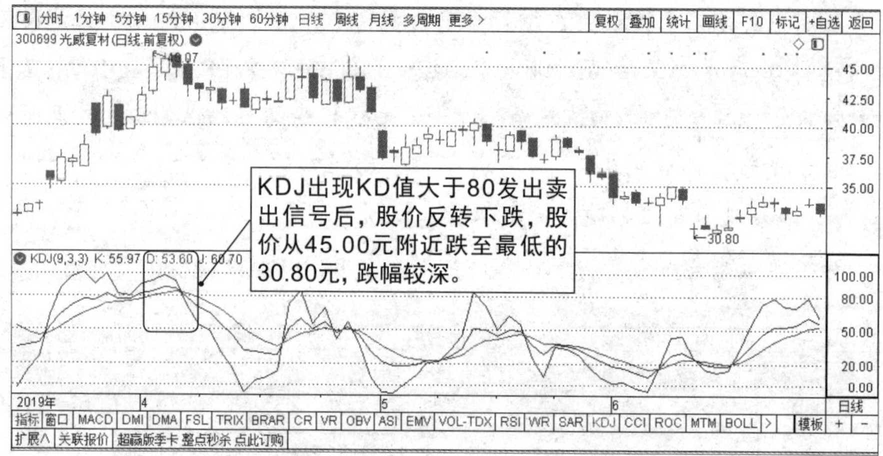

光威复材2019年3月至6月的K线走势

NO.003

掌握 J 线取值的图谱

在 KDJ 指标中，J 曲线的本意为 D 值与 K 值的乖离率，其计算公式中的 3 和 2 也表示了对 D 值与 K 值的权重处理。J 值可以大于 100，也可以小于零。J 值存在于该指标中的主要意义是确定何时执行操作。

一图展示

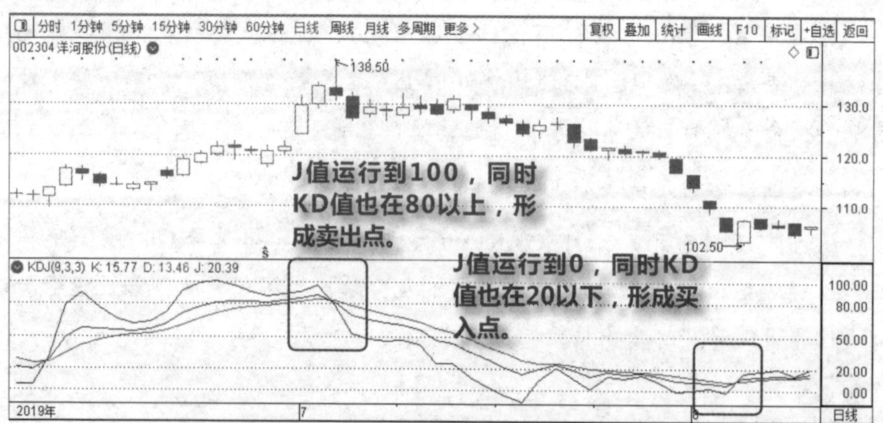

要点剖析

J值来源于3倍K值与2倍D值的差，它显示了K值与D值的偏离程度，当K值偏离D值较远时，就会向D值靠拢。而K值偏离D值越远，J的取值就会越大，因此当J值超过正常范围时，即可视为采取行动的信号。

操盘精髓

J值的取值既可以小于0，也可以大于100，其取值在0～100为正常范围，当J值超出此范围时，即表示应采取相应的行动来应对市场的变化。

当J值小于0时，表示超卖现象出现，发出买入信号，如果此时KD值也出现买入信号，并且股价已处于相对低位，则可拿出部分资金买入。相反，当J值大于100时，表示超买现象出现发出卖出信号，如果此时KD值也出现卖出信号，并且股价也处于相对高位，则应及时卖出部分股票以观后市发展。如果J值连续多个交易日处于100或大于100，则容易形成短期的头部，投资者应及早把握时机离场，避免股价回调可能带来的损失。

分析实例 兆易创新（603986）根据J值确定买卖时机

如下图所示为兆易创新2019年3月至6月的K线走势。

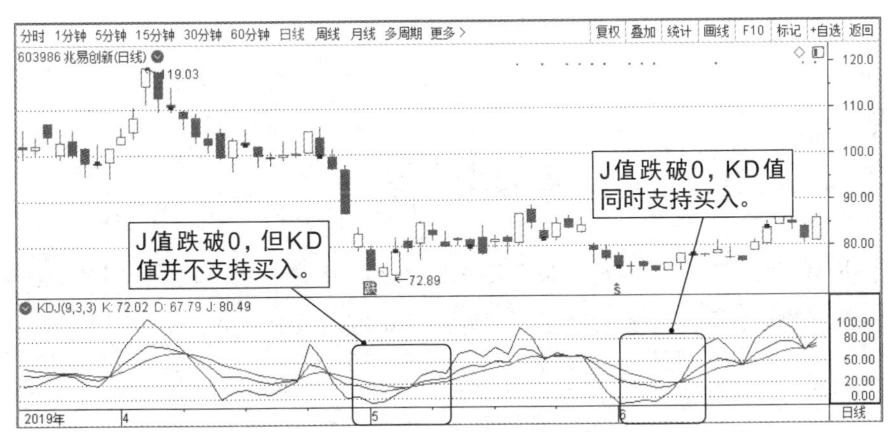

兆易创新2019年3月至6月的K线走势

从图中可以看到，该股股价处于下跌行情中，股价从110.00元的高位下跌至80.00元左右止跌，在该时间段内J值两度跌破0值。5月6日左右J值跌破0值，但此时的KD值并未显示买入信号。随后6月6日左右，J值再次跌破0值，KD值也达到20以下，表示股价已经达到一个相对低位。6月10日开始调头，此时可以适当买入。

如下图所示为兆易创新2019年4月至9月的K线走势。

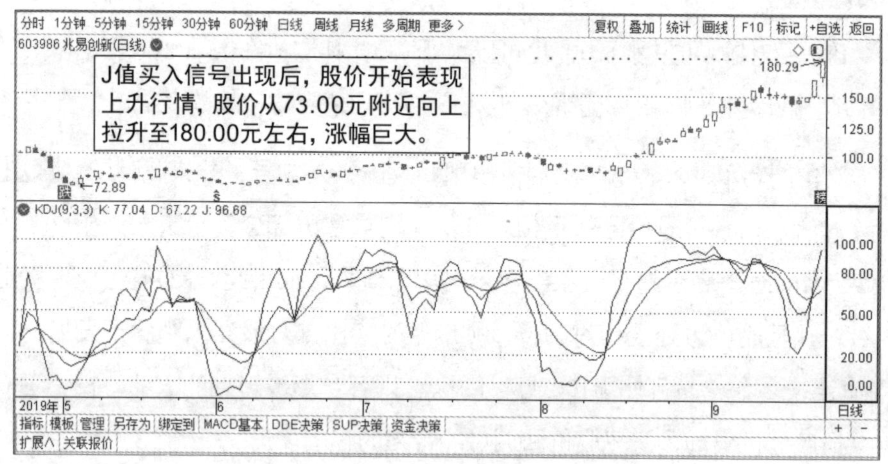

兆易创新2019年4月至9月的K线走势

从图中可以看到，J值买入信号出现后，股价开始表现上升行情，股价从73.00元附近向上拉升至180.00元左右，涨幅巨大。由此说明KDJ值的买入信号判断准确。

NO.004

掌握 KDJ 向上运动的图谱

当股价连续几个交易日均为上涨行情时，J 曲线将快速上扬，如果此时 K 曲线和 D 曲线也同步上行，则可形成 KDJ 同步向上运动的现象。

一图展示

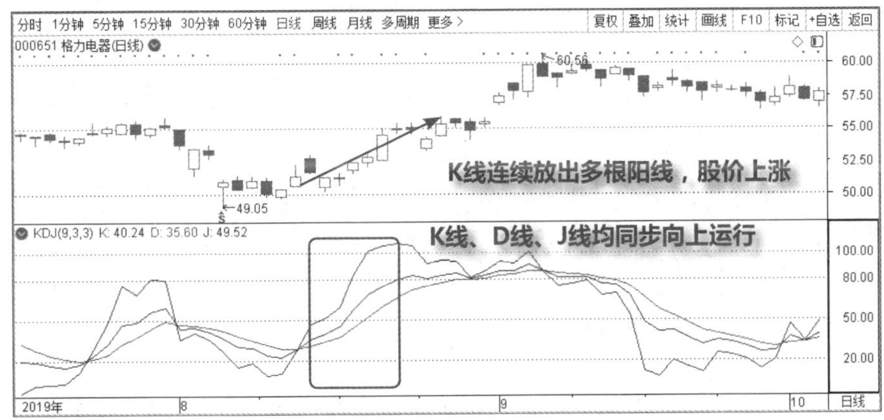

要点剖析

股价强势上行的行情不可能持续很长时间，因此 K 曲线、D 曲线和 J 曲线同步向上运行的时间也比较短暂，如果没有其他技术指标的支持，切莫盲目追涨。

操盘精髓

KDJ 指标 3 条曲线同步上行的情况虽然多见，但持续时间都非常短暂，要把握这样的行情并不容易。该指标中 J 曲线的敏感性最高，当 J 曲线有调头向下的趋势，K 曲线和 D 曲线也有逐步走平迹象时，表示上涨行情即将结束，此时不能追涨，投资者宜持币观望。

分析实例 数据港（603881）KDJ同步向上运动分析

如下图所示为数据港2019年6月至9月的K线走势。

从图中可以看到，7月22日左右，J曲线从20值以下快速调头上扬，随后KD曲线也先后转头向上。从23日开始，股价连续上涨，使得KDJ的3条曲线同步上行，形成强势上涨趋势，经过短短的十几个交易日，股价从30.00元左右上涨至38.00元左右，涨幅接近27%。

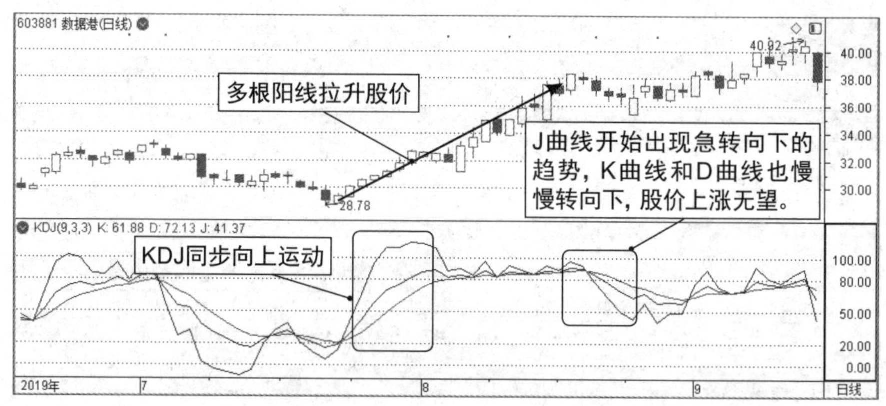

数据港2019年6月至9月的K线走势

但是股价上涨至38.00元的价位线后表现出横盘走势，K线在38.00元价位线附近上下波动。从8月19日左右，J曲线开始出现急转向下的趋势，同时K曲线和D曲线也慢慢转向下运行，后市强势上涨的可能性已不大。

NO.005

掌握KDJ向下运动的图谱

当股价连续几个交易日均为下跌行情时，J曲线将快速下滑，如果此时K曲线和D曲线也同步下行，则可形成KDJ同步向下运动的现象。

一图展示

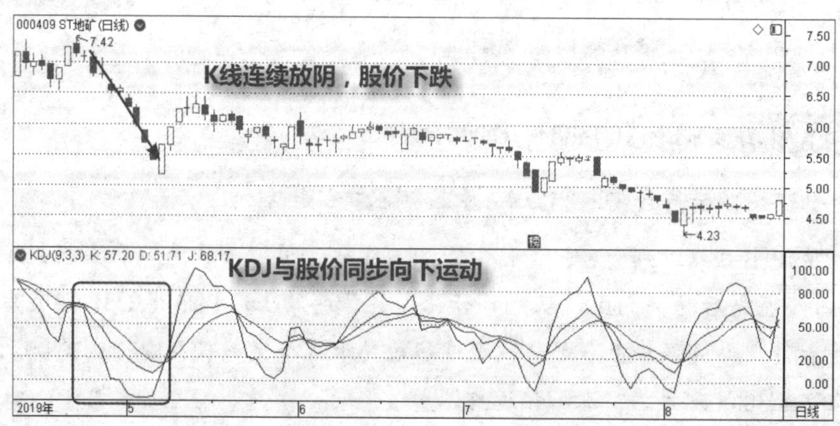

要点剖析

如果 KDJ 指标的 3 条曲线同步向下运动，说明股价跌势已经开始，若持有已获利股票，宜及早卖出，未入场者宜持币观望，切莫在此时入场。

操盘精髓

当 KDJ 指标从高位（K 值、D 值和 J 值同时大于 50）同步向下运行时，表示在短时间内股价还将继续下跌，是持币观望的信号，如果没有确切的可介入的信号支持，投资者切不可盲目入场。

分析实例 合肥百货（000417）KDJ指标同步向下运动

如下图所示为合肥百货2019年2月至8月的K线走势。

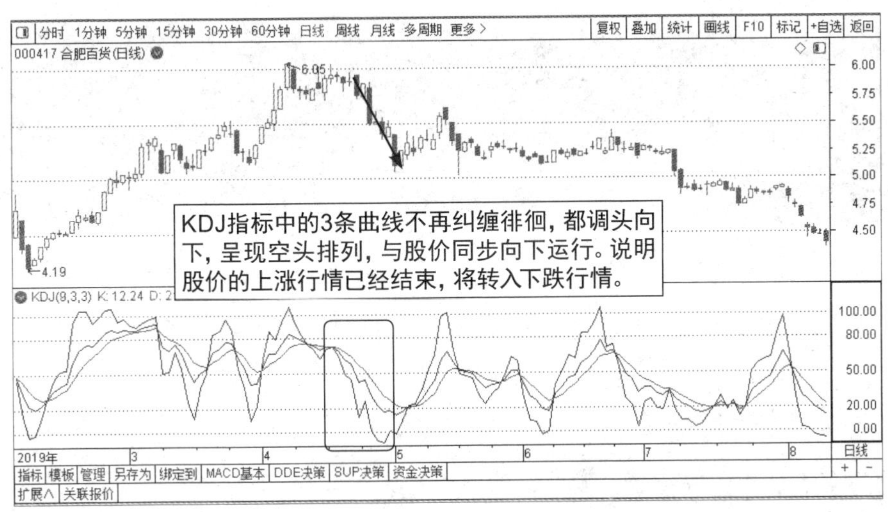

合肥百货2019年2月至8月的K线走势

从图中可以看到，该股前期表现上涨行情，股价上涨至6.00元价位线附近后滞涨，并表现横盘整理走势。4月25日K线收出一根大阴线，股价调头向下。此时KDJ指标中的三线不再纠缠徘徊，都调头向下，呈现空头排列，与股价同步向下运行。说明股价的上涨行情已经结束，转入下跌行情。

NO.006

掌握 KD 中位金叉的图谱

KDJ 指标运行在 50 线附近时，对股价行情没有明确的指导意义，但如果 KD 曲线在此附近形成黄金交叉，则预示短期的上涨行情的到来。

一图展示

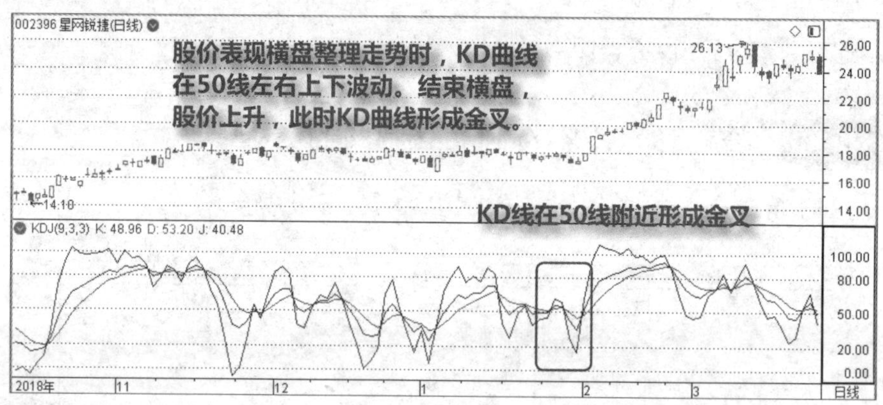

要点剖析

中位金叉出现在股价低位盘整或上涨过程中的横盘整理末期，在股价整理期间， KDJ 指标需要运行于 50 线附近，当 K 线自下而上突破 D 线形成交叉时，即为中位金叉，表明行情正处于或即将进入强势上涨行情。

要点提示 *什么是金叉*

金叉即黄金交叉的简称。短期移动平均线自下而上穿过中期或长期移动平均时，两条移动平均线相对位置变化形成的交叉点就称为黄金交叉。黄金交叉这一概念不仅适用于收盘价简单移动平均线（简称均线），也适用于任何具有均线性质的两条不同周期的指标曲线，如平滑异同移动平均线、KDJ 指标、趋向指标等具有多条曲线的技术指标。

操盘精髓

利用 KD 中位金叉来操作股票经常容易失败，这是因为 KDJ 指标本身对行情的反应就过于敏感，而 KD 曲线在 50 线附近的交叉也频频出现，如果不配合股价的实际走势分析，很容易将普通的 KD 线金叉认为是中位金叉。

正确的中位金叉必须出现在股价低位整理或上涨过程中的横盘整理末期，而在股价整理期间，KDJ 指标也需要在 50 线附近波动。在确认了 KD 线的中位金叉后，当金叉形成的时候，就是最好的短线介入时机。

分析实例 **生益科技（600183）中位金叉后继续上涨**

如下图所示为生益科技2019年1月至6月的K线走势。

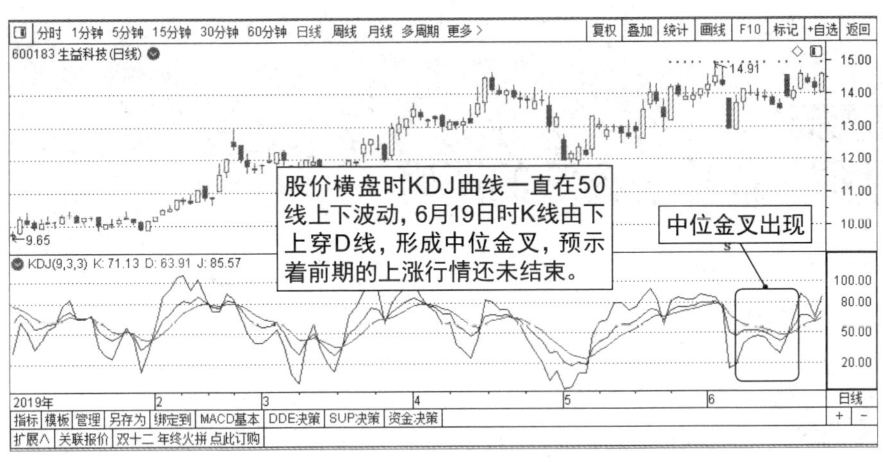

生益科技2019年1月至6月的K线走势

从图中可以看出，该股处于上升行情，股价从10.00元附近上涨至14.00元附近后止涨，随后在14.00元价位线表现横盘走势。此时查看KDJ发现，股价横盘时KDJ曲线一直在50线上下波动，6月19日K线由下上穿D线，形成中位金叉，预示着前期的上涨行情还未结束，股价还有上涨的空间。

如下图所示为生益科技2019年6月至9月的K线走势。

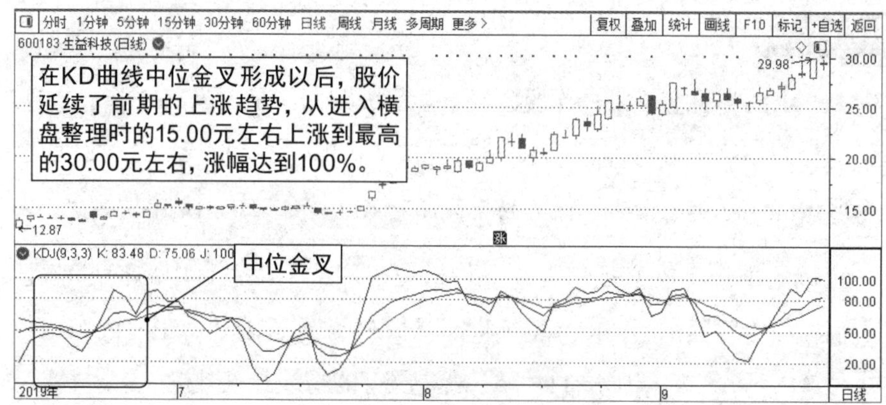

生益科技2019年6月至9月的K线走势

从图中可以看出，在KD曲线中位金叉形成以后，股价延续了前期的上涨趋势，从进入横盘整理时的15.00元左右上涨到最高的30.00元左右，涨幅达到100%。由此可知，KD中位金叉为可靠的股价继续上涨信号。

NO.007

掌握 KD 中位死叉的图谱

与 KD 中位金叉意义相反，当 KD 曲线在 50 线附近形成死亡交叉时，则预示着短期下跌行情的到来。

一图展示

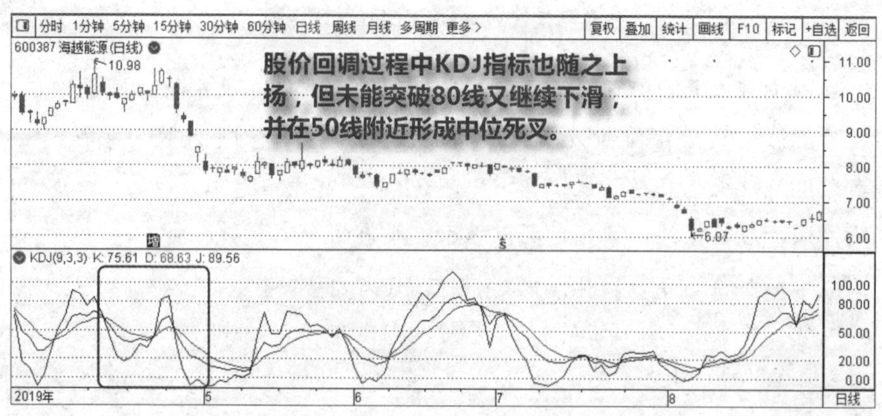

要点剖析

中位死叉的确认需要有股价长期下跌后的回暖支持，当股价下跌后开始反弹，但受到各方面的压力使得反弹无力，KDJ 指标表现出有少许上涨，但未能突破 80 线又继续下跌，并在 50 线附近形成死叉。

操盘精髓

中位死叉出现在一段较长时期的下跌行情后，股价有所回暖，但 KD 曲线始终运行在 50 线附近。如果 K 曲线自上而下在 50 线附近穿破 D 曲线时形成中位死叉，这预示目前股价还有继续下跌的可能，宜减持为佳。

分析实例 博天环境（603603）中位死叉后继续下跌

如下图所示为博天环境2019年3月至6月的K线走势。

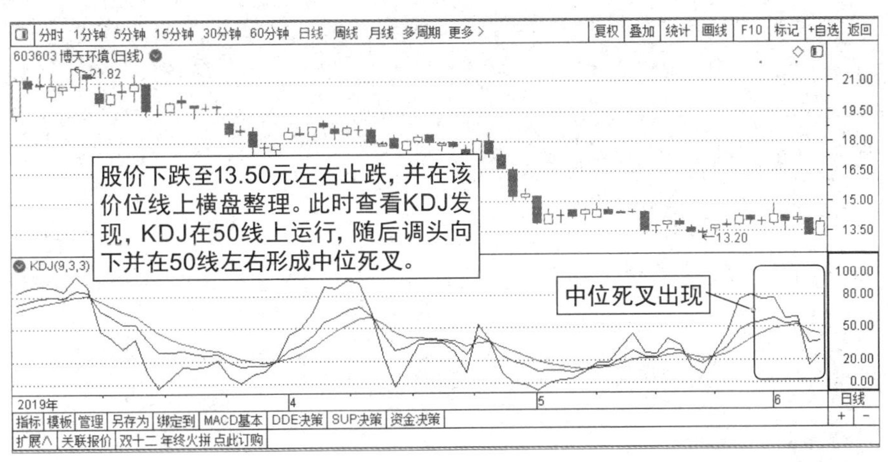

博天环境2019年3月至6月的K线走势

从图中可以看出，该股处于下跌行情，股价下跌至13.50元左右止跌，并在该价位线上横盘整理。此时查看KDJ发现，KDJ在50线上运行，随后调头向下并在50线左右形成中位死叉。表示当前行情反弹无力，股价还有继续下跌的空间，投资者不宜在此时跟进。

如下图所示为博天环境2019年5月至8月的K线走势。

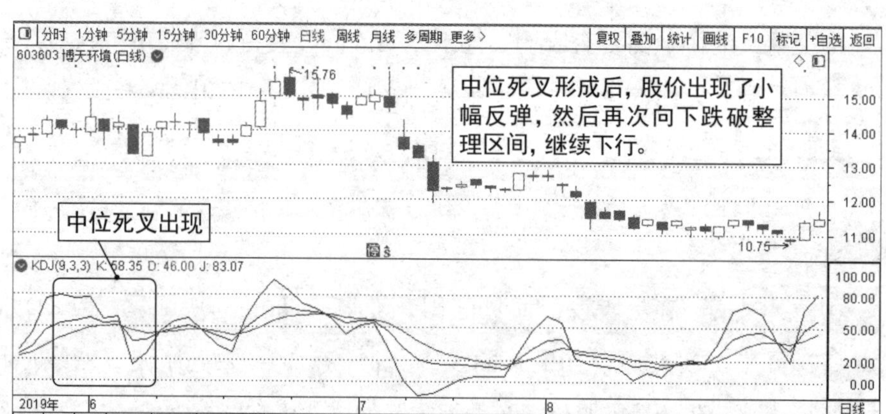

博天环境2019年5月至8月的K线走势

从图中可以看出，在KD中位死叉形成后，股价出现了小幅反弹，然后再次向下跌破整理区间，继续下行，股价从15.00元附近下跌至11.00元左右，下跌幅度超过26%，如果投资者认为反弹是上涨的开始而跟进，后市将损失惨重。

要点提示 *关于KDJ死叉的相关说明*

死叉即死亡交叉的简称，与黄金交叉相反，它是由K曲线从上往下穿破D曲线形成的。死亡总会给人带来不祥的感觉，死亡交叉正包含了这层含义，无论它出现在什么地方，都意味着股价有下跌的可能。

NO.008

掌握KD高位金叉的图谱

KD曲线长期运行在50线以上，K曲线突然发力向上，并在80线附近突破D曲线即形成KD高位金叉。

一图展示

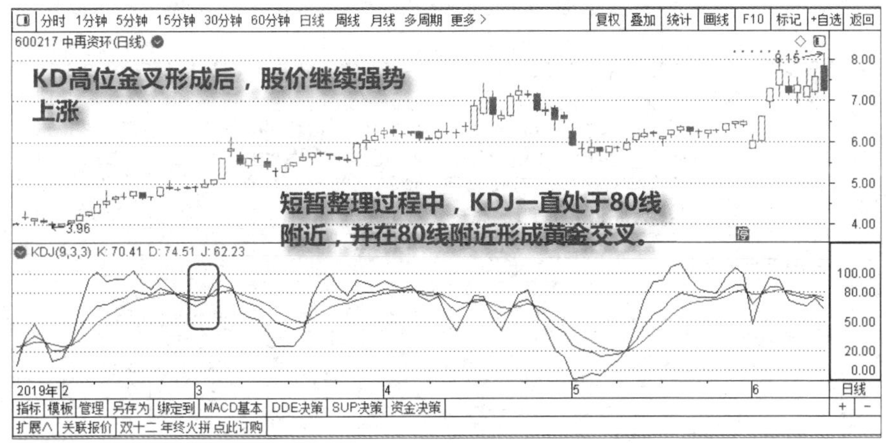

要点剖析

KD 高位金叉的情况很难遇到，通常出现在大牛市行情中。KD 高位金叉的出现意味着股票的上涨行情还未结束，还将有一段较短时间内的强势上涨。只要认准此形态，短线投资者可适当加码跟进。

操盘精髓

KD 高位金叉显示出极强的行情走势，当股价经过一段时间的上涨后，在相对高位徘徊，此时 KD 曲线也运行在 80 线附近。当 K 曲线突然向上，在 80 线附近突破 D 曲线时 KD 高位金叉即形成。

此形态的形成时间较短，行情的持续时间则视当前整个股市的大行情而定，如果整体行情为强势行情，投资者可在 KD 高位金叉形成时适量跟进，如果此后 KDJ 指标一直运行在 50 线以上，则需要时时关注市场变化，一旦出现可靠的卖出信号，投资者应及时出手。因为绝大多数情况下，KD 高位金叉出现后不久，行情就会见顶。

分析实例 力帆股份（601777）高位金叉迎来大幅上涨

如下图所示为力帆股份2018年10月至2019年3月的K线走势。

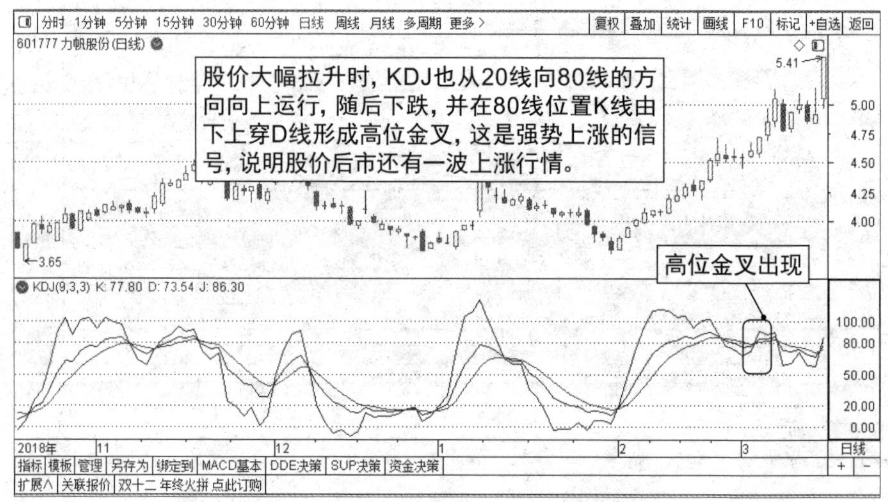

力帆股份2018年10月至2019年3月的K线走势

从图中可以看出，该股表现上升行情，股价从3.65元上涨至4.50元后下跌。整理一段时间后，K线连续收出多根阳线大幅拉升股价，股价从3.50元附近上涨至5.00元左右止涨，涨幅达37%。由此得知，股价已经涨至高位区域。

此时查看KDJ发现，股价大幅拉升时，KDJ也从20线向80线的方向运行，随后下跌并在80线位置K线由下上穿D线形成高位金叉，这是强势上涨的信号，说明股价后市还有一波上涨行情，投资者可以积极追涨。

如下图所示为力帆股份2019年1月至4月的K线走势。

从图中可以看出，KDJ指标在80线以上运行时间持续一个多月，股价在这段时期内一直强势上涨，从4.50元左右上涨到最高的9.65元，涨幅达到110%。直到KDJ指标开始向下跌破80线时，上涨行情才结束。

高位金叉为股价继续上涨的可靠信号，投资者发现该形态之后要敢于追涨，才能获得高回报。

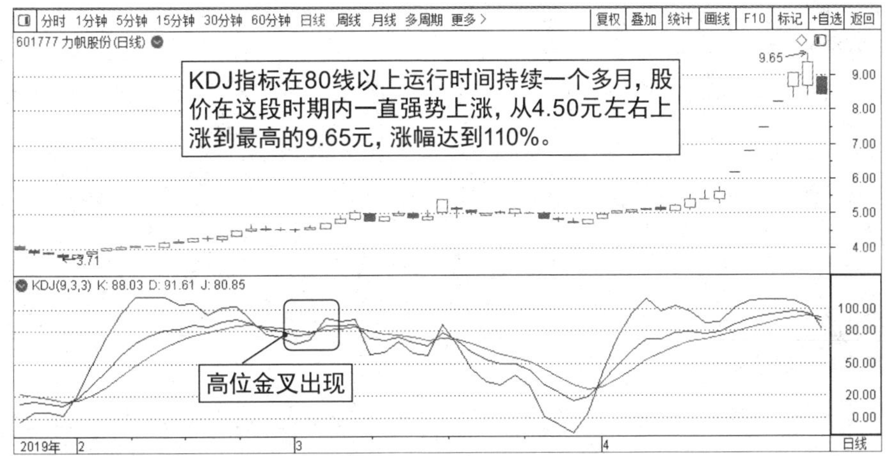

力帆股份2019年1月至4月的K线走势

NO.009

掌握 KD 高位死叉的图谱

KDJ 曲线运行在 80 线附近，如果 K 曲线从大于 80 的位置自上而下在 80 线附近突破 D 曲线，即形成 KD 高位死叉。

一图展示

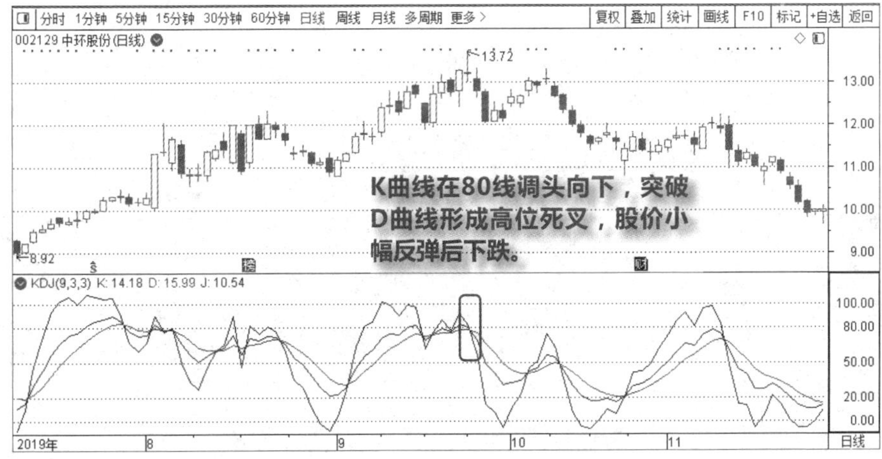

要点剖析

KDJ 指标运行到 80 线以上，通常都会形成死叉，但并不是每一个在 80 线以上形成的死叉都是 KD 高位死叉，这需要有股价的配合。只有当股价在经过一段较长时期的上涨，股价已经达到一个相对高位时，如果 KD 曲线在 80 线附近或以上形成的死叉才可算作 KD 高位死叉。

操盘精髓

KD 高位死叉是股市由强势转为弱势的重要信号，预示着股价将会有一波深幅下跌，投资者应及时卖出股票以防转势带来的不可预知的损失。

由于 KDJ 指标的敏感性很强，为了避免 KD 高位死叉时，投资者过早出局而没能等到真的顶部形成，造成收益减少，可在 KD 死叉形成后再稍做观望，如果能等到 KD 在 80 线附近连续出现两次以上的高位死叉，则第 3 次死叉形成时为最佳的卖出时机。

分析实例 同大股份（300321）KDJ高位死叉操作分析

如下图所示为同大股份2018年10月至2019年4月的K线走势。

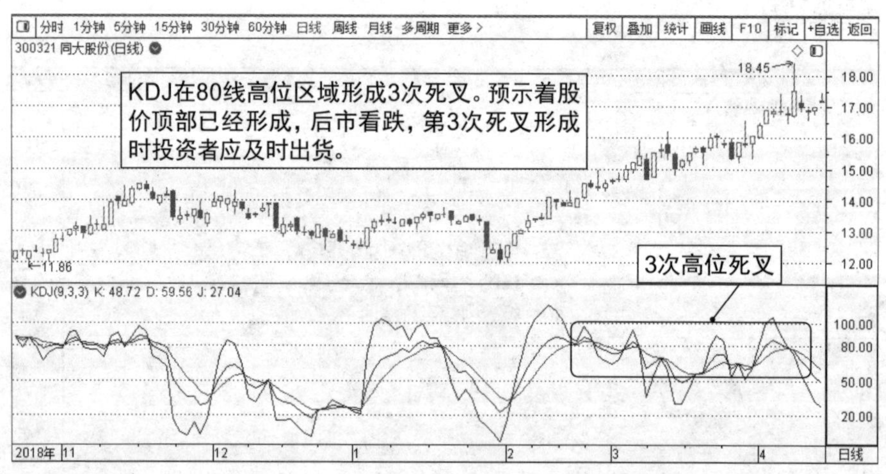

同大股份2018年10月至2019年4月的K线走势

从图中可以看出，该股处于上涨行情，前期涨势缓慢，进入2019年2月以后突然强势上涨，此时KDJ指标的3条曲线同时运行到80线以上，然后一直在50至80区间波动。

在强势上涨的行情作用下，KD曲线交错运行，在2月26日形成了第一个高位死亡交叉，但股价并没有调头的趋势，并且死亡交叉形成以后，KD曲线也没有下滑到80线以下，继续在3月7日和4月8日分别形成2次高位死叉，预示着股价头部已经形成，后市看跌，第3次死叉形成时投资者应及时出货。

如下图所示为同大股份2019年2月至8月的K线走势。

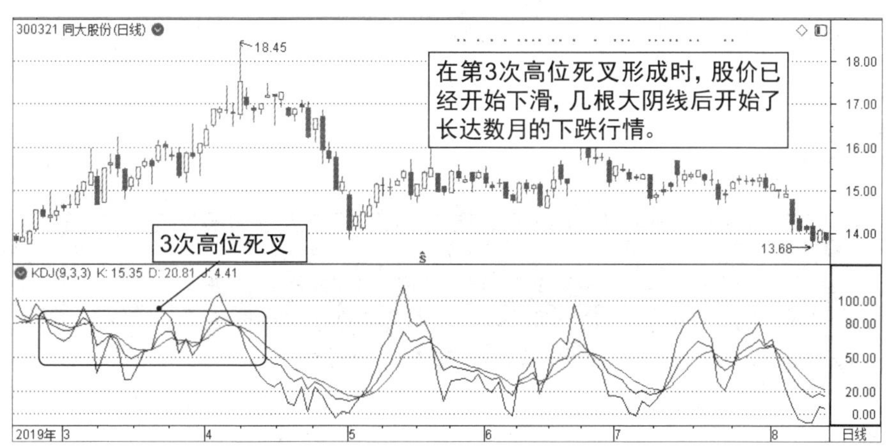

同大股份2019年2月至8月的K线走势

从图中可以看出，在第3次高位死叉形成时，股价已经开始下滑，几根大阴线后开始了长达数月的下跌行情。

所以如果投资者在第一次高位死叉出现时卖出股票，虽然能够避免后市下跌的损失，但是会极大程度上降低自己的投资收益，而在第3次高位死叉出现时卖出股票，则等到了真正的股价顶部，收益也最大化了。

NO.010 掌握KDJ和股价的底背离图谱

K线图中股价的总体运行方向是在一波一波下跌，而KDJ指标的总体运行方向却没有下跌甚至有所上涨，这就形成了 KDJ 指标与股价的底背离。

要点提示 *KDJ 指标的逆向底背离*

如果股价在整体下跌的行情中形成了两个相对底部，但后一个底部比前一个底部略高，而 KDJ 指标也在对应时期形成两个底部，但这两个底却是正常的后一底低于前一底，这样也形成了 KDJ 指标与股价的底背离，但这种底背离通常被称为“逆向底背离”。

逆向底背离的出现一般都在股价下跌行情中的反弹期，但反弹时间不宜过长，幅度也不宜过大，否则背离情况将失败。

一图展示

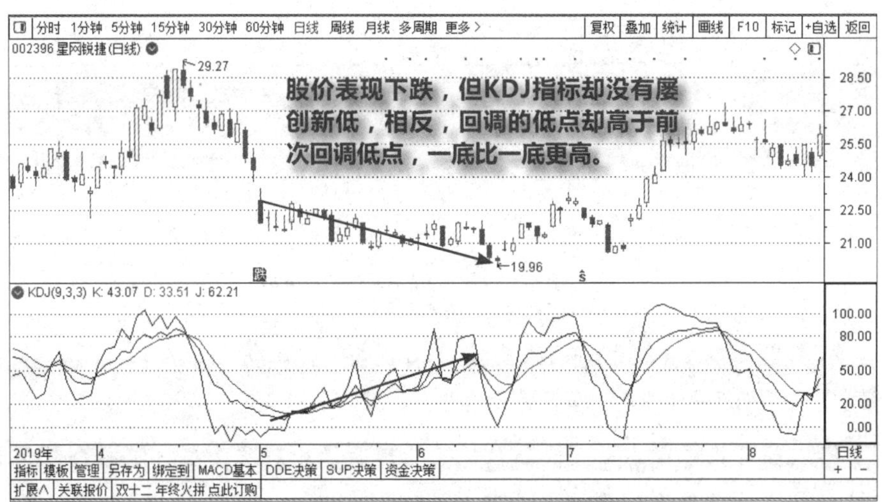

要点剖析

价格下跌而 KDJ 指标拒绝下跌，暗示市场的多头力量正在逐步形成，多空力量对比已开始发生变化，虽然目前的市场仍由空头力量主导，但未来多头力量的壮大是不容忽视的。

KDJ 指标与股价的底背离预示着卖方力量正在逐渐减弱，买方力量已初显苗头，行情反弹已经不远了，此时投资者不宜跟风抛售。相反，在整体市场形势并不是很弱的情况下，投资者宜逐步吸入。

操盘精髓

KDJ 指标与股价底背离的情况看似很多，但不认真辨别，很容易看走眼。在判断 KDJ 指标底背离时，股价的两个低点必须是连续的，对应的 KDJ 指标的两个低点也应该是连续的，并且时间几乎相同，不能间隔一个或几个低点对比它们的高度。

在普通的行情中，底背离的出现最少经历 2 个相对低点，这 2 个低点相距的时间不能过长，有时也可能出现 3 个或 3 个以上低点的背离情况，如果这些低点间隔时间基本相同，则背离行情更加确定，在第 3 个背离点出现时，投资者就可以适量跟进。

分析实例 柳药股份（603368）与股价底背离迎来上涨行情

如下图所示为柳药股份2018年11月至2019年1月的K线走势。

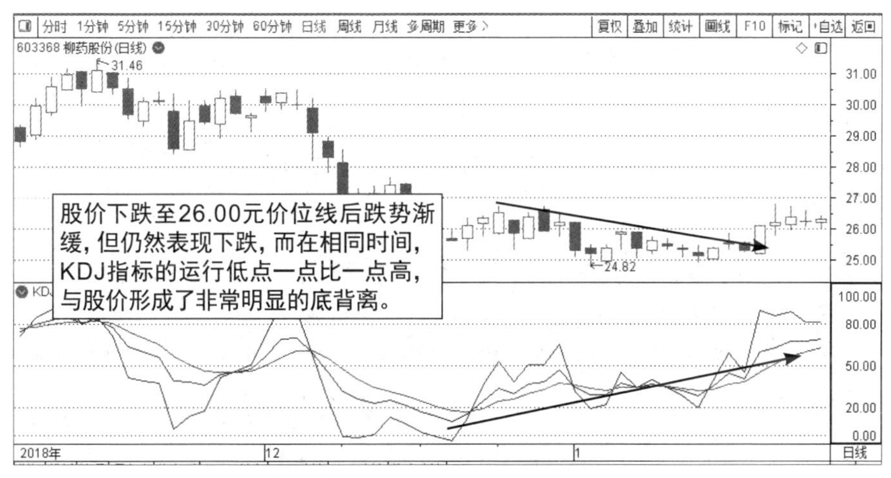

柳药股份2018年11月至2019年1月的K线走势

从图中可以看出，该股处于下跌行情，股价下跌至26.00元价位线后跌势渐缓，但仍然表现下跌，而在相同时间，KDJ指标的运行低点一个比一个高，与股价形成了非常明显的底背离。

根据KDJ指标与股价形成底背离，股价即将见底反弹的操作理论预测，股价不会再有大幅度的下跌，后市上涨概率很大。

如下图所示为柳药股份2018年12月至2019年5月的K线走势。

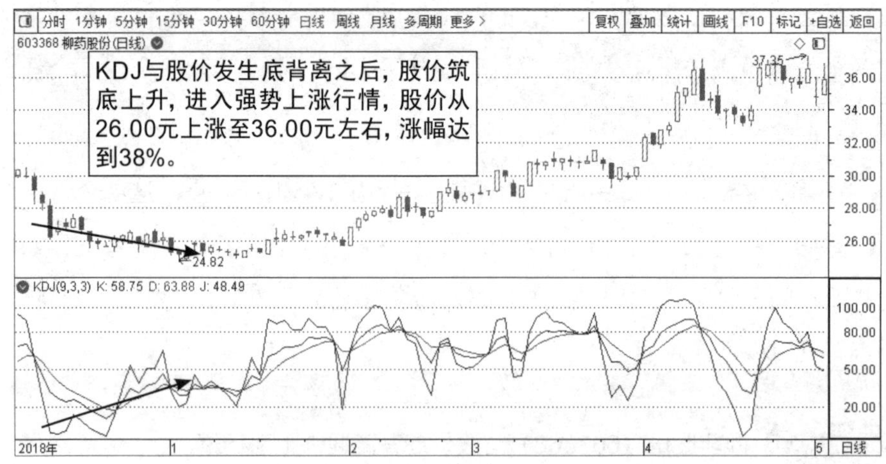

柳药股份2018年12月至2019年5月的K线走势

从图中可以看到，KDJ与股价发生底背离之后，股价筑底上升，进入强势上涨行情，股价从26.00元上涨至36.00元左右，涨幅达到38%。由此可见，KDJ与股价底背离为可靠的股价反转上升信号。

NO.011

掌握 KDJ 和股价的顶背离图谱

K 线图中股价的总体运行方向是在一波一波上涨，而 KDJ 指标的总体运行方向却没有上涨甚至有所下跌，这就形成了 KDJ 指标与股价的顶背离。

一图展示

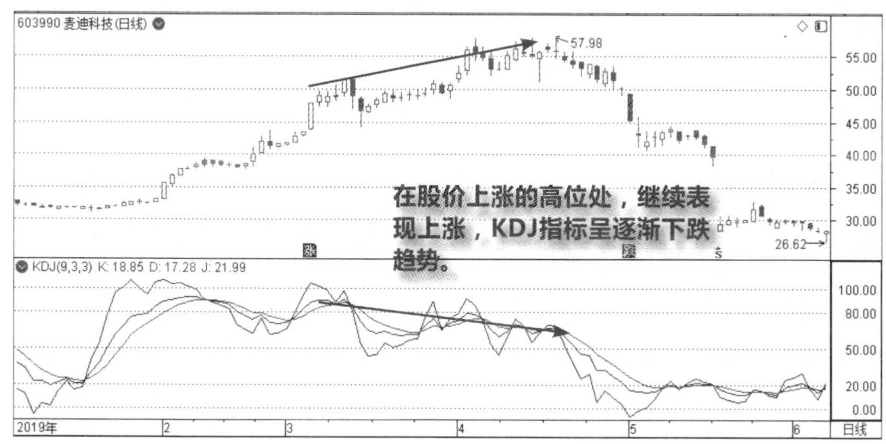

要点剖析

价格不断上涨而 KDJ 指标并未上涨，暗示市场的空头力量正在逐步形成，多空力量对比已开始发生变化，虽然目前的市场仍由多头力量主导，但未来空头力量的壮大是不容忽视的。

KDJ 指标与股价的顶背离预示着买方力量正在逐渐减弱，卖方力量已初显苗头，行情存在见顶反转下跌的可能。此时投资者不宜再追涨跟进。相反，在整体市场形势并未显示非常强势的情况下，投资者出局观望。

要点提示 *KDJ 指标的逆向顶背离*

股价在波动上涨的过程中，所形成的高点越来越低，显示出推动股价上涨的动力越来越小，价格上涨乏力。如果此时 KDJ 指标却仍在持续上涨，形成的高点一个比一个高，显示强烈的回调信号，这就形成了 KDJ 指标与股价的逆向顶背离。

与逆向底背离不同，逆向顶背离的出现要求股价回调的信号更强，股价更容易下跌，并且下跌速度和幅度通常都比普通的顶背离要大。

操盘精髓

KDJ 指标与股价顶背离的情况在股价波动前行的过程中也很容易出现，由于 KDJ 本身就暗藏了多空力量指示的作用，当 KDJ 指标在高位时股价容易回调，如果在高位再与股价产生顶背离，则回调的概率更大。

在判断 KDJ 指标顶背离时，股价表现上涨，对应的 KDJ 指标表现下跌，并且几乎与股价出现在同一时间（低点的出现与股价高点出现时间不宜超过一个周期），不能间隔一个或几个高点对比它们的高度。

在普通行情中，顶背离的出现最少经历两个相对高点，这两个高点相距的时间不宜过长。有时也可能出现 3 个或 3 个以上的高点的背离情况，如果这些高点间隔时间基本相同，则背离行情更加可靠，在第 3 个背离点出现时，投资者就应该把握机会及时出局。

要点提示 *担心 KDJ 指标与股价的顶背离陷阱*

KDJ 指标与股价的顶背离通常都是股价上涨动力不足，即将反转下跌的征兆，但有时却在顶背离形成后仅仅做了小幅回调，便又开始上涨，这就是形成了技术上的空头陷阱，也就是 KDJ 指标的顶背离陷阱。

当 KDJ 指标在高点下滑后重新上涨，如在短期内就突破了前两次相对高点的连续时，便可确定这是 KDJ 指标的顶背离陷阱。顶背离陷阱只是延缓了行情上升的速度，并未引发市场的短线抛压，因此不会扭转股价原有的上升趋势。

分析实例 卫光生物（002880）KDJ指标与股价顶背离引发股价下跌

如下图所示为卫光生物2019年1月至4月的K线走势。

从图中可以看到，该股处于上升行情，股价从38.00元附近涨至52.00元附近，上涨途中K线在3月至4月期间出现小幅震荡上升的走势，形成两个逐渐增高的高点。与此同时，发现KDJ指标却形成一波比一波低的走势，与股价形成明显的顶背离形态，预示着行情反转在即。

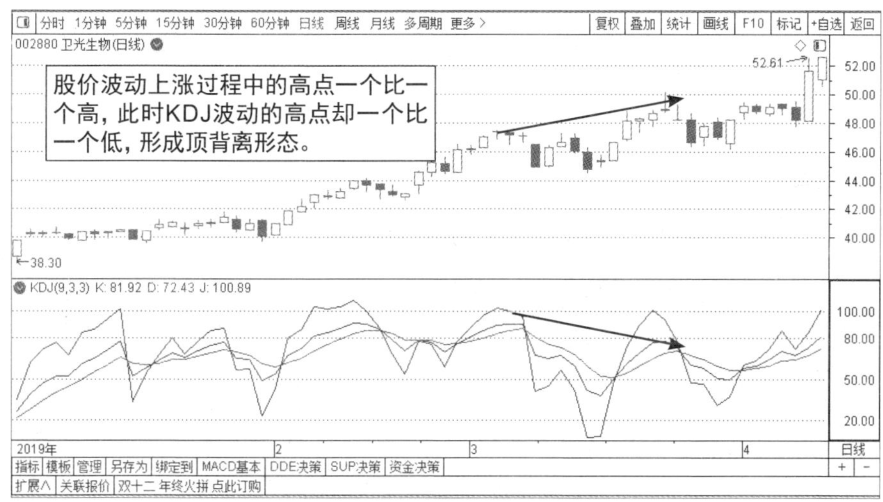

卫光生物2019年1月至4月的K线走势

如下图所示为卫光生物2019年2月至6月的K线走势。

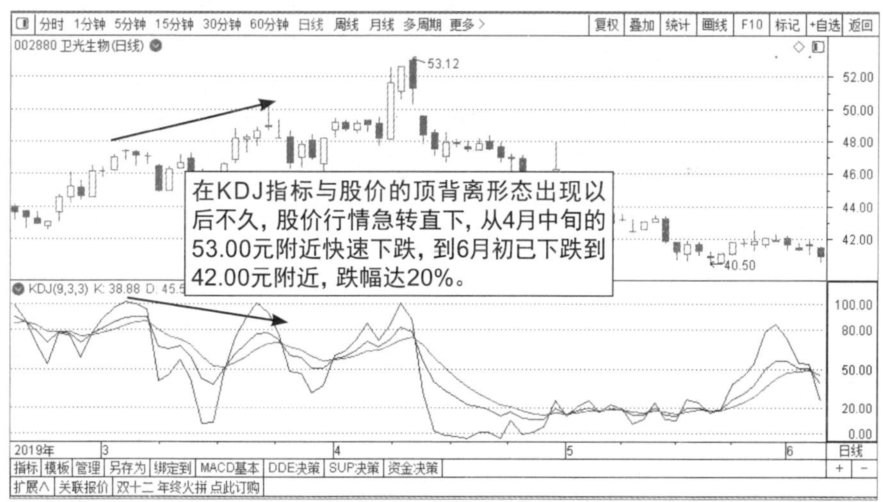

卫光生物2019年2月至6月的K线走势

从图中可以看到，在KDJ指标与股价的顶背离形态出现以后不久，股价行情急转直下，从4月中旬的53.00元附近快速下跌，到6月初已下跌到42.00元附近，跌幅达20%。

由此可以看出，KDJ与股价的顶背离现象为可靠的股价反转下跌信号，投资者发现该形态时要及时抛售手中持股。

NO.012

掌握 KDJ 和股价在底部同步向上运行的图谱

股价在经过一段时间的下跌后，运行到一个较低位置，股价反转向上的同时，KDJ 指标也与股价同步快速上升。

一图展示

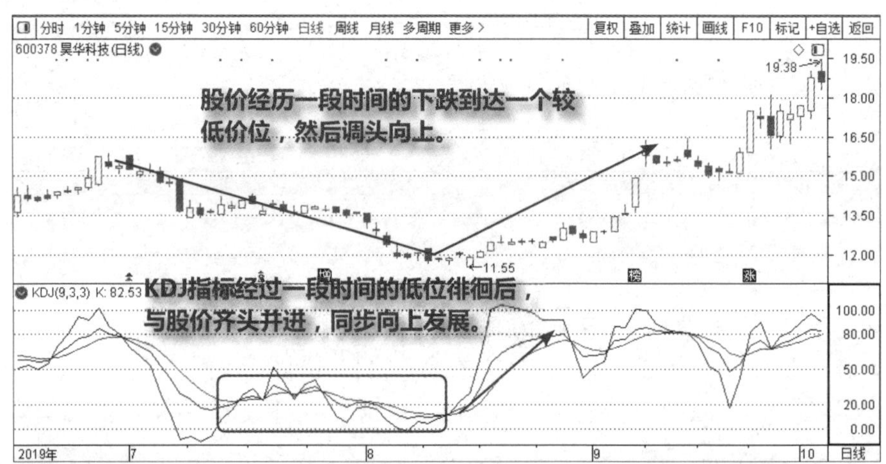

要点剖析

KDJ 指标的运行方向通常都是与股价相同的，但如果 KDJ 指标的 3 条曲线与股价同向发展的过程中相互交错，则参考意义不大。股价在经过一段时间的下跌过程中，KDJ 指标也在一个较低位置徘徊，当股价在低位反弹，而同时 KDJ 指标的 3 条曲线也同步并列向上，则可出现短期强势拉升的行情。

操盘精髓

这里有一个重要的条件，即是股价在经过一段时间的下跌过程中，KDJ

指标运行在一个相对低位，如果股价下跌过程中，KDJ 指标能保持在 20 线附近波动，则形态形成的成功率会高很多。

当股价下跌达到一定幅度，并且 KDJ 指标也在低位徘徊很久以后，股价反弹的初期，KDJ 指标通常都会形成低位金叉，在 K 曲线快速向上突破 D 曲线形成金叉的时候，就是最好的介入时机。

分析实例 乐普医疗（300003）KDJ与股价在底部同步向上运行

如下图所示为乐普医疗2019年3月至6月的K线走势。

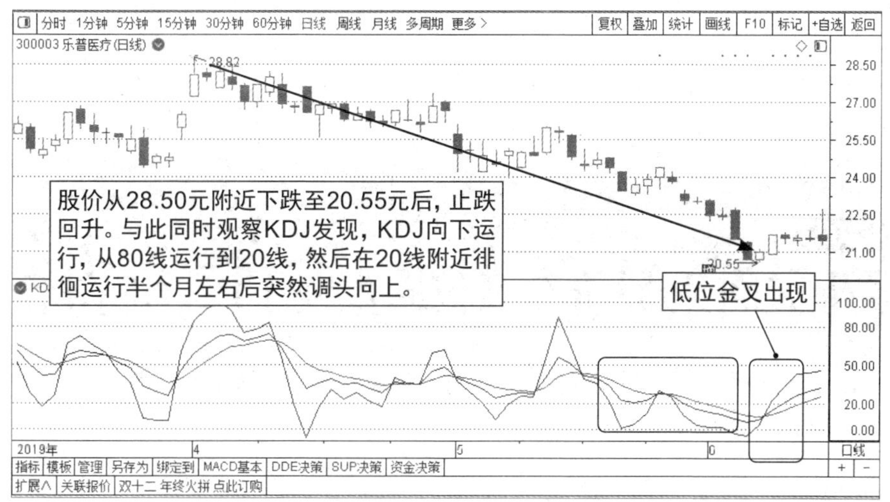

乐普医疗2019年3月至6月的K线走势

从图中可以看出，该股表现下跌行情，股价从28.50元附近下跌至20.55元后，止跌回升。与此同时观察KDJ发现，KDJ向下运行，从80线运行到20线，然后在20线附近徘徊运行半个月左右后突然调头向上。股价与KDJ在底部同步向上运行，说明该股的下跌行情已尽，后市将反转上涨。

6月上旬，K线自下而上穿过D线形成金叉，此时为投资者最好的介入机会，说明股价筑底结束，后市将转入上升行情。

如下图所示乐普医疗2019年6月至11月的K线走势。

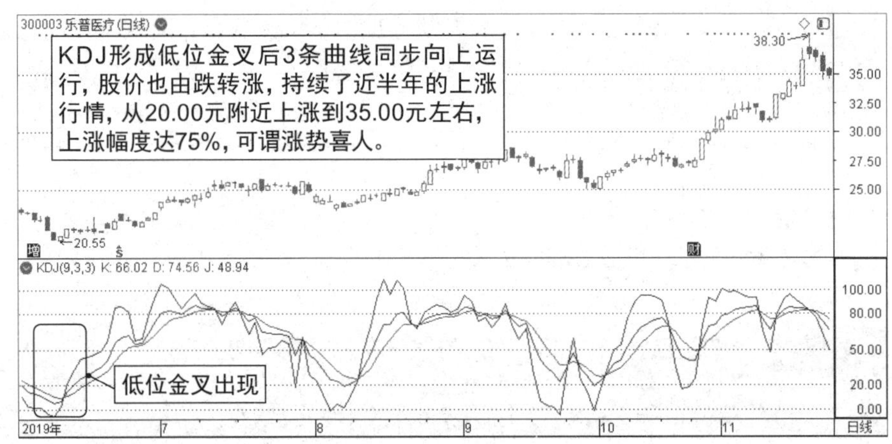

乐普医疗2019年6月至11月的K线走势

从图中可以看出，KDJ形成低位金叉后3条曲线同步向上运行，股价也由跌转涨，持续了近半年的上涨行情。

NO.013

掌握 KDJ 和股价在高位同步向下运行的图谱

股价在经过一段时间的上涨后，运行到一个较高位置，股价反转向下的同时，KDJ 指标也与股价同步快速下跌。

一图展示

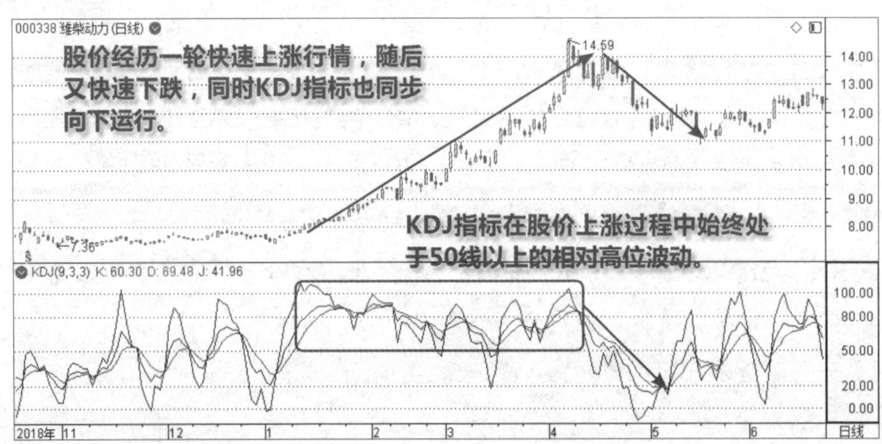

要点剖析

在股价运行过程中，KDJ 指标的 3 条曲线总是在不断交错运行，其波动在 20 线与 80 线之间的参考意义不大。股价在经过一段时间的上涨过程中，KDJ 指标也运行到一个较高位置徘徊，当股价在高位回调，而同时 KDJ 指标的 3 条曲线也同步并列向下，则可出现短期急速下跌行情。

操盘精髓

这里有一个重要的条件，即是股价在经过一段时间的上涨过程中，KDJ 指标运行在一个相对高位，如果股价上涨一段时间以后，KDJ 指标能保持在 80 线附近波动，则形态形成的成功率更高。

当股价上涨达到一定幅度，并且 KDJ 指标也在高位徘徊有一段时间以后，股价回调的初期，KDJ 指标通常都会形成高位死叉，在 K 曲线快速向下穿破 D 曲线形成死叉的时候，就是最好的卖出时机。

分析实例 金融街（000402）KDJ与股价高位同步向下运行

如下图所示为金融街2018年10月至2019年4月的K线走势。

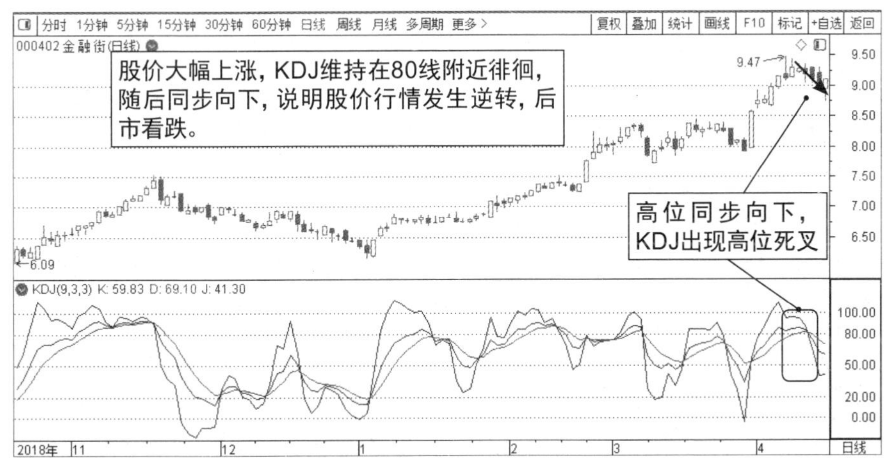

金融街2018年10月至2019年4月的K线走势

从图中可以看到，该股处于上升行情，股价从6.09元开始上涨，在2018年11月中旬涨至7.50元后回调下跌，跌至6.50元价位线止跌回升，开启了一轮大幅上涨的走势。当股价涨至9.47元创下新高后，股价止涨，调头向下。

此时观察KDJ发现，在股价大幅上涨的过程中，KDJ在80线高位区域徘徊了3个月左右。4月11日，K线和J线同时向下，穿破D线，形成高位死叉，预示本轮上涨结束，后市行情将发生逆转。

如下图所示为金融街2019年3月至6月的K线走势。

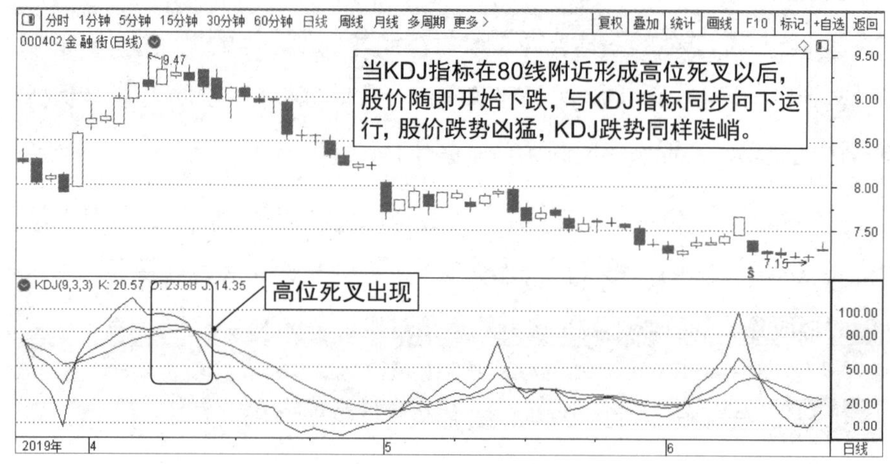

金融街2019年3月至6月的K线走势

从图中可以看到，当KDJ指标在80线附近形成高位死叉以后，股价随即开始下跌，与KDJ指标同步向下运行，股价跌势凶猛，KDJ跌势同样陡峭。期间虽有小幅反弹，但对于下跌走势的作用不大。

第 2 章

用图掌握WR

WR 是重要的短线超买超卖技术指标，观察 WR 的变化有利于掌握短期 K 线走势，从而指导我们操盘。本章将对 WR 进行全面剖析，把 WR 的知识通过一幅一幅的图展示给投资者，达到掌握和制胜 WR，进一步提升在股票市场中的获利能力。

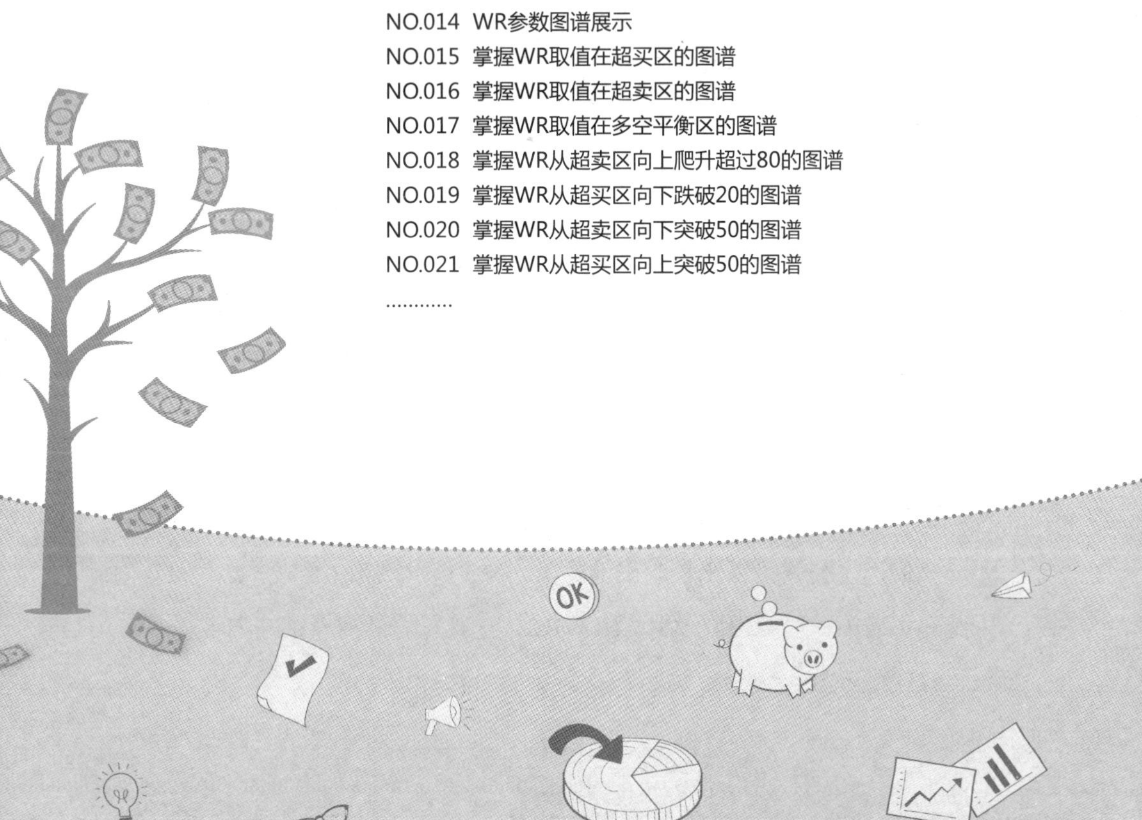

NO.014

WR 参数图谱展示

WR 指标又称威廉指标，是一种兼具超买超卖和强弱分界的指标。

一图展示

要点剖析

WR(N) = 100 × [HIGH(N)−C] / [HIGH(N)−LOW(N)]

其中：

HIGH(N) 表示 N 日内的最高价。

LOW(N) 表示 N 日内的最低价。

C 表示当天的收盘价。

我们通过公式可以比较明确地看出，N 的不同变化会导致 WR 的变化，因此在实战中一般会出现 WR1 和 WR2，这就是下面要介绍的内容。

操盘精髓

通常情况是将 WR(10) 和 WR(6) 结合在一起观察股价的变化，如图所示。

我们可以发现如下的规律值得投资者注意。

- **WR(10)和WR(6)同向运动**：WR(10)和WR(6)可以同时上涨或者同时下跌，这种情况也推动股价按照一个方向运动。
- **WR(10)和WR(6)反向运动**：WR(10)和WR(6)不同向的情况比较少，但也是存在，这主要是因为其参数设置表达了中长期和短期的不同变化，而股价也随着出现震荡。

要点提示 *WR 参数如何设置*

WR1 系统设置的是 10 天；WR2 系统设置的是 6 天；相对而言，WR1 的变动速率没有 WR2 快，比如遇到急拉或者急跌，WR2 会快速发生变化，而 WR1 则相对钝化，变化没有 WR2 大。如果是做短线，可以参考 WR2 变化；如果做中短线，参考 WR1 变化；如果做中线，需要修改 WR1 的参数值，一般设为 14 日。

NO.015

掌握 WR 取值在超买区的图谱

WR 取值在超买区间是指 WR 大致在 20 以下的范围。

一图展示

要点剖析

超买区间表明股价处于买方人气过剩，而卖方人气不断聚集，通常是股价短线逐步走弱并出现一定调整的重要依据。

操盘精髓

当 WR 低于 20，即处于超买状态，通常表明行情即将见顶，应当考虑卖出。

同时也告知投资者不宜盲目追涨，避免被套牢，套牢是每一个投资者都不愿意看见的结果，因此必须要慎重操作。

要判断是否是有效的超买区还必须考虑前期股价的涨幅情况，如果前期股价涨幅并不明显，此时就算 WR 进入了超买区也不足为虑，但如果前期涨幅过大，进入超买区后就意味着有调整的可能。

要点提示 *关于 WR*

WR 应用摆动原理来研判股市是否处于超买或超卖的现象，即可以测量股市同期循环内的高点或低点，从而提出有效的买卖讯号。短期的威廉指标可设为 9 日，中期为 14 日或 20 日。

分析实例 中航光电（002179）WR取值在超买区

如下图所示为中航光电2019年5月至9月的K线走势。

中航光电2019年5月至9月的K线走势

从上图可以看到，该股股价处于上升行情，股价稳定上涨，从30.00元左右拉升至42.50元附近，但此时WR却向下运行在20下方波动，说明多方动能不足，空方力量聚集，后市看跌。此时投资者应该及时卖出手中持股。

如下图所示为中航光电2019年8月至11月的K线走势。

从图中可以看到，WR在20下方的超买区运行之后，股价一改之前的上升行情，调头下跌，股价从45.00元左右跌至39.00元附近。如果投资者没有在超买区及时抛售持股，将承受巨大损失。

中航光电2019年8月至11月K线走势

NO.016

掌握 WR 取值在超卖区的图谱

WR 取值在超卖区间是指 WR 大致在 80 以上的范围运行。

一图展示

要点剖析

超卖区间表明股价处于卖方人气过剩，而买方人气不断聚集，通常是短线逐步走强并出现一定上涨的重要表现。

操盘精髓

当WR高于80，即处于超卖状态，通常表明行情正在加速见底，投资者应当考虑买入。

同时，也告知投资者可以用一部分仓位买入了，这是基于对仓位的控制，因为WR的变化是相当大的，虽然WR进入了超卖区间，但未必就会朝着预期的方向发展，通过买入部分股票来试探是比较好的操盘手法。

那么如何才能有效判断这种情况是有效的超卖区间呢？还是必须通过对前期股价的跌幅情况做判断，如果跌幅过大则面临着一波反弹，如果跌幅比较小，而股价还处于相对高位，此时投资者最好不要盲目抄底。

分析实例 海辰药业（300584）WR取值在超卖区

如下图所示为海辰药业2019年3月至6月的K线走势。

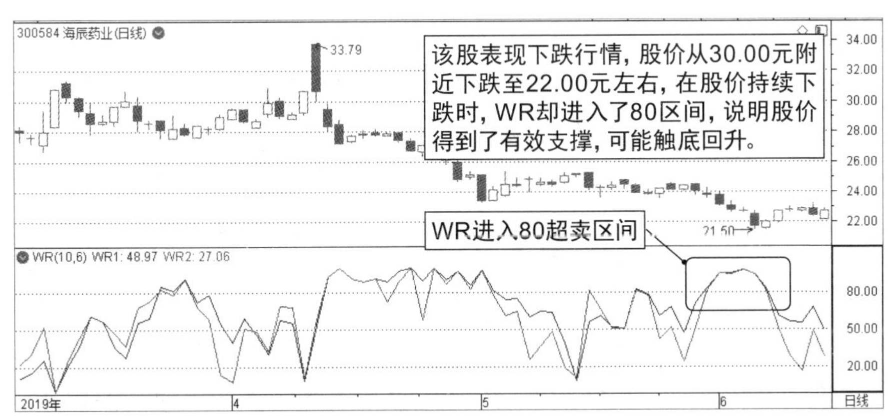

海辰药业2019年3月至6月的K线走势

从图中可以看到，该股处于下跌行情，股价从30.00元附近下跌至22.00元左右，在股价持续下跌时，WR却进入了80区间，说明股价得到了有效支撑，可能触底回升。

如下图所示为海辰药业2019年5月至8月的K线走势。

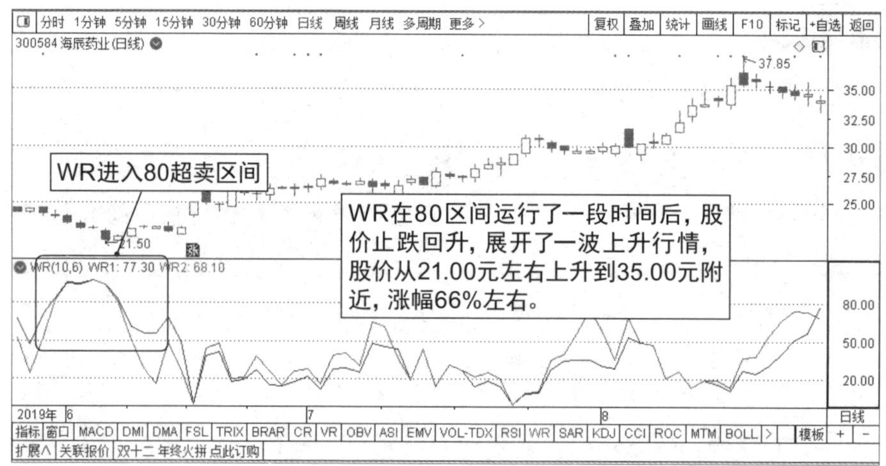

海辰药业2019年5月至8月的K线走势

从上图可以看到，WR在80区间运行了一段时间后，股价止跌回升，展开了一波上升行情，股价从21.00元左右上升到35.00元附近，涨幅66%左右。

NO.017

掌握 WR 取值在多空平衡区的图谱

当 WR 取值在 20 ～ 80 的范围内波动时，说明此时盘内的多空力量双方得到了短暂的平衡，而短暂平衡有时候对投资者而言是一个重要的机会。

要点提示 *WR 的作用*

WR 指标表示当天的收盘价在过去一段日子的全部价格范围内所处的相对位置，它主要的作用在于辅助其他指标确认信号，也同时具有在短线操作上的独到分析作用。

一图展示

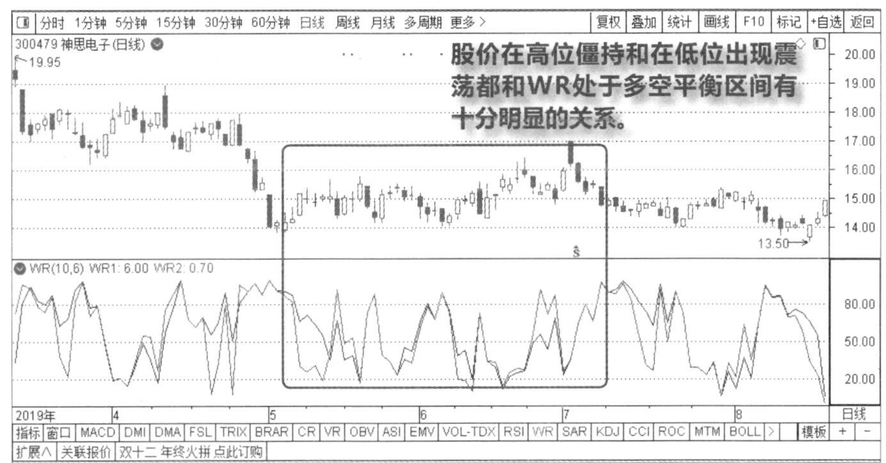

要点剖析

多空双方的力量不可能永远处于一方强势，往往会出现短暂的平衡，此时 WR 会在多空平衡区间运行。

操盘精髓

这种情况的操盘可分为如下两种可能情况，应区别对待。

◆ **出现在高位：** 此时表明股价处于庄家出货阶段，需要卖出股票。

◆ **出现在低位：** 此时表明股价处于庄家吸货阶段，可以买入股票。

分析实例 思源电气（002028）WR取值在多空平衡区

如下图所示为思源电气2019年2月至8月的K线走势。

从图中可以看到，该股经历了一轮下跌行情之后股价在10.00元的低价位线表现横盘走势，持续了3个月左右。此时WR则在20至80区间上下波动，说明场内的庄家正在吸货，后市看涨。

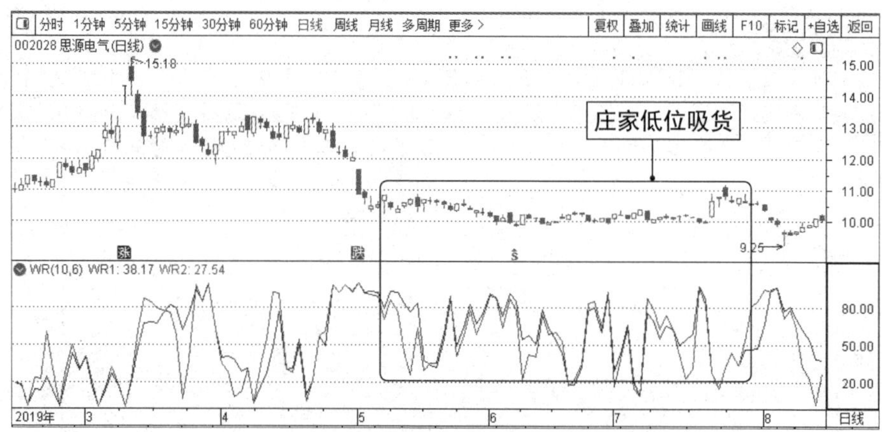

思源电气2019年2月至8月的K线走势

如下图所示为思源电气2019年6月至12月的K线走势。

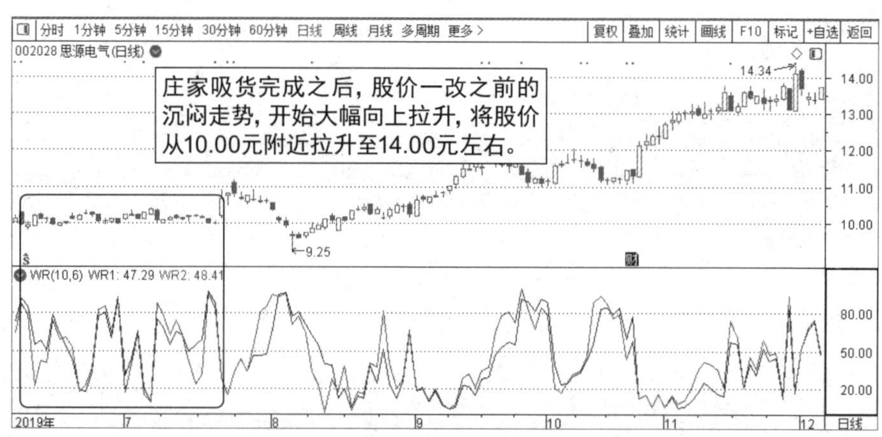

思源电气2019年6月至12月的K线走势

从图中可以看到，庄家吸货完成之后，股价一改之前沉闷走势，开始大幅向上拉升，将股价从10.00元附近拉升至14.00元左右。

NO.018

掌握 WR 从超卖区向上爬升超过 80 的图谱

当 WR 从超卖区向上爬升并且超过 80 的时候，说明超卖的动力更加强劲了。

一图展示

要点剖析

超过 80 已经说明股价目前处于相当大的超卖了，而超过 80 继续向上爬升到 90，甚至是 100，那么这种超卖惜售的情况将会是股价加快触底的标志。

操盘精髓

要把握好超过 80 不断向上爬升的情况，需要从如下 3 个方面着手。

- 超过80的时候可以认定股价进入了超卖区，动用一部分资金买入，这也和前面的介绍一样，避免投资的误判。
- 等着超过80并继续爬升，并停留的时候，则动用其余资金买入，缓解前期因为买入而导致的短线损失。
- 买入之后要坚定持有，非到盈利绝不出售，因为一旦股价趋势明朗，虽然庄家会稍许试盘，但无碍股价的上涨行情。

分析实例 德赛西威（002920）WR开始从超卖区向上攀爬超过80

如下图所示为德赛西威2019年3月至6月的K线走势。

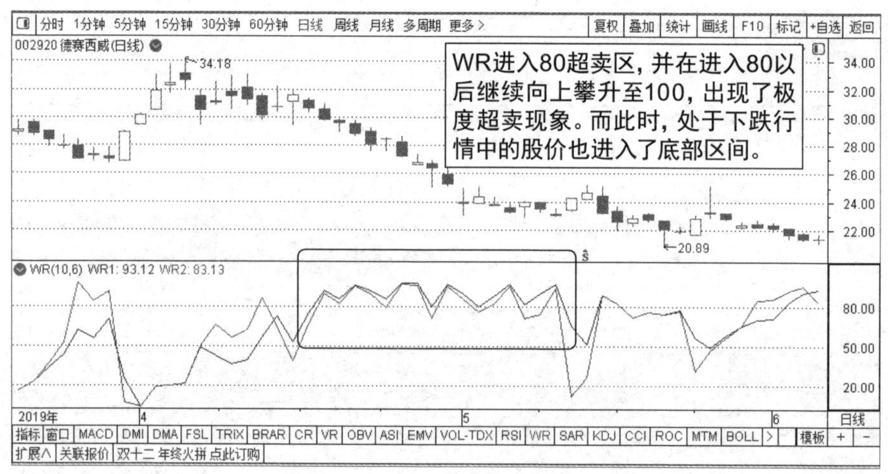

德赛西威2019年3月至6月的K线走势

从图中可以看到，WR从4月开始向上运行，随后进入80超卖区，并在进入80以后继续向上攀升至100，出现了极度超卖现象。而此时，处于下跌行情中的股价也进入了底部区间。

此时投资者可以根据操盘方法少量买入，在22.00元附近投入部分资金，观察后市走向。

如下图所示为德赛西威2019年4月至8月的K线走势。

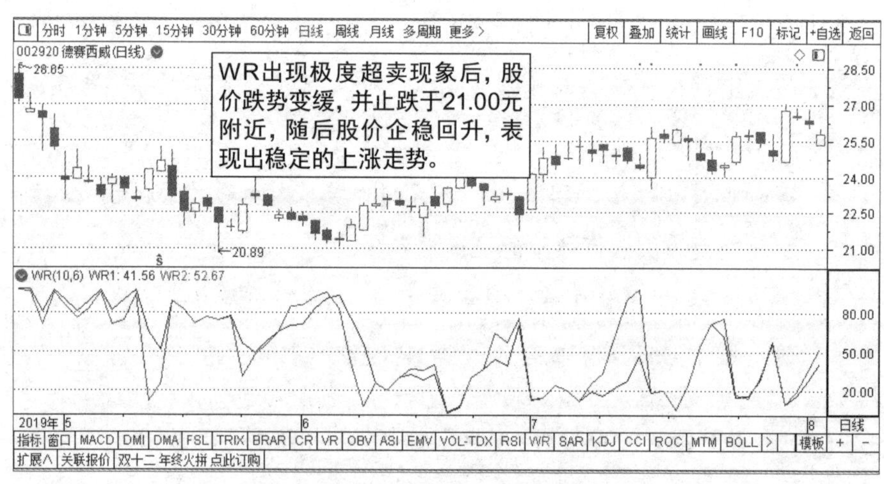

德赛西威2019年4月至8月的K线走势

从图中可以看到，WR出现极度超卖现象后，股价跌势变缓，并止跌于21.00元附近，随后股价企稳回升，表现出稳定的上涨走势。

NO.019

掌握 WR 从超买区向下跌破 20 的图谱

当 WR 从超卖区向下回落并且超过 20 的时候，说明超买的能力更加强大了。

一图展示

要点剖析

跌破 20 属于进入了超买区间，不仅如此 WR 还在不断向 0 靠近，这反映出多头不断溃败，而空头正在加快打击股价。

操盘精髓

出现这种情况的操盘也分为如下几个方面。

◆ 跌破20后，可以将手中70%的股票卖掉，留下30%视情况而动，留下的目的显然是为了保留未来股价冲高后继续获利的可能性。

◆ 当继续跌破趋近0的时候，股价如果还处于更高的位置，应该立即将手中剩余的30%股票清空，这个时候卖出余下的30%获利也会不错。

◆ 在没有特别买入信号的情况下，绝不触碰正在跌破20的短线股票，所谓特别的买入信号就是突然出现的利好，比如天灾后对一些受益行业有利，虽然它们目前可能处于超买区间，但后市可能迅速就反转了。

分析实例 紫光国微（002049）WR开始从超买区向下回落跌破20

如下图所示为紫光国微2019年5月至9月的K线走势。

紫光国微2019年5月至9月的K线走势

从图中可以看到，该股处于上升行情中，股价稳定向上运行。而WR从超买区向下运行，然后在20上下波动，此时股价止涨回调。说明这一轮的股价上升行情基本结束，此时投资者可以卖出手中70%左右的持股，以免后市大跌被套牢。再留下30%的持股等待可能的继续冲高。

如下图所示为紫光国微2019年8月至12月的K线走势。

从图中可以看到，股价回调结束后，WR指标继续向下运行到接近0的位置，此时卖出时机更加清晰。所以投资者应及时清空剩余的30%持股，锁定收益，因为股价后市将会下跌。

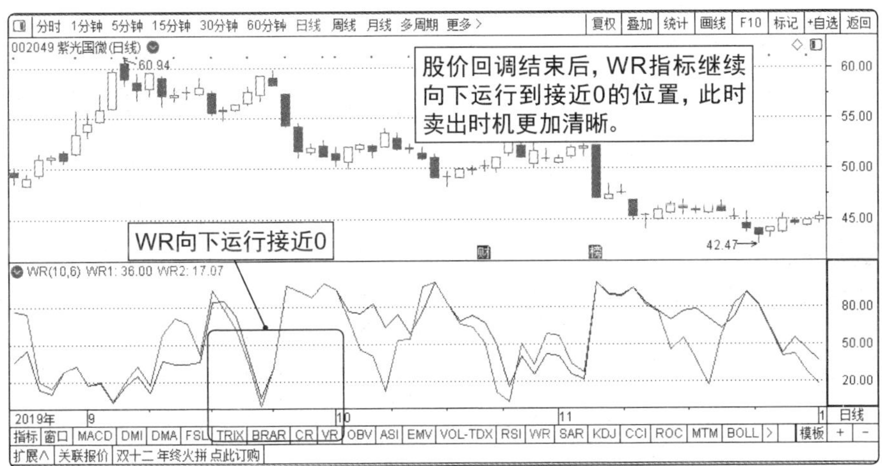

紫光国微2019年8月至12月的K线走势

NO.020

掌握 WR 从超卖区向下突破 50 的图谱

当 WR 从超卖区间向下突破 50 的时候，往往反映出股价开始出现一波上涨。

一图展示

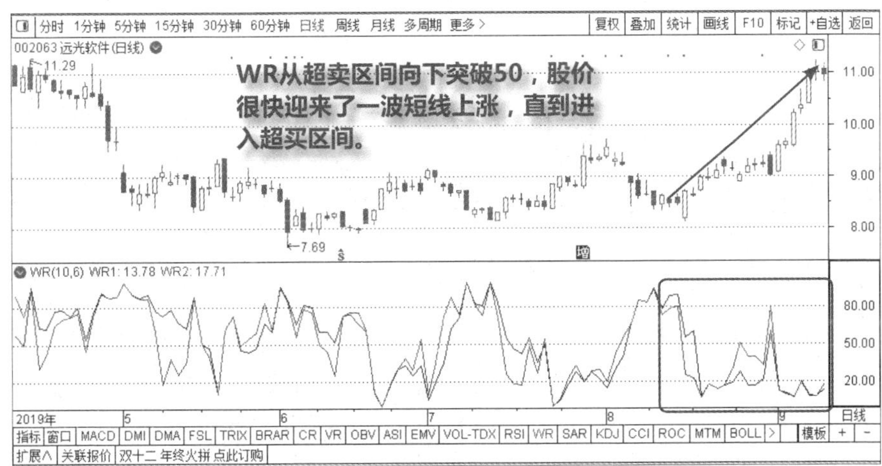

要点剖析

超卖区是买入股票的时机，当 WR 越过超卖区后向下达到 50 则股价开始回升，是短线走强的表现。

操盘精髓

在遇到这样的情况下，正确的操盘手法如下。

- 如果没有短线买入的投资者可以迅速建仓，博取高额收益。
- 如果已经建仓的投资者可以等待时机再出售，而不是因为庄家可能出现的骗线而丢失筹码。

分析实例 东华软件（002065）WR从超卖区间向下突破50

如下图所示为东华软件2019年4月至8月的K线走势。

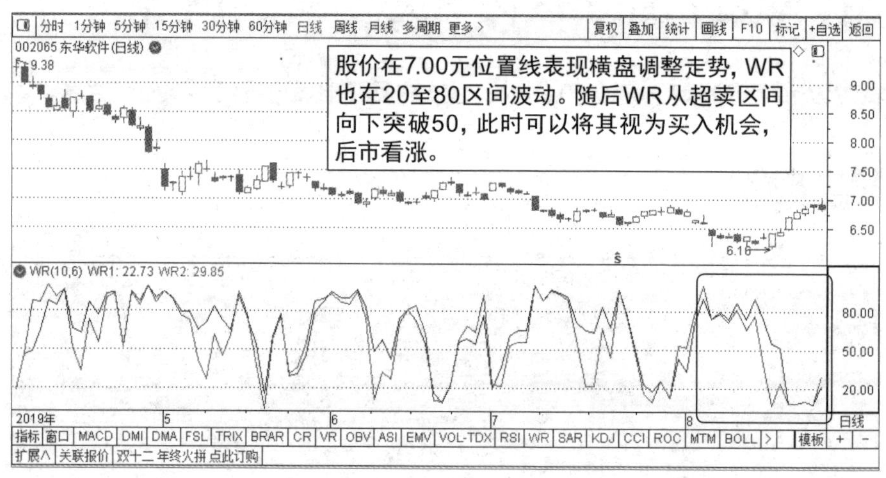

东华软件2019年4月至8月的K线走势

从图中可以看出，该股处于下跌行情中，股价从9.00元左右下跌至7.00元价位线后开始表现横盘调整走势，此时WR也在20至80区间波动。随后WR从超卖区间向下突破50，此时可以将其视为买入机会，后市看涨。

如下图所示为东华软件2019年8月至12月的K线走势。

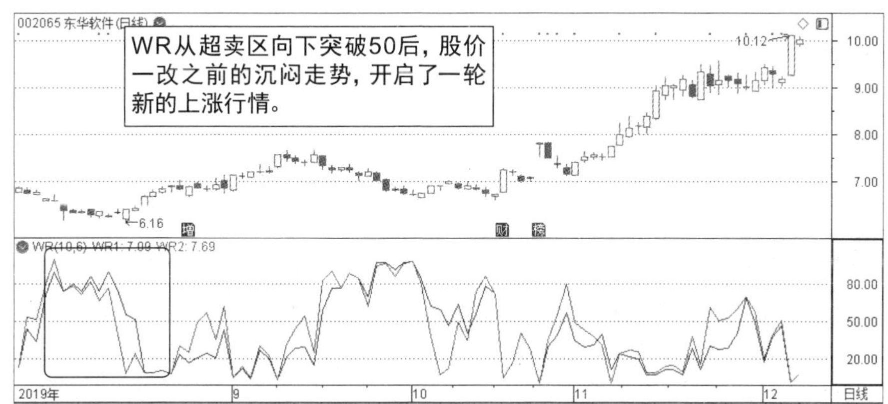

东华软件2019年8月至12月的K线走势

从图中可以看到，WR从超卖区向下突破50后，股价一改之前的沉闷走势，开启了一轮新的上涨行情。股价从6.20元附近上升至10.00元价位线附近，涨幅超61%。

NO.021

掌握 WR 从超买区向上突破 50 的图谱

当 WR 在进入 50 盘整后多空平衡，但很快就打破平衡向上突破，表明股价会继续出现下跌。

一图展示

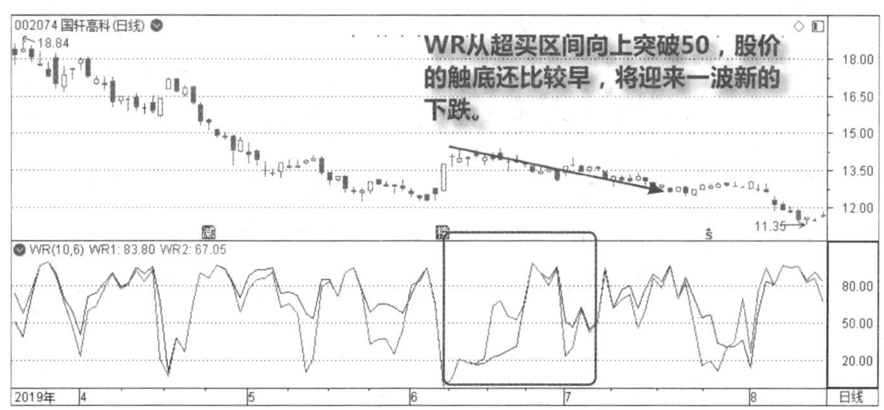

要点剖析

超买区间是股价开始下跌的标志，而继续向上突破 50 则意味着股价的跌势将会扩大，是非常弱势的表现，直到进入超卖区间。

操盘精髓

投资者遇到这样的情况时，在操盘上也要视情况而定。

- 如果已经不慎持有的投资者，应该在具备反弹的时候卖出该股，达到减少损失的目的。
- 如果还没有买入的投资者可以观望一下，待行情明朗后再入场。

分析实例 中材科技（002080）WR从超买区向上突破50

如下图所示为中材科技2019年6月至9月的K线走势。

中材科技2019年6月至9月的K线走势

从图中可以看到，该股处于上升行情中，股价从8.50元一路上涨，短暂的回调无法阻挡上涨的脚步。但随后，WR在股价回调结束继续新一轮上涨时出现从超买区向上突破50的走势，说明后市股价将止涨下跌，此时为投资者卖出持股的好机会。

如下图所示为中材科技2019年8月至12月的K线走势。

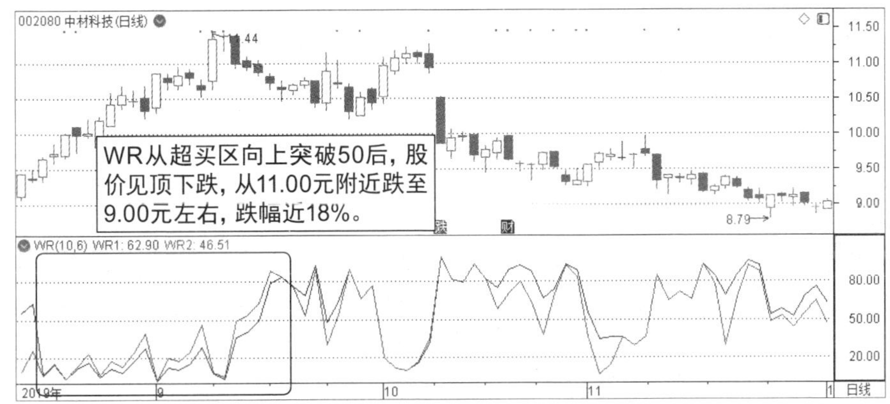

中材科技2019年8月至12月的K线走势

从图中可以看出，WR从超买区向上突破50后，股价见顶下跌，从11.00元附近跌至9.00元左右，跌幅近18%。如果投资者不能把握住下跌时的卖点就可能短线被套其中。

NO.022

掌握 WR 在 50 盘整后向上突破的图谱

当 WR 在进入 50 盘整后多空平衡，但很快就打破平衡向上突破则表明股价会继续下跌。

一图展示

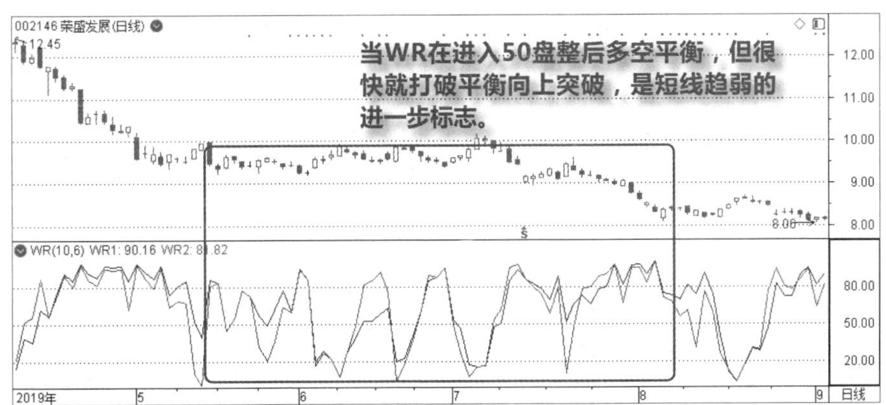

要点剖析

50 是重要的 WR 多空平衡线，一旦向上突破就是短期继续走势的象征，这将不利于股价触底。

操盘精髓

对待这样的情况，我们在操盘上也和上一个讲解一样，在 50 的时候应该将损失的股票卖出，同时不应该轻易买入该股。

只有当个股真正发出了买入信号后，投资者才伺机而动，此时的伺机也是一种试探的手法，也就是不要重仓买入个股。

一般来说动用资金的 60% 以上就属于重仓了，这个时候一定要小心谨慎，避免被套的可能，当情况不明的时候，多看少动是非常有利于投资者操盘的。

分析实例 宁波华翔（002048）WR在50盘整后向上突破

如下图所示为宁波华翔2019年4月至7月的K线走势。

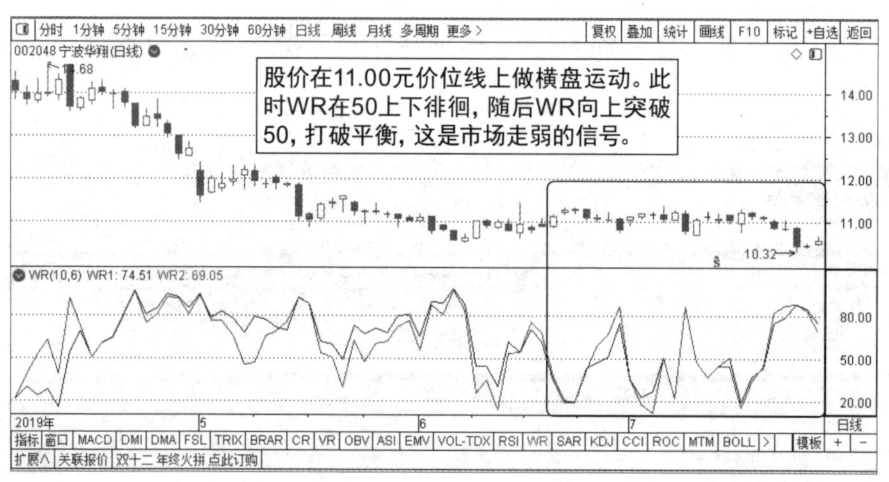

宁波华翔2019年4月至7月的K线走势

从图中可以看到，该股处于下跌行情中，股价从14.00元左右开始下跌，在下跌至11.00元附近后止跌，并在11.00元价位线上做横盘运动。此时WR在50上下徘徊，随后WR向上突破50，打破平衡。这是市场走弱的信号，还是市场止跌看涨的信号呢？我们来进一步看看。

如下图所示为宁波华翔2019年6月至12月的K线走势。

宁波华翔2019年6月至12月的K线走势

从图中可以看到，WR在50盘整向上突破后，股价继续走弱，从11.00元跌至10.00元附近，随后止跌企稳，股价见底。因此，当WR在50盘整后向上突破，并进入80区间，说明股价下跌动能不足，行情见底的可能性大，投资者可适当买进。

NO.023

掌握 WR 在 50 盘整后向下突破的图谱

当 WR 在进入 50 盘整后多空平衡，但很快就打破平衡向下突破，这表明股价会开始走出一波上涨走势。

一图展示

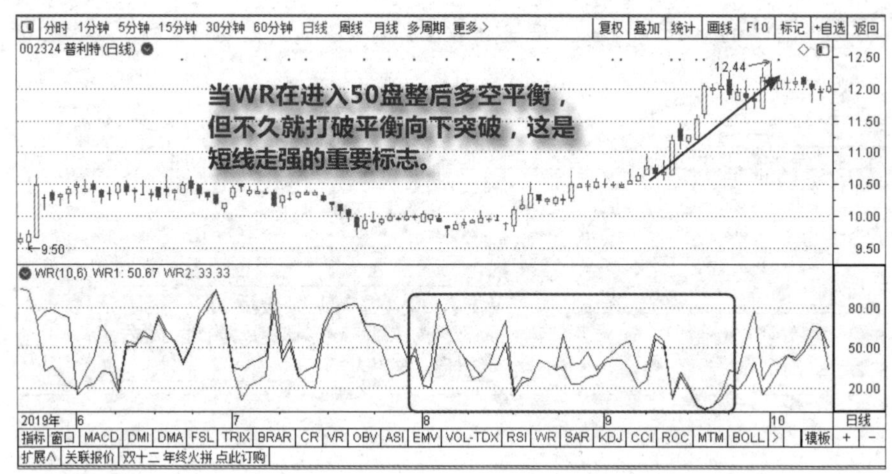

要点剖析

多空双方的力量短暂平衡后（请注意是短暂平衡后），往往会马上会出现转势，前面的超卖区间已经累积了足够多的多头势能此刻需要发挥，我们可以看出此时股价会出现一波短线上涨。

操盘精髓

对于这种情况的分析一定要从大趋势入手，因为如果大趋势是下跌，则这种反弹为昙花一现。

如果大趋势是上涨，表明短期箱体震荡的概率非常大，可以做波段操作，值得投资者学习。

所谓波段操作就是一波行情出现就买入和卖出，然后等待下一波行情出现再次买入和卖出，这比重仓要容易把握得多。

分析实例 闰土股份（002440）WR在50盘整后向下突破分析

如下图所示为闰土股份2018年9月至2019年2月的K线走势。

闰土股份2018年9月至2019年2月的K线走势

从上图可以看到，该股表现出下跌走势，股价从11.00元附近下跌至9.00元附近后止跌，并在该价位线走出横盘整理走势。此时WR也进入50区间上下波动，随后WR从50向下突破，这是强烈的买入信号，后市看涨。

如下图所示为闰土股份2018年12月至2019年4月的K线走势。

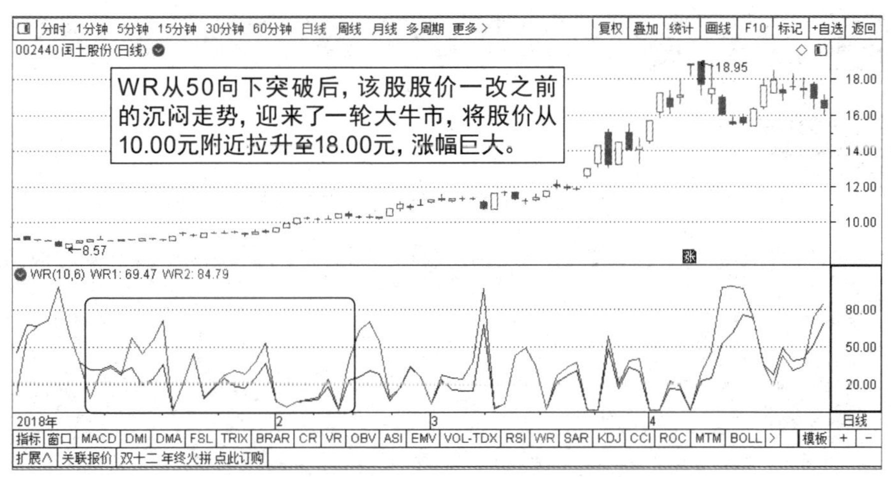

闰土股份2018年12月至2019年4月的K线走势

从上图可以看到，WR从50向下突破后，该股股价一改之前的沉闷走势，迎来了一轮大牛市，将股价从10.00元附近拉升至18.00元，涨幅巨大。

NO.024

掌握 WR 和股价同时向上的图谱

WR 的走势也可以和股价一样出现同时向上的走势，也就是说 WR 从 0 到 80 变化，而股价也不断向上。

一图展示

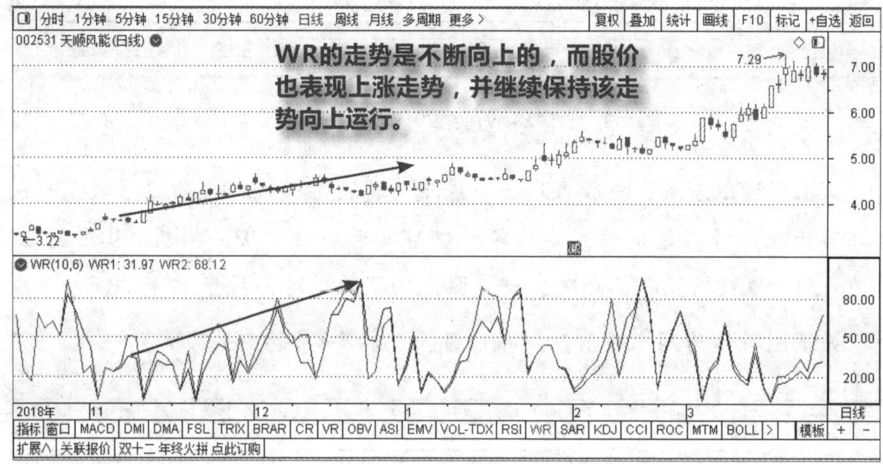

要点剖析

当 WR 一直运行在 20 上方，同时股价也强势上攻时，则表明股价是处于极强势的上涨行情，这是 WR 指标发出的短线持股看涨的信号，投资者应坚决持股待涨。

操盘精髓

出现这种情况后，WR 短线触发股价上涨的动力是非常显而易见的，实战的经验表明此时股价可能会在一个平台调整，但是调整之后会迅速走出上涨的走势，因此持股等待上涨远远比急于抛售更好。

同时需要指出的是，当 WR 从接近 0 到 20 并突破 20 的时候往往是买入的绝佳时机，错过这个时机后，将很难再次找到一个这样的短线买入点。

从实战看宁愿尝试做多，也不要错失一个不错的选择，请投资者记住，损失不过是付出成本而已。

分析实例 **常宝股份（002478）WR和股价同时向上追涨分析**

如下图所示为常宝股份2018年4月至8月的K线走势。

常宝股份2018年4月至8月的K线走势

从图中可以看出，该股前期表现下跌行情，股价下跌至4.20元附近后止跌回升。股价从4.20元附近上升至4.80元左右，此时查看WR发现，WR也从20到50再到80，向上攀升。股价与WR同时向上运行，说明后市将继续上涨行情，投资者应该继续追涨。

如下图所示为常宝股份2018年7月至9月的K线走势。

从图中可以看到，股价和WR同时向上运行后，股价继续向上攀升，不断创下新高，股价最高涨至6.44元，涨幅较大。

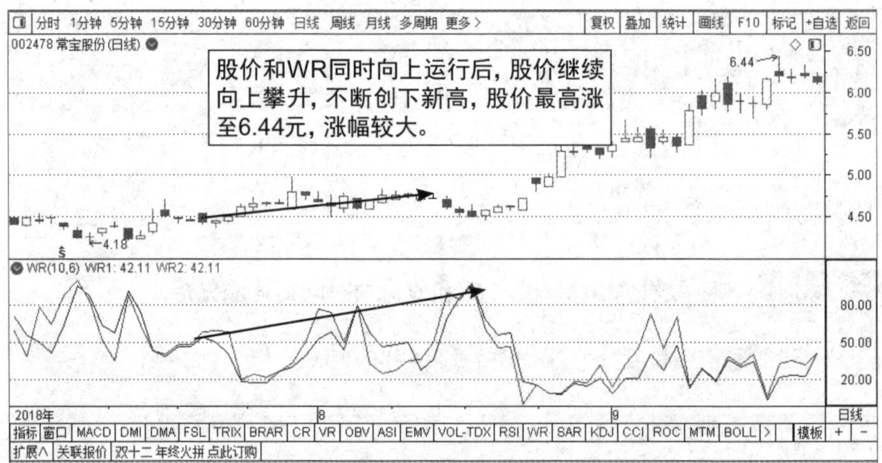

常宝股份2018年7月至9月的K线走势

NO.025

掌握 WR 和股价同时向下的图谱

WR 也可以和股价一样同时出现向下的走势，也就是说 WR 从 80 到 0 变化，而股价也不断下跌。

一图展示

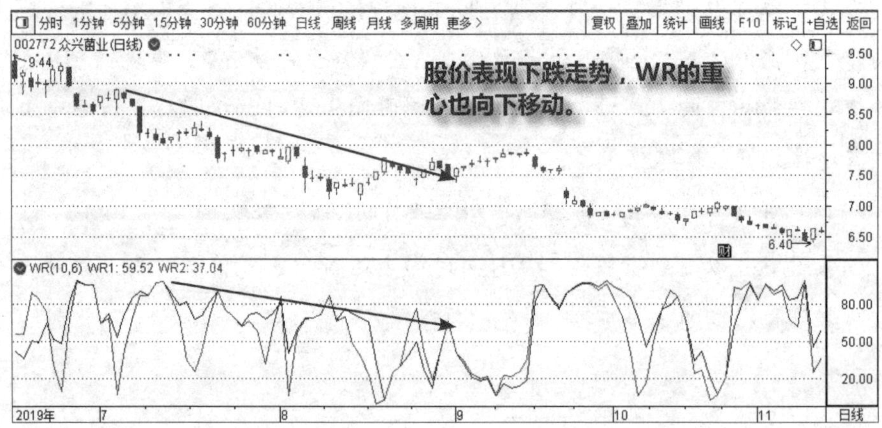

要点剖析

当 WR 向下突破 80 以后，一直运行在 80 下方，同时股价也被压制下行时，则表明股价的中期弱势趋势形成，这是 WR 指标发出的短线大跌的信号。此时，投资者应坚决持币观望。

操盘精髓

股价不断下跌表明股价的重心下移，而同时 WR 也在不断下移，此时更加印证了股价下跌的趋势是中期的，当 WR 迅速向下突破 80 的时候往往会有一波暴跌出现，此时需要投资者迅速在第二日开盘后的冲高位置做出卖出决定。

如果不在第二日开盘后的冲高位置卖出，很有可能遭受更加惨重的损失，需要提醒投资者的是这种操盘方式也是基于实战的大概率事件，但是大概率总比没概率的好，如果没有概率地去操盘，这个时候很容易被套牢。

分析实例 亿帆医药（002019）WR和股价同时向下分析

如下图所示为亿帆医药2019年4月至7月的K线走势。

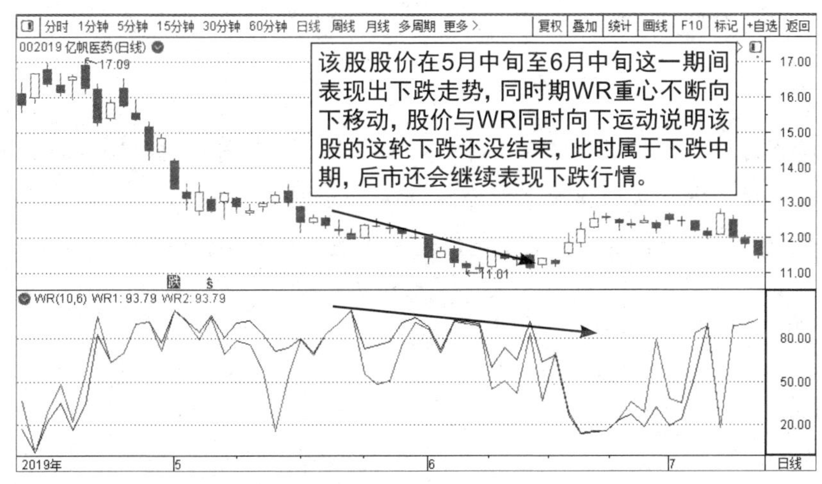

亿帆医药2019年4月至7月的K线走势

从图中可以看到，该股表现下跌走势，股价从17.00元附近下跌至11.00元止跌，随后该股在12.00元价位线上波动调整，那该股后市是否会在该位置企稳回升呢？

我们看到，该股股价在5月中旬至6月中旬这一期间表现出下跌走势，同时期WR重心不断向下移动，股价与WR同时向下运动说明该股的这轮下跌还没结束，此时属于下跌中期，后市还会继续表现下跌行情。为避免承受更多的损失，投资者应在12.00元股价短暂整理阶段及时出货。

如下图所示为亿帆医药2019年4月至9月的K线走势。

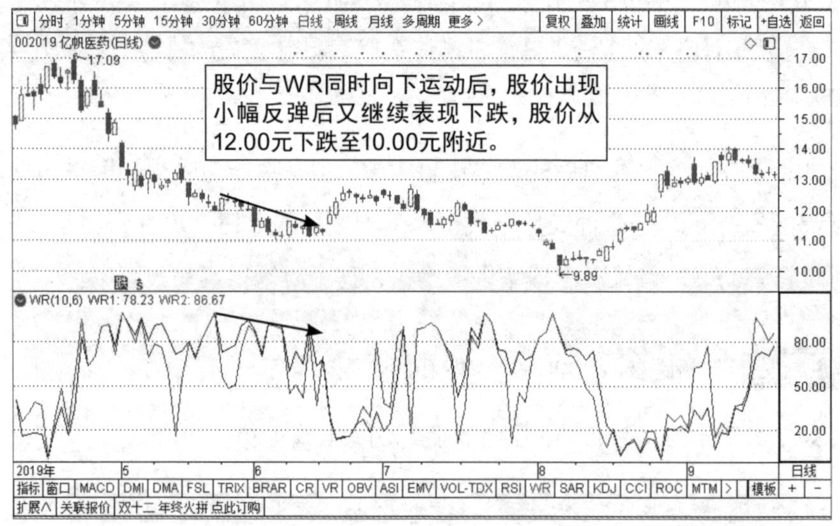

亿帆医药2019年4月至9月的K线走势

从图可以看到，股价与WR同时向下运动后，股价出现小幅反弹后又继续表现下跌，股价从12.00元下跌至10.00元。说明股价与WR同时向下运动是准确的股价下跌中期信号，后市将继续维持之前的下跌走势。

NO.026

掌握 WR 和股价的底背离图谱

当 WR 在超卖区间停滞不前，而股价却不断创造新低，则意味着 WR 和股价出现了底背离。

一图展示

要点剖析

当股价走势一波比一波低，股价在下跌，而 WR 走势的低位一底比一底高，这叫底背离现象。底背离现象一般是股价低位反转的信号，表明股价短期内即将上涨，是比较强烈的买入信号。

操盘精髓

股价在低位时，一般要反复出现多次底背离后才可确认行情的底部反转，这说明利用不断触底的可靠性能够把握一只很快要大涨的股票。

分析实例 国恩股份（002768）WR和股价底背离买入分析

如下图所示为国恩股份2018年6月至2019年1月的K线走势。

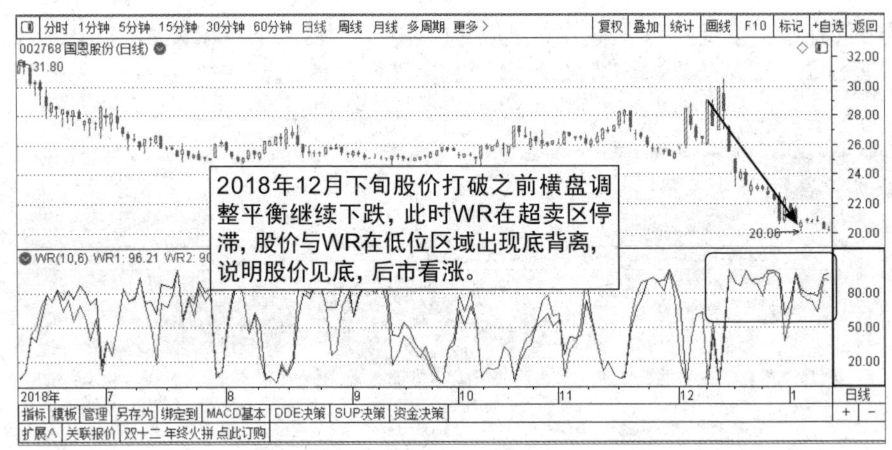

国恩股份2018年6月至2019年1月的K线走势

从图中可以看到，该股表现下跌行情，股价从32.00元附近开始下跌，跌至26.00元价位线后止跌，并在该价位线横盘调整。2018年12月下旬股价打破之前横盘调整平衡继续下跌，此时WR在超卖区停滞，股价与WR在股价低位区域出现底背离，说明股价见底，后市看涨，投资者可以趁机介入。

如下图所示为国恩股份2018年12月至2019年4月的K线走势。

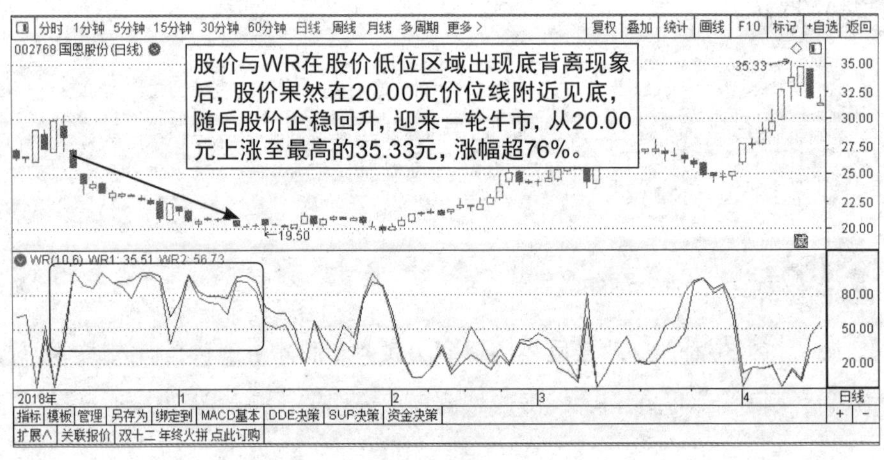

国恩股份2018年12月至2019年4月的K线走势

从图中可以看到，股价与WR在股价低位区域出现底背离现象后，股价果然在20.00元价位线附近见底，随后股价企稳回升，迎来一轮牛市，从20.0元上涨至最高的35.33元，涨幅超76%。

NO.027

掌握 WR 和股价的顶背离图谱

当 WR 在超买区间无法继续向下，而股价却不断创造新高，则意味着 WR 和股价出现了顶背离。

一图展示

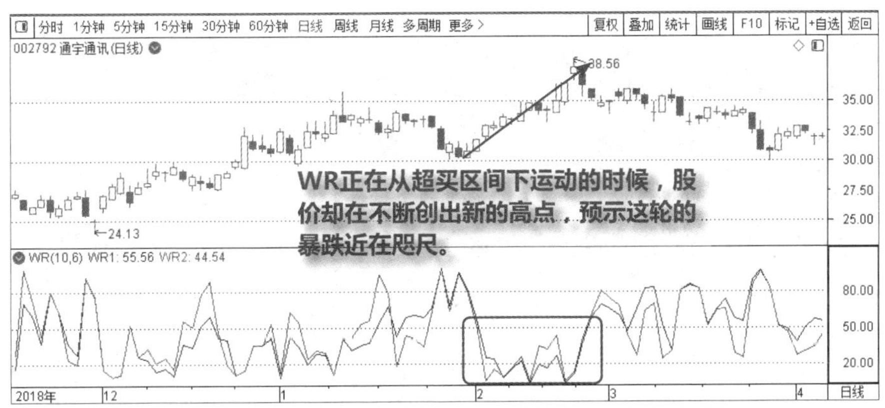

要点剖析

当股价 K 线图上的走势一峰比一峰高，股价在一直向上涨，而 WR 的走势则在股价高位一波比一波低，这叫顶背离现象。顶背离现象一般是股价高位反转的信号，表明股价短期内即将下跌，是比较强烈的卖出信号。

操盘精髓

股价在高位时，通常只需出现一次顶背离的形态即可确认行情的顶部反转，这说明顶背离的效果越来越高于底背离，是判断股价高位的重要方式。

分析实例 顶点软件（603383）WR和股价顶背离分析

如下图所示为顶点软件2019年1月至4月的K线走势。

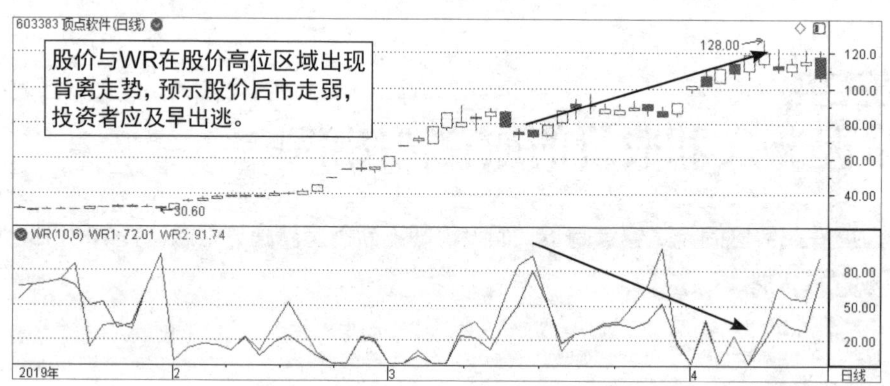

顶点软件2019年1月至4月的K线走势

从上图可知，该股表现上涨行情，股价在3月中旬上涨至80.00元价位线后，走出横盘调整走势，随后继续冲高，将股价拉升至100.00元附近。此时查看WR发现，WR走势一波比一波低，并在20区间靠近0而无法继续向下，这就和不断上升的股价形成了顶背离，预示后市看跌，投资者应尽早抛售手中持股。

如下图所示为顶点软件2019年3月至8月的K线走势。

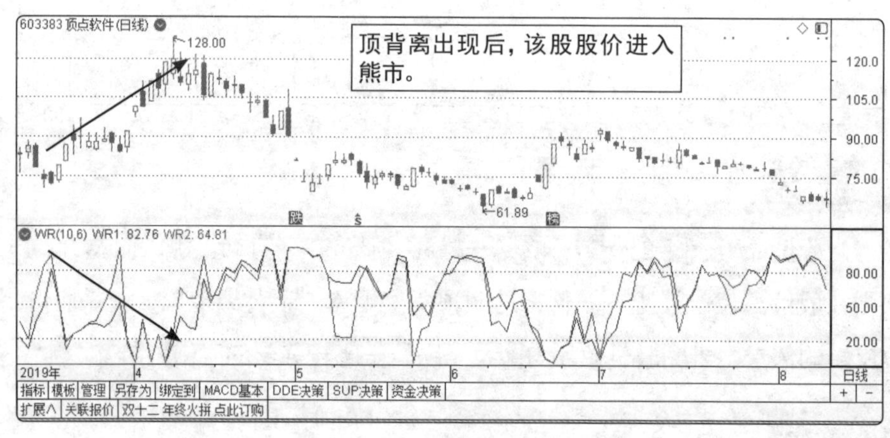

顶点软件2019年3月至8月的K线走势

从图中可以看到，该股在顶背离出现以后便进入熊市下跌，股价从120.00元跌至70.00元左右，跌幅超过40%。

第3章

用图掌握BIAS

BIAS 指标是由移动平均原理派生出来的一种技术指标，其功能是反映股价在波动过程中与移动平均线的偏离程度。它以“股价如果偏离均线过远，就会产生向均线靠近的趋势”的原理来预测股价走势并判断买卖时机。

NO.028

BIAS 参数图谱展示

BIAS 指标又称乖离率指标或 Y 指标，属于超买超卖型指标，该指标由 3 条不同周期的曲线组成，其参数就是它的计算周期。

一图展示

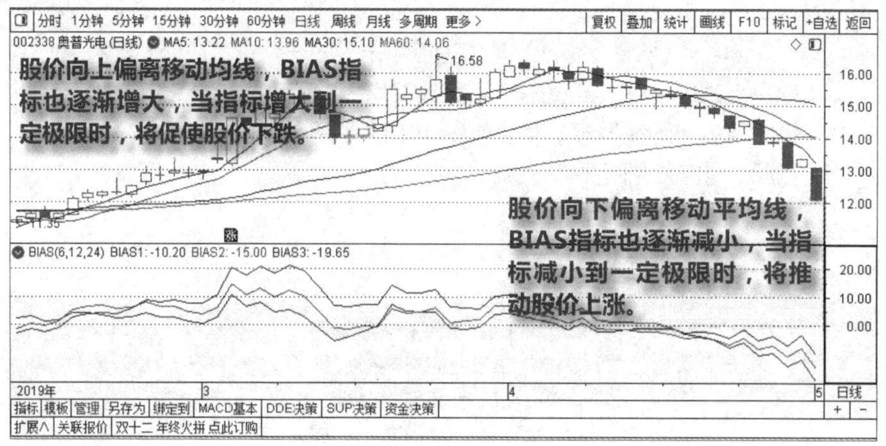

要点剖析

BIAS 指标 3 条曲线的计算公式相同，只是采用的计算周期有差别而已，其计算公式如下。

BIAS :(CLOSE−MA(CLOSE,N1))/MA(CLOSE,N1) × 100。

其中，CLOSE 表示当前周期的收盘价，N1 是公式中的唯一参数，表示指标的计算周期；MA(CLOSE,N1) 表示收盘价的 N1 日简单移动平均线。

在 BIAS 指标中，用 BIAS1、BIAS2 和 BIAS3 来表示短期、中期和长期乖离率，默认情况下，它们采用的计算周期分别为 6、12 和 24。为了配合股价移动平均的周期，通常也采用 5、10 和 30 作为其周期。

从其计算公式可以看出，如果股价运行在移动平均线之上，乖离率大于0，称为正乖离；如果股价运行在移动平均线以下，则乖离率将小于0，称为负乖离；如果股价与移动平均线重合，则乖离率为0。

操盘精髓

BIAS 指标值的大小对股价未来的发展趋势有一定的指示作用，其测试原理是：无论股价运行在移动平均线上方或下方，当股价偏离其移动平均线太大时，都有一个回归的过程，也就是所谓的“物极必反”原理，其主要应用原则有以下两点。

- 正的乖离率越大，表示股价向上偏离其移动平均线的幅度越大，则越有可能见到阶段性的顶部。
- 负的乖离率越大，表示股价向下偏离其移动平均线的幅度越大，则越有可能见到阶段性的底部。

由于个股的特性不同，BIAS 值要达到什么水平才算是达到极限，这需要投资者在实际应用过程中进行确认。但是，股价因受重大突发事件的影响而出现暴涨或暴跌，导致 BIAS 指标的过高或过低，这种情况仅能视为特例，不能作为日常研判的标准，如下图所示。

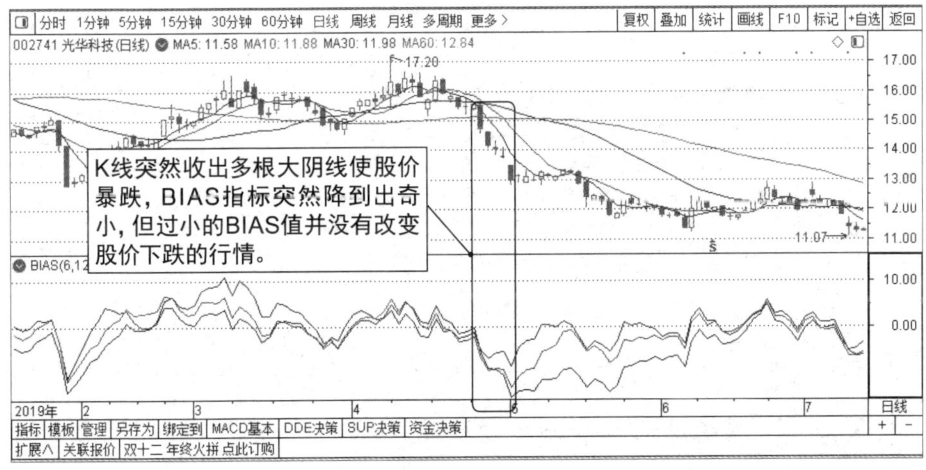

在使用 BIAS 指标研判股价走势时，要注意股票所处的价格区域。当股价处于低位密集成交区时，由于筹码比较分散，运用 BIAS 指标指导操作时成功率较高；当股价经过大幅攀升达到一定高位时，在机构的操纵下容易暴涨暴跌，此时用 BIAS 指标指导操作的成功率就相对较低。

要点提示 *注意区域对待风险不同的股票*

在使用 BIAS 指标研判股价走势时，也要注意区别对待风险不同的股票。如果个股有业绩保证，并且估值水平也较为合理，其乖离率在下跌到 0 值以下不多的位置时就会开始反弹；如果个股业绩较差，其乖离率通常会跌至绝对值较大时才开始反弹。

NO.029

BIAS 正乖离率的图谱

股价运行到其移动平均线以上，对应周期的 BIAS 指标值将大于 0，这是一种强势上涨的信号。

一图展示

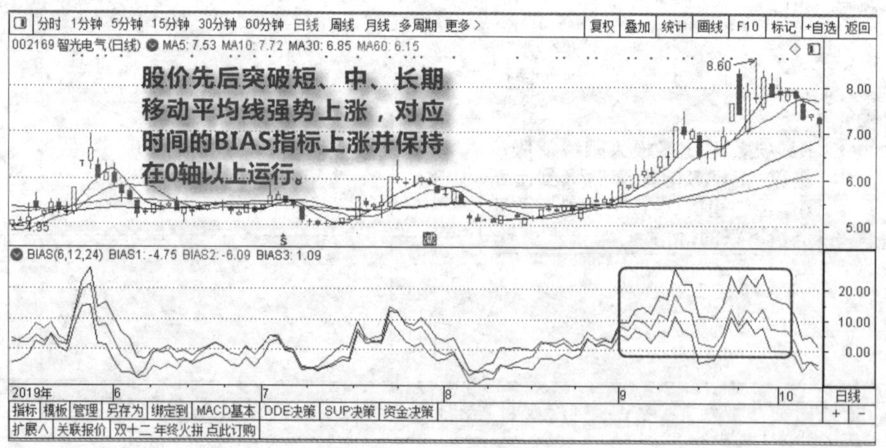

要点剖析

在强势行情中，股价运行于移动平均线之上，其对应周期的 BIAS 指标也会运行在 0 轴以上，如果短、中、长期 BIAS 指标同时大于 0，并且长时间处于 0 轴以上，表示股价正在强势上涨，并且移动平均线呈多头排列，只要 BIAS 指标不向下调头，投资者就可一直持有。

操盘精髓

BIAS 运行在 0 轴以上，表示股价也正运行在其移动平均线之上，处于上涨行情中，如果 BIAS 在 0 轴以上向 0 轴方向靠拢，但运行到 0 轴时受到支撑并反弹，说明股价仍有上涨空间，投资者可继续持有或加仓买进。

如果 BIAS 在 0 轴上方向 0 轴运行，但在 0 轴附近未受到支撑而跌破 0 轴，则表示股价上涨乏力，行情可能由涨转跌，投资者此时需要随时关注行情的变化。但如果 BIAS 下跌到 0 轴以下不久，又再次反弹并上穿到 0 轴以上，并且与均线走势相同，则投资者可继续持股待涨。

分析实例　武汉凡谷（002194）正乖离率伴随股价强势上涨

如下图所示为武汉凡谷2018年7月至11月的K线走势。

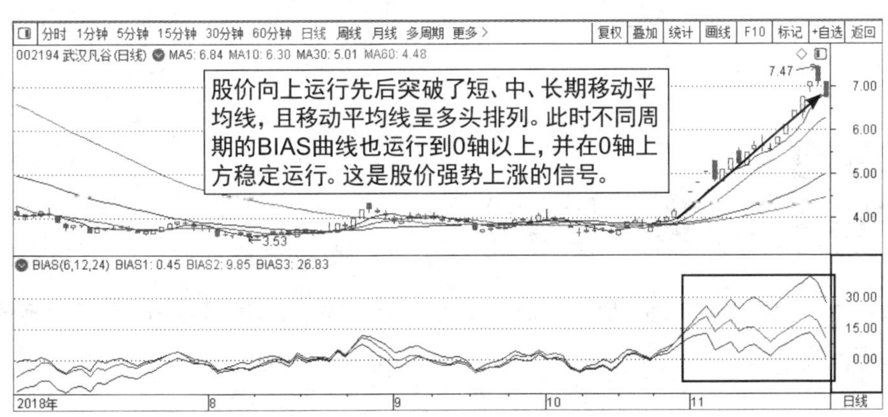

武汉凡谷2018年7月至11月的K线走势

从图中可以看到，该股股价前期在4.00元价位线上表现横盘整理走势，随后在10月底股价一改之前的沉闷走势，向上运行先后突破了短、中、长期移动平均线，且移动平均线呈多头排列。此时查看BIAS指标发现，不同周期的BIAS曲线也运行到0轴以上，并在0轴上方稳定运行。这是股价强势上涨的信号，说明后市股价将表现上涨行情，投资者应趁机买进。

如下图所示为武汉凡谷2018年11月至2019年4月的K线走势。

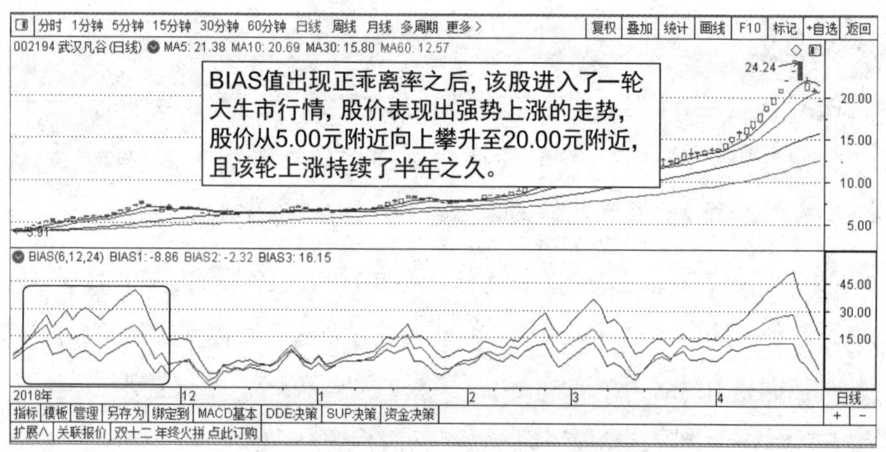

武汉凡谷2018年11月至2019年4月的K线走势

从图中可以看到，BIAS值出现正乖离率之后，该股进入了一轮大牛市行情，股价表现出强势上涨的走势，股价从5.00元附近向上攀升至20.00元附近，且该轮上涨持续了半年之久。如果投资者在前期5.00元附近买进该股，必然会得到丰厚的回报。

NO.030

BIAS 负乖离率的图谱

股价运行到其移动平均线以下，对应周期的 BIAS 指标的值也小于 0，这是一种深幅下跌的信号。

一图展示

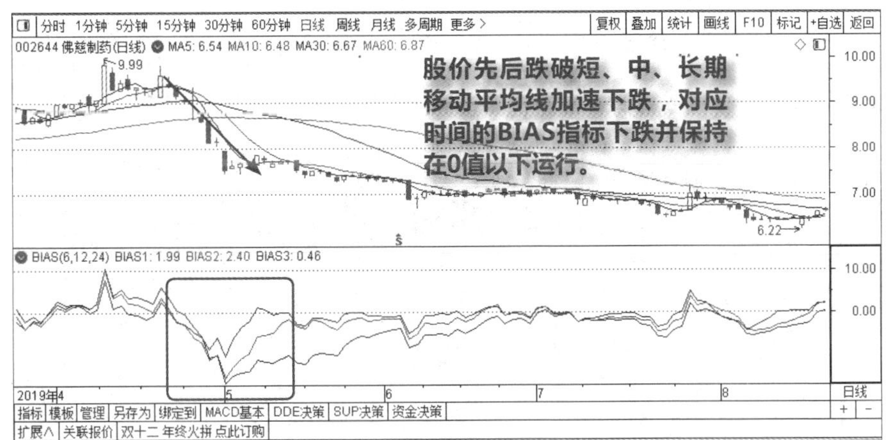

要点剖析

在弱势行情中，股价运行于移动平均线之下，其对应周期的BIAS指标也会运行在0轴以下，如果短、中、长期BIAS指标同时小于0，并且长时间处于0轴以下，表示股价正在深幅下跌，并且移动平均线呈空头排列，如果BIAS一直没有有效反弹到0轴以上，下跌行情就可能一直持续。

操盘精髓

BIAS运行在0轴以下，表示股价也正运行在其移动平均线之下，处于下跌行情中，如果BIAS在0轴以下向0轴方向靠拢，但运行到0轴时受到阻力再次回调，说明股价仍上涨无力，此时投资者不宜跟进。

如果BIAS在0轴下方向0轴运行，但在0轴附近未受到阻力而上穿0轴，则表示股价上涨动力强劲，行情可能转好，如果BIAS上穿0轴以后短时间内没有再回到0轴以下，则投资者可加仓跟进。

分析实例 宁波华翔（002048）负离率伴随股价下跌

如下图所示为宁波华翔2019年1月至6月的K线走势。

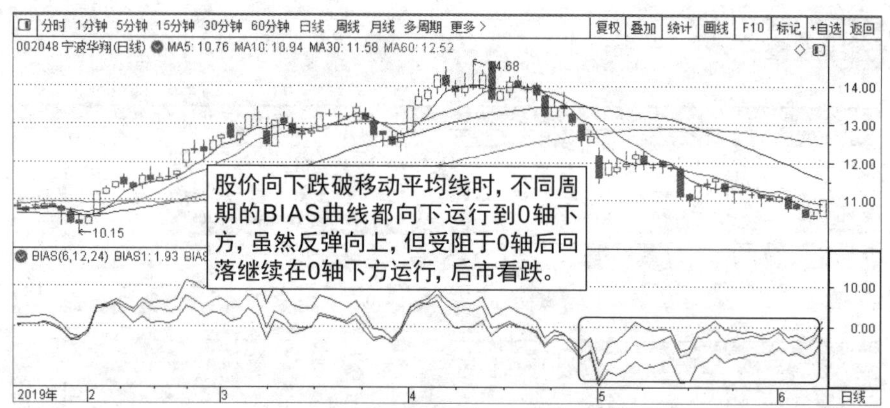

宁波华翔2019年1月至6月的K线走势

从图中可以看到，该股前期经历一波上涨行情，股价涨至14.00元附近后止涨下跌。在5月初时股价向下运行，先后跌破短期、中期和长期均线，随后该股跌势渐缓，在11.00元附近表现横盘整理。这是否意味着后市股价将企稳回升呢？

我们查看BIAS指标发现，股价下跌跌破移动平均线时，不同周期的BIAS曲线都向下运行到0轴下方。虽然在5月初时BIAS调头向上运行，但运行到0轴时受到阻力再次回落，然后维持在0轴下方。说明股价仍然缺乏上涨的动力，后市继续看跌，投资者不要盲目入场，其后市走势如下图所示。

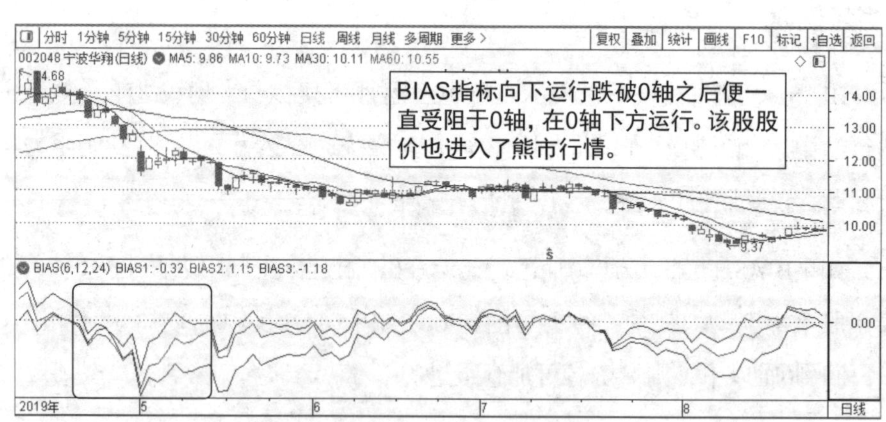

宁波华翔2019年4月至8月的K线走势

从上图可以看到，BIAS指标向下运行跌破0轴之后便一直受阻于0轴，在0轴下方运行。该股股价也进入了熊市行情，如果投资者在BIAS回落时盲目买进就可能陷入被套牢的风险。

NO.031

BIAS 始终围绕着 0 的图谱

如果股价没有大起大落，一直稳步运行，则其与移动平均线的偏离程度就会很小，BIAS 指标就始终在 0 轴附近徘徊。

一图展示

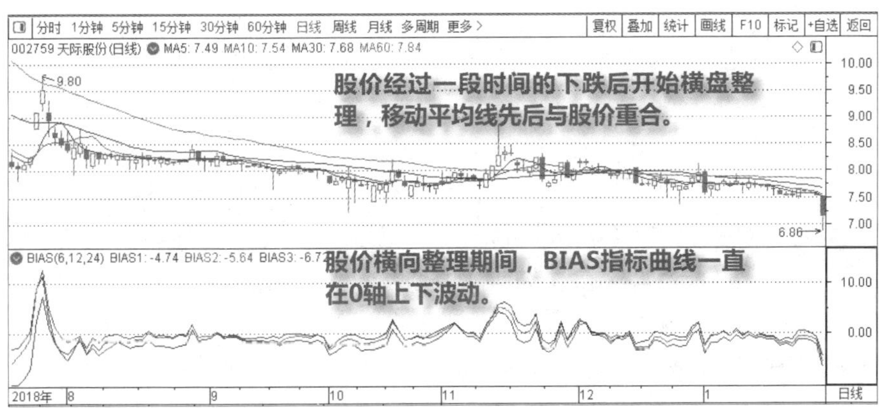

要点剖析

BIAS 指标反映的是股价与其移动平均线的偏离程度，如果股价长时间按同一个方向稳步发展，其移动平均线将与股价重合，此时 BIAS 指标就始终在 0 轴附近徘徊，只要 BIAS 指标不远离 0 轴，股价就会一直沿当前的发展方向继续运行。

操盘精髓

BIAS 指标始终在 0 轴附近徘徊，股价可能出现 3 种不同的行情。

◆ 股价横盘整理：多空力量逐步均衡，双方都无心恋战但又不想失去先机，股价稍有上涨就被打压，稍有下跌又被拉伸，投资者场外观望为宜。

◆ 股价持续上涨：多头力量明显占上风，股价持续稳步上涨，在行情形成初期投资者可适量跟进，若行情已持续一周以上，则不宜采取操作。

◆ 股价持续下跌：空头力量明显占上风，股价持续稳步下滑，在行情形成初期投资者应及时抛出，若行情持续时间已久并且大盘有回升迹象，则不宜采取行动。

分析实例 科大讯飞（002230）BIAS始终围绕着0轴的操作分析

如下图所示为科大讯飞2018年8月至2019年1月的K线走势。

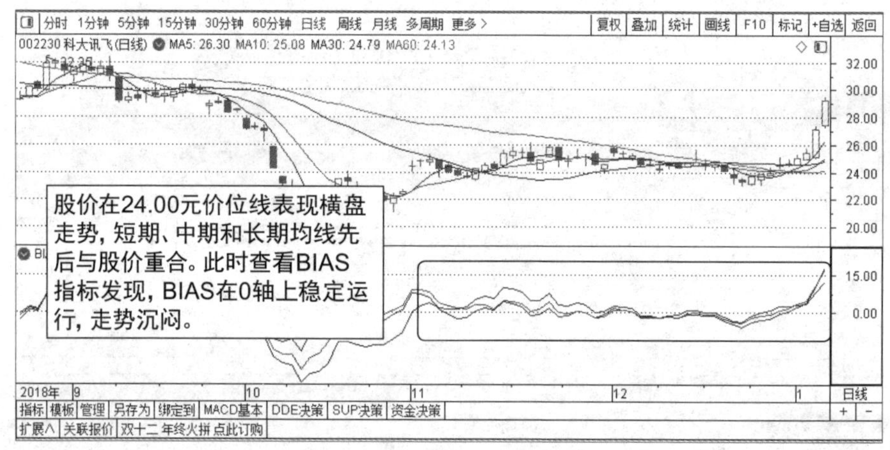

科大讯飞2018年8月至2019年1月的K线走势

从图中可以看到，该股表现下跌行情，股价从30.00元下跌至24.00元后止跌，表现横盘走势，短期、中期和长期均线先后与股价重合。此时查看BIAS指标发现，BIAS在0轴上稳定运行，走势沉闷。2019年1月初BIAS指标突然转头向上运行，直逼15轴，查看股价发现，K线收出两根大阳线，股价向上突破移动平均线，说明该股通过前期整理多方已经积聚了足够的力量，后市看涨。

如下图所示为科大讯飞2018年11月至2019年3月的K线走势。

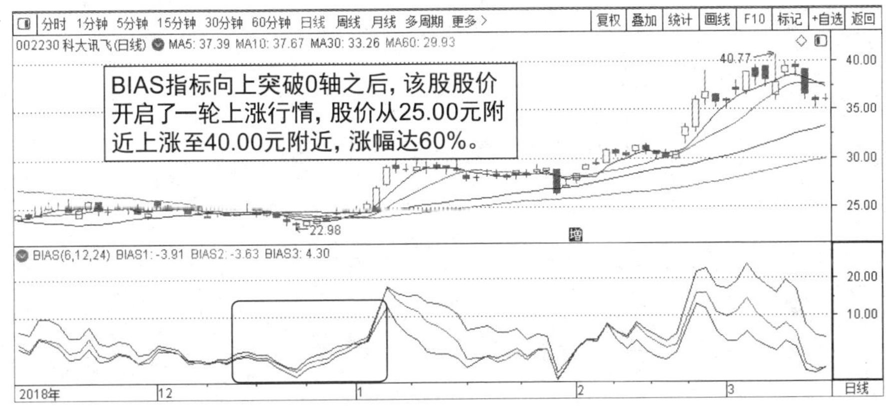

科大讯飞2018年11月至2019年3月的K线走势

从图中可以看到，BIAS指标向上突破0轴之后，该股股价开启了一轮上涨行情，股价从25.00元附近上涨至40.00元附近，涨幅达60%。

NO.032

短期 BIAS 向上突破中长期 BIAS 的图谱

股价加速下跌时会导致 BIAS 指标加速向下运行，股价突然开始回升时，会使短期 BIAS 曲线向上突破中长期 BIAS 曲线。

一图展示

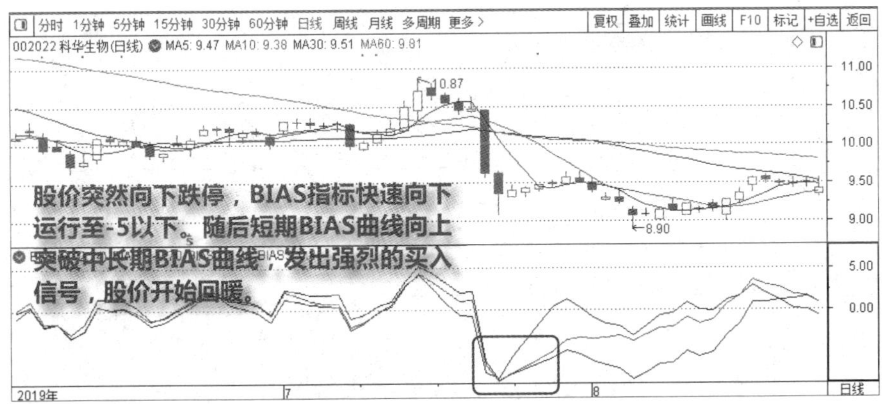

要点剖析

股价急速下跌会导致 BIAS 指标向下运行到一个相对低位，下跌幅度过深时就会引发反弹，如果反弹力度够大，短期 BIAS 曲线将快速上扬，向上突破中期和长期 BIAS 曲线形成金叉，发出买入信号。

操盘精髓

BIAS 指标中的 3 条曲线形成明显金叉的时间并不多，通常都出现在比较极端的行情中，从股价的表现来看，往往是连续两三个交易日收出跌幅超过 5% 的大阴线，随后出现较大涨幅的大阳线，使已远离移动平均线的股价快速靠拢移动平均线。

这种行情显示出卖方力量想要极力压低股价，但在快速打压过程中由于能量消耗过快，被买方力量强烈反击并取得成功，市场主导权由卖方转入买方手中，后市上涨概率非常大。

分析实例　捷佳伟创（300724）短期BIAS向上突破中长期BIAS迎来上涨

如下图所示为捷佳伟创2019年4月至8月的K线走势。

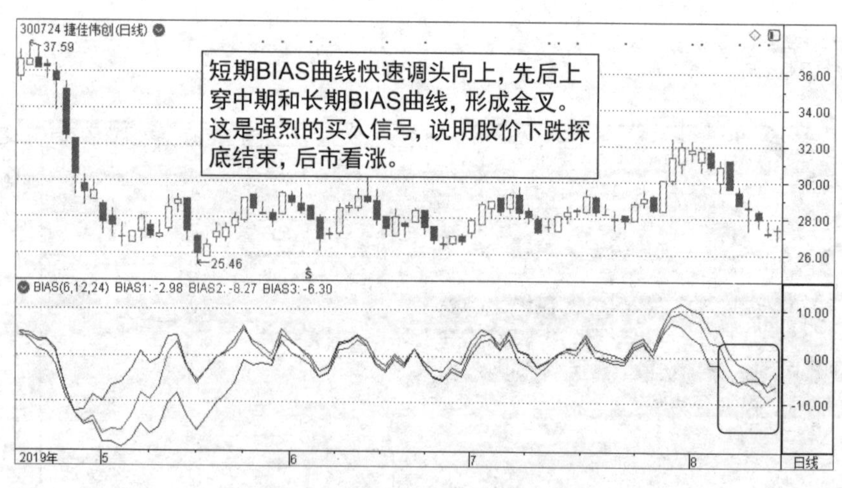

捷佳伟创2019年4月至8月的K线走势

从图中可以看到，该股表现下跌行情，股价从37.59元一路下滑，跌至25.46元后止跌，随后在28.00元价位线上横盘。7月中旬，股价打破平衡，向上运行，随后K线连续放阴，又进入下跌行情。

同时我们查看BIAS指标，发现BIAS指标在0轴线上横向运行，随后快速向上攀升至10，但很快就调头向下，下行至0轴下方后，短期BIAS曲线快速调头向上，先后上穿中期和长期BIAS曲线，形成金叉。这是强烈的买入信号，说明股价下跌探底结束，后市看涨，此时为投资者最好的买入机会。

如下图所示为捷佳伟创2019年8月至9月的K线走势。

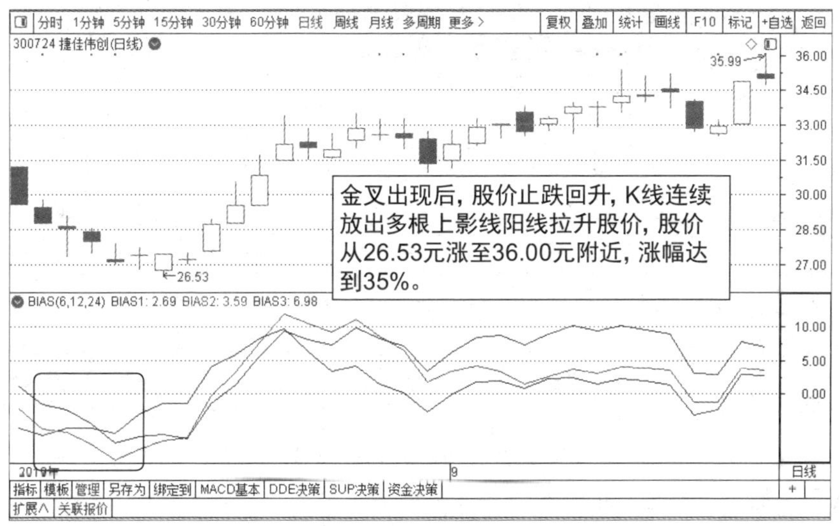

捷佳伟创2019年8月至9月的K线走势

从图中可以看到，短期BIAS曲线快速调头向上，先后上穿中期和长期BIAS曲线，形成金叉后，股价止跌回升，K线连续放出多根上影线阳线拉升股价，股价从26.53元涨至36.00元附近，涨幅达到35%。

NO.033

短期 BIAS 向下跌破中长期 BIAS 的图谱

股价加速上涨时会导致 BIAS 指标加速向上运行，股价突然开始回调时，会使短期 BIAS 曲线向下跌破中长期 BIAS 曲线。

一图展示

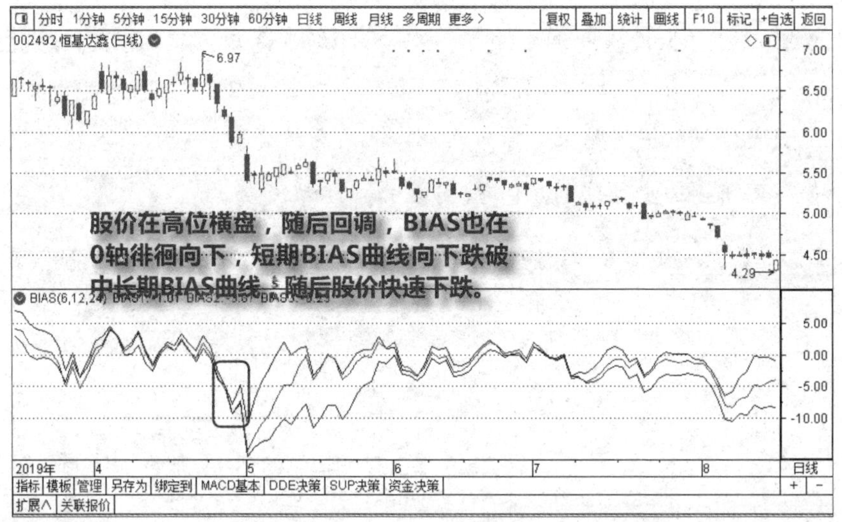

要点剖析

股价快速上涨会导致 BIAS 指标向上运行到一个相对高位，上涨幅度过大时就会引发回调，如果回调力度够大，短期 BIAS 曲线将快速下滑，向下跌破中期和长期 BIAS 曲线形成死叉，发出卖出信号。

操盘精髓

这种行情显示出买方力量想要快速拉升股价，但在快速拉升过程中由于能量消耗过快，被卖方力量轻易反击。由于买方力量消耗殆尽，使得市场主导权转入卖方手中，后市下跌的概率非常大。

分析实例 **平治信息（300571）短期BIAS向下跌破中长期BIAS预示行情下跌**

如下图所示为平治信息2019年1月至4月的K线走势。

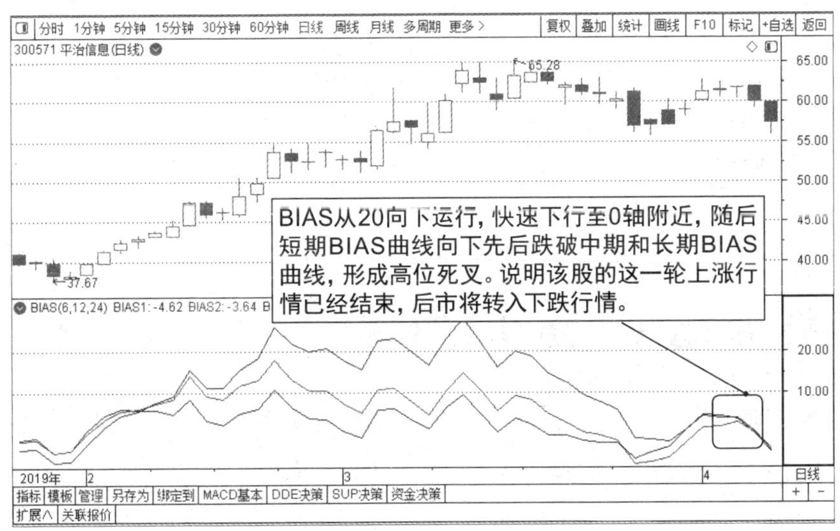

平治信息2019年1月至4月的K线走势

从图中可以看到，该股处于上升行情，股价37.67元上涨至60.00元价位线附近后止涨，并在该价位线横盘整理。此时我们查看BIAS指标发现BIAS从20向下运行，快速下行至0轴附近，随后短期BIAS曲线向下先后跌破中期和长期BIAS曲线，形成高位死叉。说明该股的这一轮上涨行情已经结束，后市将转入下跌行情。

如下图所示为平治信息2019年3月至6月的K线走势。

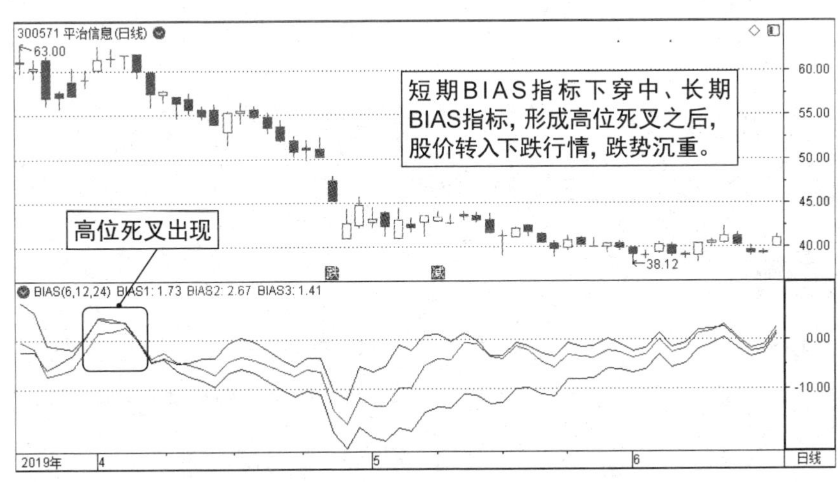

平治信息2019年3月至6月的K线走势

从图中可以看到，BIAS指标在股价高位处，短期BIAS指标下穿中、长期BIAS指标，形成高位死叉之后，股价转入下跌行情，跌势沉重。股价从63.00元下跌至40.00元附近，跌幅达36%。由此可见，短期BIAS下穿中长期BIAS为可靠的行情下跌信号。

NO.034

BIAS 加速向上运动的图谱

股价在稳步发展过程中，BIAS 指标也相对稳定，当股价突然上涨并远离移动平均线时，BIAS 指标也将加速向上运动。

一图展示

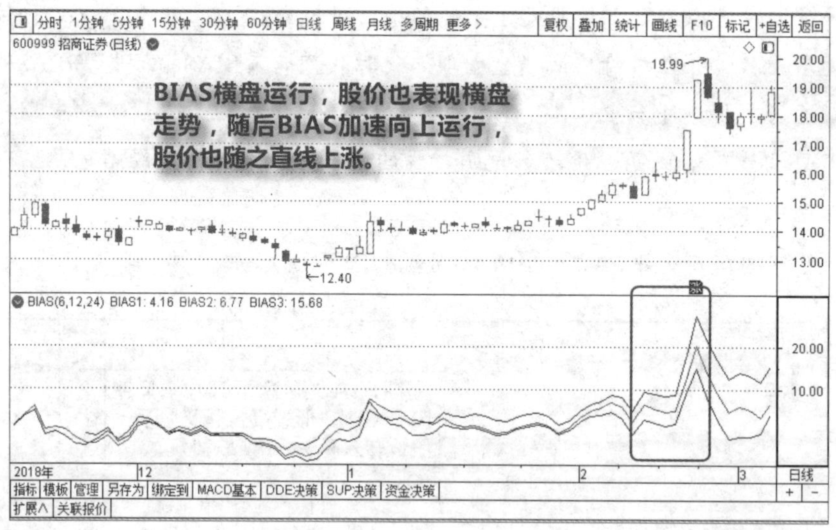

要点剖析

BIAS 指标的运动方向与股价和移动平均线的位置关系密切相关，当BIAS 在一个较小范围内来回波动很长一段时间后，突然加速上涨，说明股价正在向上偏离其移动平均线。如果上攻速度过快，则很可能是庄家蓄意拉高，特别是股价运行在一个相对高位时，投资者更需要持币观望，切莫追涨入场。

操盘精髓

BIAS 指标突破一个较长时期的窄幅整理区间而加速上涨，说明股价已经进入短线强势拉升行情，投资者应坚决持股待涨，在大行情并不十分明朗的情况下，切莫追涨。

如果此行情出现在股价下跌的过程中，并且已经下跌到一个相对较低的位置，则在 BIAS 指标突破整理区时可少量买入，短线可获利不菲。

分析实例 力生制药（002393）BIAS指标加速向上运行

如下图所示为力生制药2018年6月至10月的K线走势。

力生制药2018年6月至10月的K线走势

从图中可以看出，该股前期经历了1个多月的横盘整理阶段，在8月开始逐步下跌，跌势较缓慢，最终在10月中旬创下18.80元的新低后股价止跌企稳，在20.0价位线上整理。此时观察BIAS指标发现，BIAS在0轴横向运行了近4个月之后，在10月向下运行至-10后快速调头向上，三线形成多头排列的走势，并快速向上运行。这是股价行情反转的信号，说明股价该轮下跌已经结束，后市看涨。

如下图所示为力生制药2018年10月至2019年4月的K线走势。

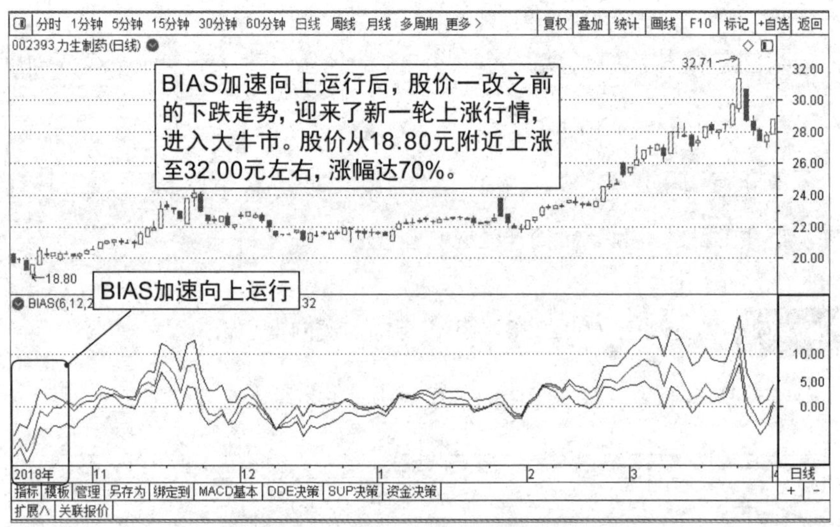

力生制药2018年10月至2019年4月的K线走势

从图中可以看到，BIAS加速向上运行后，股价一改之前的下跌走势，迎来了新一轮上涨行情，进入大牛市。股价从18.80元附近上涨至32.00元左右，涨幅达70%。

该股前期经历了1个多月的横盘和长期缓慢下跌，说明场内浮筹已经清理完成，此时股价止跌回升，且BIAS指标加速向上，可以判断为有主力入场，全力拉升股价，所以投资者应该在BIAS指标加速向上时介入。

NO.035

BIAS 在高位向下运动的图谱

股价快速上涨并逐渐远离其移动平均线，BIAS 指标也将随之上涨，当 BIAS 指标在高位向下运行时，表示上涨行情已经结束。

一图展示

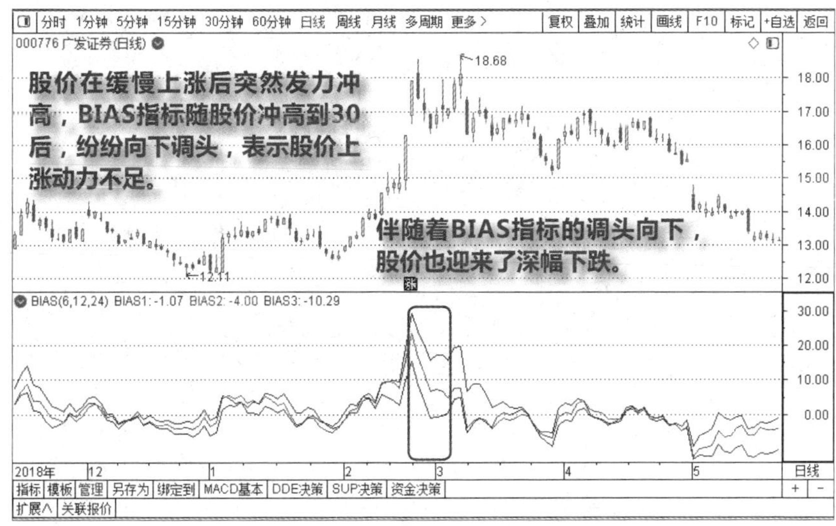

要点剖析

BIAS 指标在一个相对高位向下运行，说明股价前期的上涨行情已经结束，下跌行情即将开始或已经开始，投资者应及时做好应对准备。

操盘精髓

BIAS 指标在高位向下运行，不同周期的曲线调头时，其代表的意义也有所不同。

- ◆ 短期BIAS在高位向下调头跌破中期BIAS，说明股价短期上涨过快，将开始短线调整，投资者可卖出部分股票以观后市发展。
- ◆ 中期BIAS和长期BIAS也开始在高位调头向下，说明短期上涨行情结束，中期下跌行情已经开始，宜全数卖出持股。
- ◆ 当短、中、长期BIAS从高位同时向下运行时，说明股价的下跌趋势已经形成，投资者应坚决持币观望。

分析实例 久远银海（002777）BIAS在高位同步向下运行

如下图所示为久远银海2018年10月至2019年3月的K线走势。

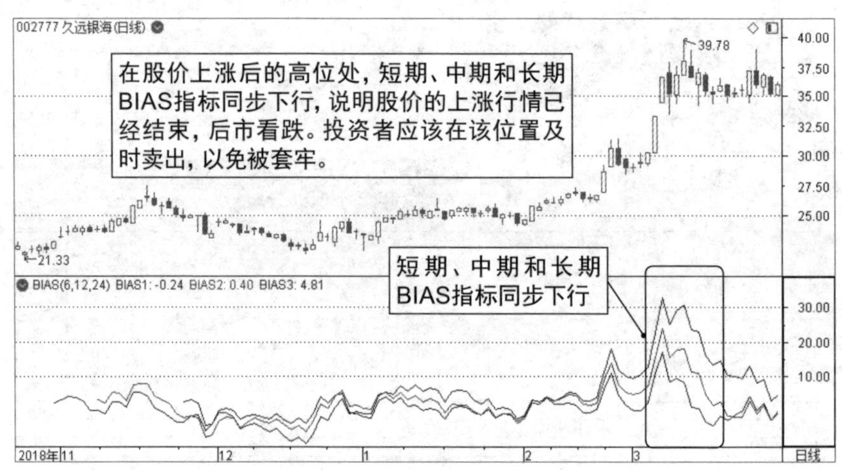

久远银海2018年10月至2019年3月的K线走势

从图中可以看到，该股经过近4个月的上涨后，于3月初股价止涨，在35.00元价位线上横盘。此时查看BIAS指标，发现BIAS在3月初突然向上拔高，随后快速调头向下，短期、中期和长期BIAS指标同步下行，说明股价的上涨行情已经结束，后市股价看跌。投资者应在该位置及时卖出，以免被套牢。

如下图所示为久远银海2018年12月至2019年5月的K线走势。

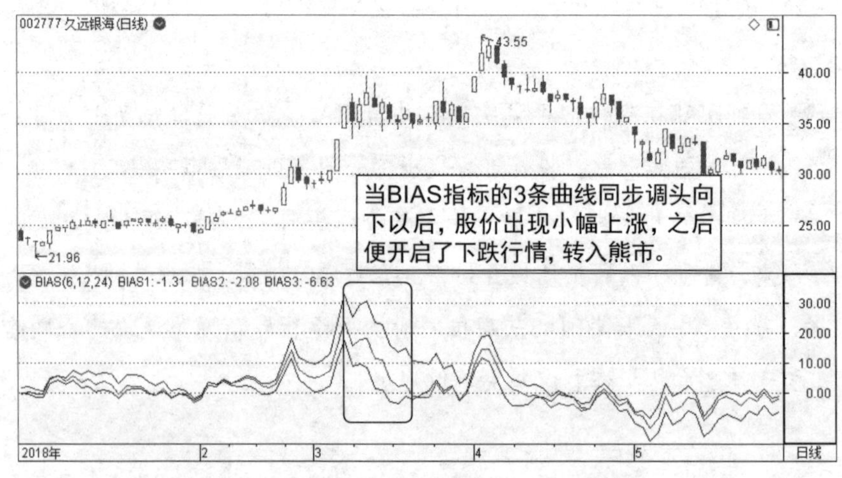

久远银海2018年12月至2019年5月的K线走势

从图中可以看出，当BIAS指标的3条曲线同步调头向下以后，股价出现小幅上涨后便开启了下跌行情，转入熊市中。需要注意的是，当BIAS指标的3条曲线同步调头向下时，股价的下跌行情就能基本确定了，而随后出现的小幅拉升，为主力诱多出货的手段，所以投资者应该在出现BIAS指标同步向下时及时卖出持股，不要盲目追涨。

NO.036

股价与 BIAS 从低位同步上升的图谱

股价运行在一个相对低位并将 BIAS 指标也同时压低到 0 轴以下的相对低位，当股价和 BIAS 指标从低位同步上升时，意味着股价将转弱为强或持续上涨。

一图展示

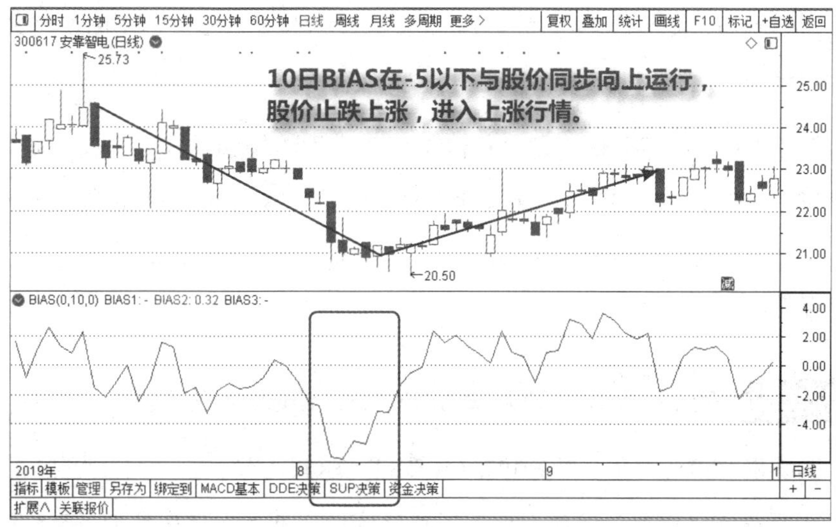

要点剖析

BIAS 指标的高位和低位没有明显的数值限定，只是一个相对概念，投资者可根据每只股票的实际行情来确定 BIAS 指标是在高位还是在低位。

由于 5 日（或 6 日）BIAS 曲线过于敏感，股价在低位刚开始上涨时它可能已经走平或者到达一个相对高位，因此在判断股价与 BIAS 指标是否从低位同步向上运行时，多采用 10 日（或 12 日）BIAS 曲线与股价 K 线相对比。

要点提示 *如何让 BIAS 指标只显示一条曲线*

为了便于观察 BIAS 指标与股价的运动方向，避免过多曲线的干扰，在以通达信为核心的炒股软件中，用户可通过修改系统指标公式并调整指标参数来隐藏多余周期的曲线，即将不需要显示的曲线周期参数设置为 0 即可。

操盘精髓

BIAS 指标与股价是否在低位同步向上运行，关键在于判断股价是否处于一个相对低位。如果股价在经历一轮下跌之后，或者在低位横盘整理一段时间以后出现，则形态的可信度较高；如果股价是在上涨过程中出现与 BIAS 指标同步向上运行，则不建议跟进。

由于 BIAS 指标反映的是收盘价与移动平均线的偏离程度，只有股价上涨速度过快时，BIAS 指标才会快速上涨，因此 BIAS 指标与股价同步向上运行的区间并不会很长，但只要 BIAS 不快速下跌到 0 轴以下，股价上涨行情就可以持续。

分析实例 双汇发展（000895）BIAS与股价从低位同步向上运行

如下图所示为双汇发展2019年4月至8月的K线走势。

从图中可以看到，该股在处于下跌行情中，虽然出现反弹，但未能改变股价的下跌趋势。8月初，经过连续几天的急速下跌，创下21.17元的新低后止跌回升，BIAS指标运行到-5以下，随后一根大阳线让BIAS有了扭头向上的趋势，此时股价和BIAS指标都到了一个相对低位，因此后市转跌为涨的可能性很大。

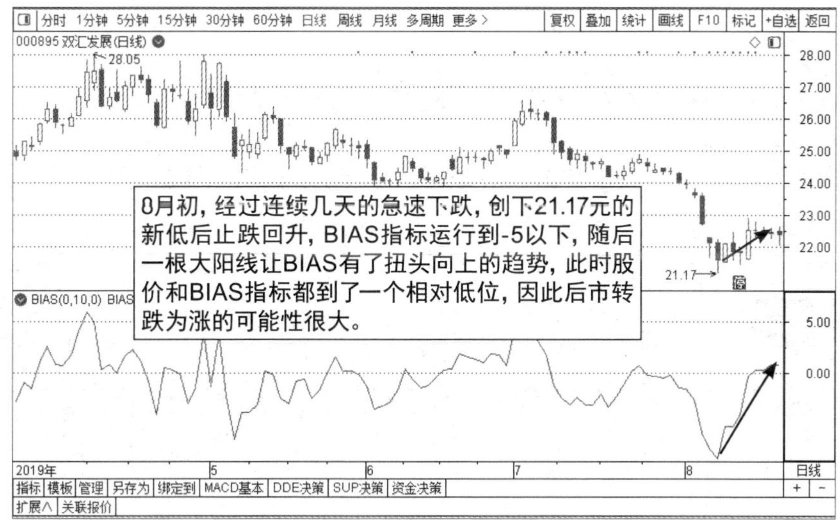

双汇发展2019年4月至8月的K线走势

如下图所示为双汇发展2019年7月至11月的K线走势。

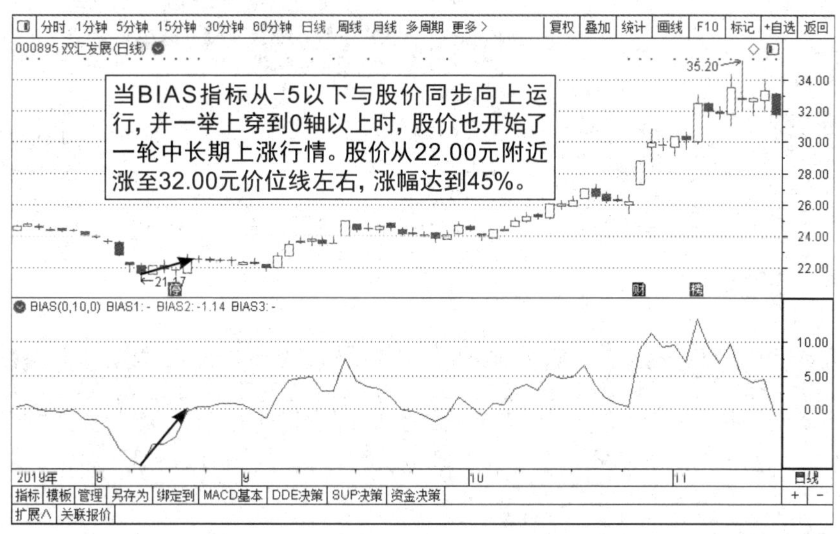

双汇发展2019年7月至11月的K线走势

从图中可以看出，当BIAS指标从-5以下与股价同步向上运行，并一举上穿到0轴以上时，股价也开始了一轮中长期上涨行情。股价从22.00元附近涨至32.00元价位线左右，涨幅达到45%。

NO.037

股价与 BIAS 从高位同步下降的图谱

股价运行在一个相对高位并将 BIAS 指标也拉升到 0 轴以上的相对高位，当股价和 BIAS 指标从高位同步下降，意味着股价将转强为弱，持续下跌。

一图展示

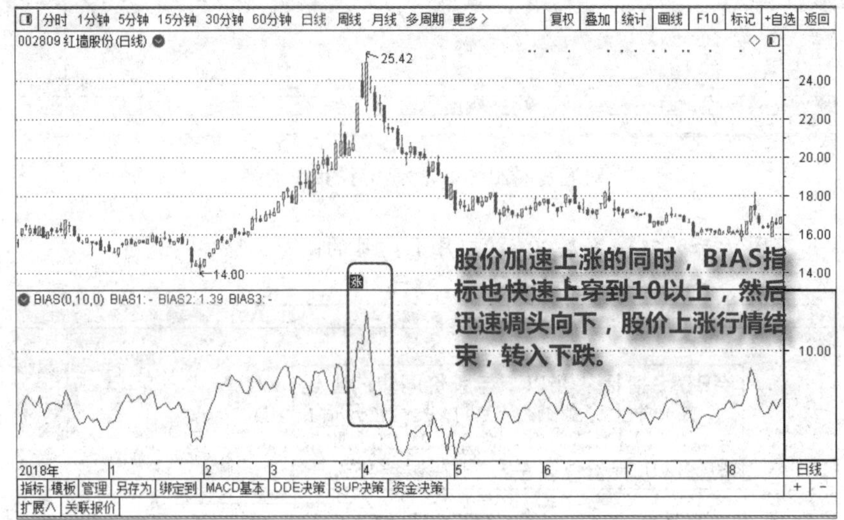

要点剖析

股价在相对高位时，如果 BIAS 指标也运行到一个相对高位，很容易对股价产生下拉回力，一旦 BIAS 指标在高位调头向下，说明股价上涨动力已经不足，如果 BIAS 直接下降到 0 轴附近，则下跌行情可以确认。

操盘精髓

当 BIAS 指标逐步增大，说明股价正在加速上涨，当 BIAS 指标大于 5 时，就容易产生超买现象，股价随时可能进行调整。

如果股价运行到一个相对高位，本身就容易向下调整，如果此时 BIAS 指标也达到一个相对高位，一旦 BIAS 指标向下调头，就会成为引发股价回调。如果股价与 BIAS 指标同时从高位向下运行，则下跌行情可以确认。BIAS 指标在高位向下调头时，可作为最佳卖出时机。

分析实例 中国中期（000996）BIAS与股价从高位同步向下运行

如下图所示为中国中期2018年10月至2019年4月的K线走势。

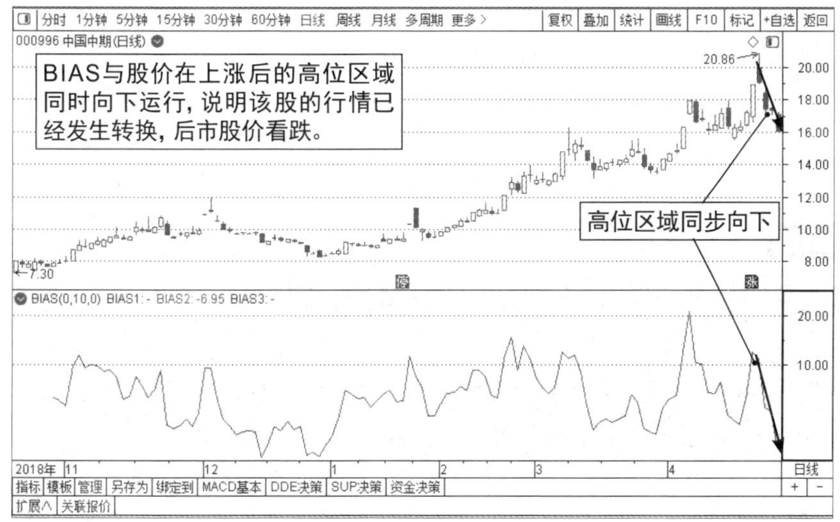

中国中期2018年10月至2019年4月的K线走势

从上图可以看到，该股处于上升行情，股价从8.00元价位线附近上涨至20.00元左右后止涨，K线收出连续阴线使股价下跌，与此同时BIAS也从10向下运行。BIAS与股价在上涨后的高位区域同时向下运行，说明该股的行情已经发生转换，后市股价看跌。

如下图所示为中国中期2019年4月至8月的K线走势。

从图中可以看到，高位区域出现股价与BIAS同步向下运行的现象后，股价一改之前的涨势，转入下跌行情中。股价从20.00元左右下跌至12.00元左右，跌幅达40%。

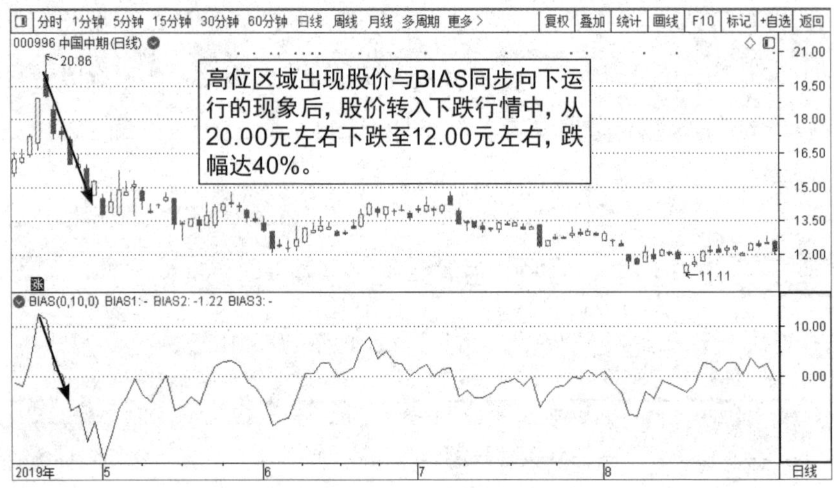

中国中期2019年4月至8月的K线走势

NO.038

BIAS 在高位形成 M 顶的图谱

BIAS 指标运行到较高位置，经历上涨——回调——反弹——下跌的过程，在几乎相等的位置形成两个高点，形态类似于大写的“M”字母。

一图展示

要点剖析

BIAS 指标的 M 顶形成比较困难，它要求股价始终运行在移动平均线之上，并且要和移动平均线保持一个相对稳定的距离来回波动。与其他指标或 K 线图的 M 顶不同，BIAS 指标的 M 顶不必要求右顶低于左顶，两顶在几乎相等的位置即可。

操盘精髓

通常 M 顶的两个顶点相距的时间不能过短，但由于 BIAS 指标主要反映收盘价与移动平均线之间的偏离程度，因此其间隔时间也不宜过长，通常一个 M 顶的形成时间都在半个月以内。

M 顶的形成无须其他指标配合，只要股价和 BIAS 指标都处于较高位置，BIAS 指标上涨到一个高度后开始回调，回调幅度并不大时再反弹，反弹的高度与前次上涨的高度相近时再次回调，并且在回调到前次低点时未受到有力支撑而继续下降，当第 2 次回调到前一个回调低点时即为最佳卖出时机。

分析实例　恒逸石化（000703）BIAS高位形成M顶

如下图所示为恒逸石化2018年11月至2019年4月的K线走势。

恒逸石化2018年11月至2019年4月的K线走势

从图中可以看出，该股处于上涨行情，股价从11.00元附近上涨至18.35元的高位区后止涨回落，此时查看BIAS指标发现，BIAS指标在10附近形成了明显的M顶形态，这是典型的股价见顶信号，说明股价上涨动力已经不足，后市下跌的可能性很大，投资者应果断退出，不要继续追涨。

如下图所示为恒逸石化2019年4月至8月的K线走势。

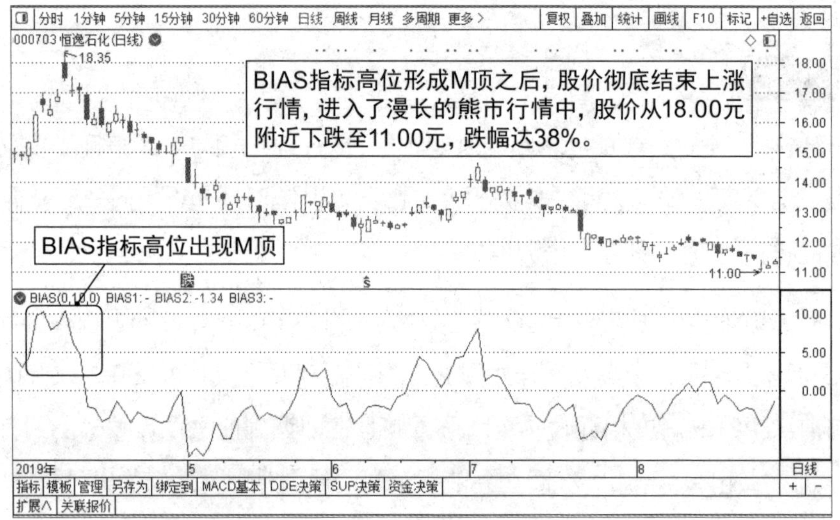

恒逸石化2019年4月至8月的K线走势

从图中可以看到，BIAS指标高位形成M顶之后，股价彻底结束上涨行情，进入了漫长的熊市行情中，股价从18.00元附近下跌至11.00元，跌幅达38%。由此可以得出，BIAS的高位M顶为可靠的股价下跌信号，投资者面对这类形态时要谨慎。

NO.039

BIAS 在低位形成 W 底的图谱

BIAS 指标运行到一个较低位置，经过一次反弹后再次回调到反弹的起点，然后再次反弹，本次反弹超越前次反弹高点形成一个类似大写的“W”字母。

一图展示

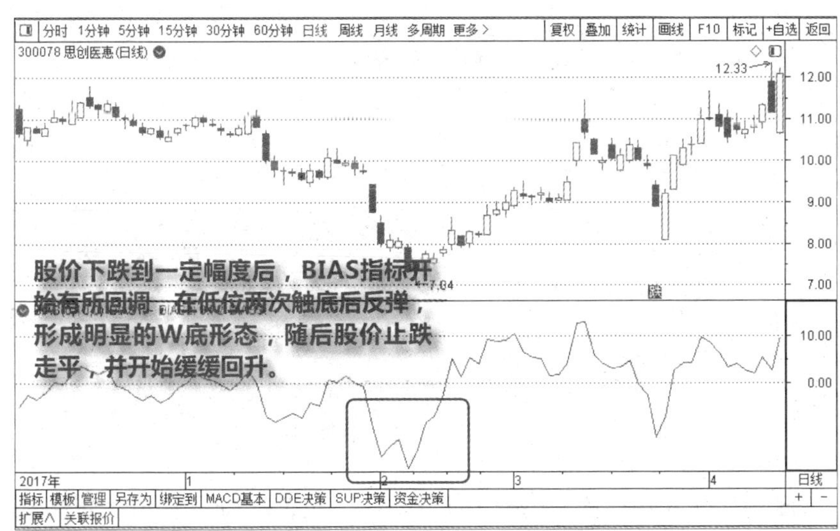

要点剖析

BIAS 指标的 W 底形态与 M 顶形态相似，两个连续的底部形成的时间间隔不宜过长，两个底部的位置也应该尽量相等，如果第 2 个底部略高于第 1 个底部，股价更具上涨动力，第 1 次反弹的高点不应超过 0 轴，否则形态失败。

操盘精髓

股价的底部反弹通常需要多个技术指标的配合，因此 W 底形态的可信度低于 M 顶形态的可信度。要使用 W 底形态来判断行情的反弹，关键在于判断股价和 BIAS 指标是否都在底部。

通常情况下，W 底形态形成后，BIAS 指标都可能会有一段小幅回调，但回调的低点不应低于 W 底的第 1 次反弹的高点。当确认 W 底形态形成后，BIAS 指标首次回调到接近第 1 次反弹高点的时候，就是最佳的买入时机。

分析实例　世荣兆业（002016）BIAS指标的W底迎来反弹行情

如下图所示为世荣兆业2019年4月至8月的K线走势。

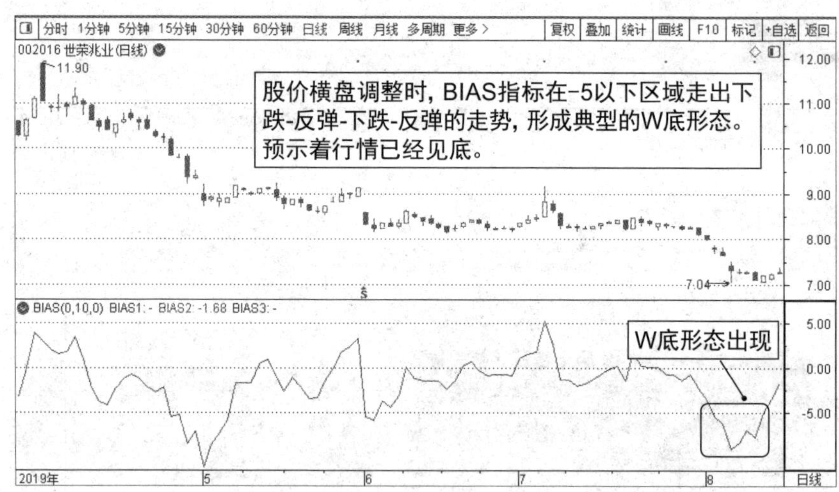

世荣兆业2019年4月至8月的K线走势

从图中可以看到，该股处于下跌行情中，股价从11.90元附近下跌至7.00元附近的相对低位区域后止跌进入横盘调整。此时BIAS指标在–5以下区域走出下跌–反弹–下跌–反弹的走势，形成典型的W底形态。预示着行情已经见底，行情反转上涨的概率非常大。

如下图所示为世荣兆业2019年7月至10月的K线走势。

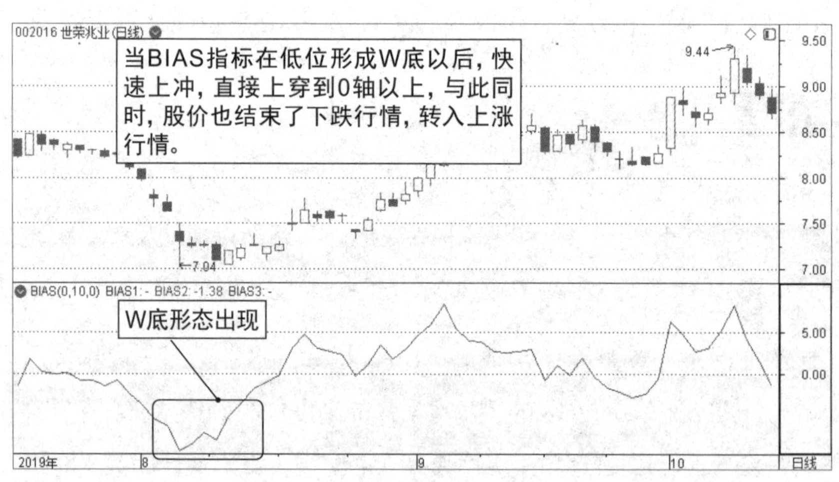

世荣兆业2019年7月至10月的K线走势

从图中可以看到，当BIAS指标在低位形成W底以后，快速上冲，直接上穿到0轴以上，与此同时，股价也结束了下跌行情，转入上涨行情，且后市涨势可观。

NO.040

BIAS 和股价的底背离图谱

股价在下跌途中走出一底比一底更低的走势，而对应时间的 BIAS 指标却走出一底比一底更高的走势，就形成了 BIAS 指标和股价的底背离。

一图展示

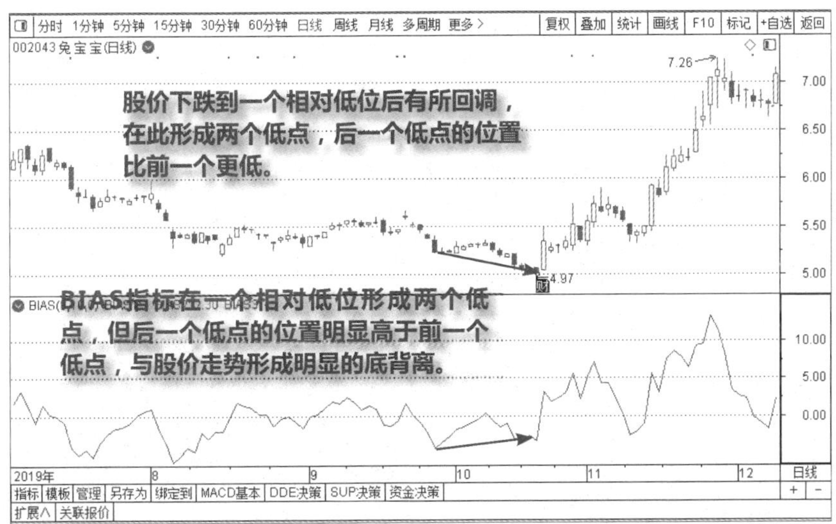

要点剖析

BIAS 指标与股价的底背离必须出现在股价下跌过程中，并且当前价格水平处于一个较长时期内的相对低位。股价与 BIAS 指标在几乎相同的时间都形成两个相对低点，并且这两个低点相隔时间不宜过长，通常在一个月以内。

操盘精髓

股价在较低位置经历两次反弹，后一次反弹的起点比前一次反弹的起点更低，对应时间的 BIAS 指标也形成两个相对低点，但后一个相对低点的位置却明显高于前一个低点的位置，与股价的发展方向刚好相反，就形成了 BIAS 指标与股价的底背离。

与其他指标的背离情况相似，当 BIAS 指标与股价产生底背离行情时，说明股价的下跌趋势即将结束，后市有望反弹。两个低点相隔的时间越短，相差的高度越高，反弹的速度也就越快，但反弹的高度也就相对越小。

分析实例　东华软件（002065）BIAS与股价的底背离

如下图所示为东华软件2019年4月至8月的K线走势。

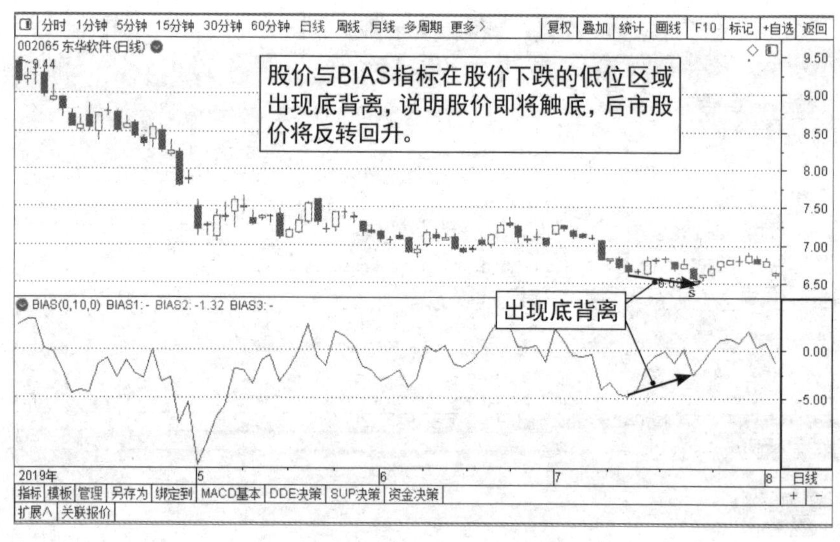

东华软件2019年4月至8月的K线走势

从图中可以看到，该股表现下跌行情，股价从9.44元附近开始下跌，跌至6.50元价位线后止跌，并在该价位线横盘调整。股价盘整期间，出现两次小幅反弹，形成两个低点，第二个低点低于第一个低点表现下跌趋势。此时查看BIAS指标发现，BIAS指标在0轴附近上下波动，随后从−5向上运行，形成两个低点，第二个低点比第一个低点高，形成逐渐走高的趋势。股价与BIAS指标在股价下跌的低位区域出现底背离，说明股价即将触底，后市股价将反转回升。

如下图所示为东华软件2019年7月至12月的K线走势。

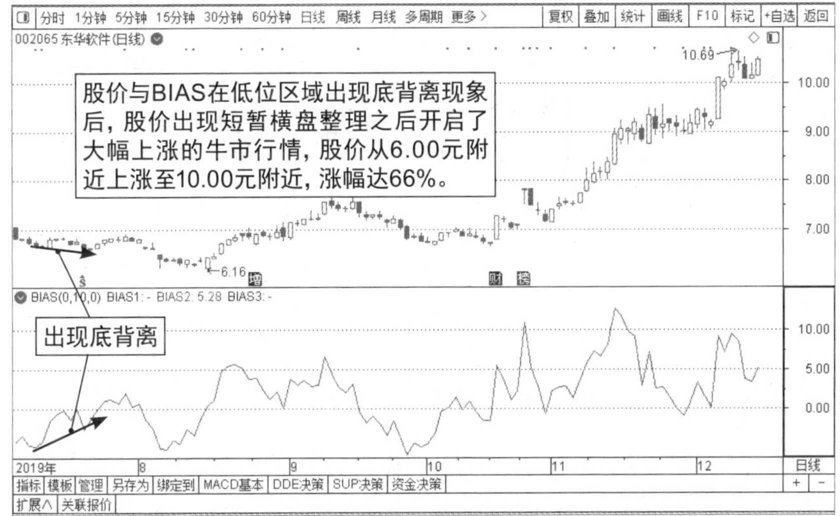

东华软件2019年7月至12月的K线走势

从图中可以看到，股价与BIAS在低位区域出现底背离现象后，股价出现短暂横盘整理之后开启了大幅上涨的牛市行情，股价从6.00元左右上涨至10.00元附近，涨幅达66%。

NO.041

BIAS 和股价的顶背离图谱

股价在上涨途中走出一顶比一顶更高的走势，而对应时间的 BIAS 指标却走出一顶比一顶更低的走势，就形成了 BIAS 指标和股价的顶背离。

一图展示

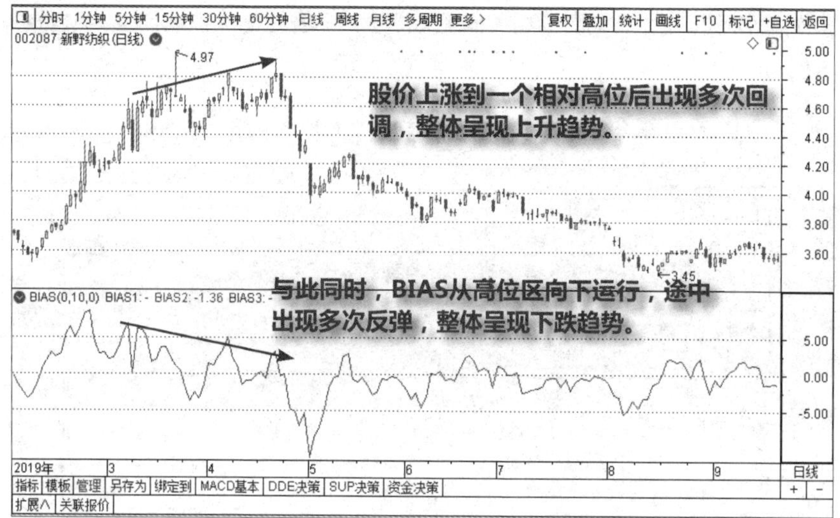

要点剖析

BIAS 指标与股价的顶背离必须出现在股价上涨过程中，并且当前价格水平应处于一个较长时期内的相对高位。股价与 BIAS 指标几乎在相同的时间形成两个相对高点，并且这两个高点相隔时间不宜过长或过短，通常都在一个月左右为宜。

操盘精髓

股价在较高位置经历两次回调，第 2 次回调的起点比前一次回调的起点更高，对应时间的 BIAS 指标也形成两个相对高点，但后一个高点的位置却明显低于前一个高点，与股价的发展方向刚好相反，就形成了 BIAS 指标与股价的顶背离。

与其他指标的顶离情况相似，当 BIAS 指标与股价产生顶背离行情时，说明股价的上涨动力不足，行情可能转涨为跌。两个顶点相隔的时间越短，相差的高度越高，后市下跌的速度也就越快，但下跌的持续时间可能就不会持续太久。

分析实例 江苏国泰（002091）BIAS与股价形成顶背离

如下图所示为江苏国泰2018年10月至2019年3月的K线走势。

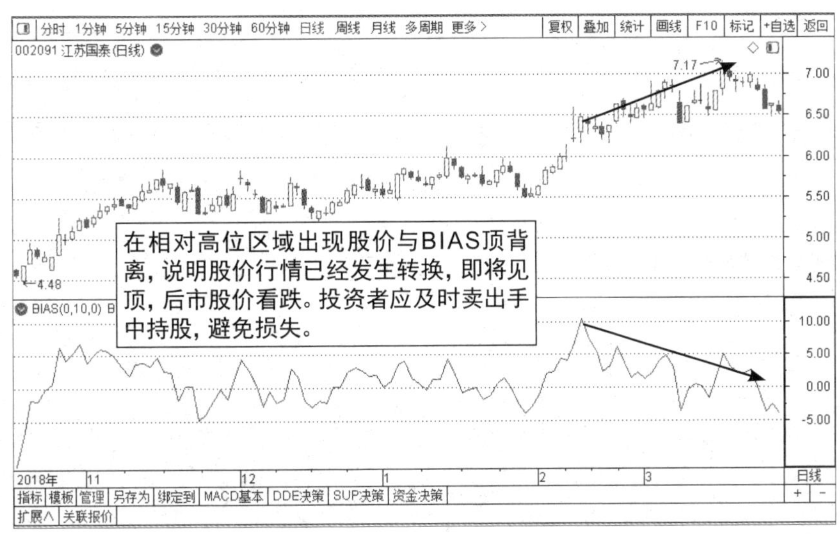

江苏国泰2018年10月至2019年3月的K线走势

从图中可以看到，该股表现上涨行情，股价从4.50元左右上涨至5.50元价位线后止涨进入横盘整理，随后再次向上攀升，涨至6.50元后再次止涨。股价在6.50元价位线上横向调整后，形成逐渐向上的趋势。

同时查看BIAS指标发现，BIAS指标从10向下运行，形成逐渐向下的趋势。在相对高位区域出现股价与BIAS顶背离，说明股价行情已经发生转换，即将见顶，后市股价看跌。投资者应及时卖出手中持股，避免损失。

如下图所示为江苏国泰2019年3月至8月的K线走势。

从图中可以看到，BIAS与股价发生顶背离后，股价突然向上冲高，几个交易日后止涨，随后进入漫长的下跌行情中。如果前期顶背离还没有抛售退出的投资者，在K线收出长上影线阴线后的横盘时就要抓住最后的出逃机会，避免被套牢。

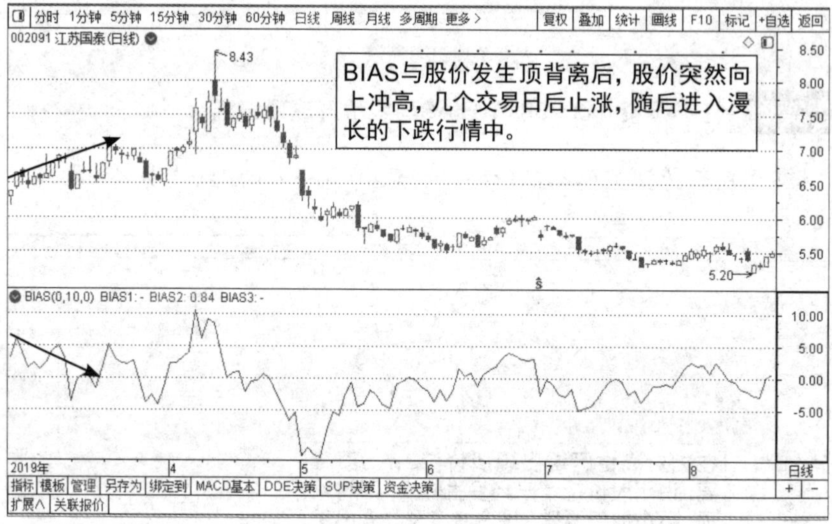

江苏国泰2019年3月至8月的K线走势

第 4 章

用图掌握BOLL

BOLL 指标的中文名称为布林线指标，属于一种路径指标类型，该指标由 3 条曲线组成，从上到下分别称为上轨线（UB）、中轨线（BOLL）和下轨线（LB），3 条曲线组成的一个通常可认为是股价的通道，股价一般都运行在这一通道内。

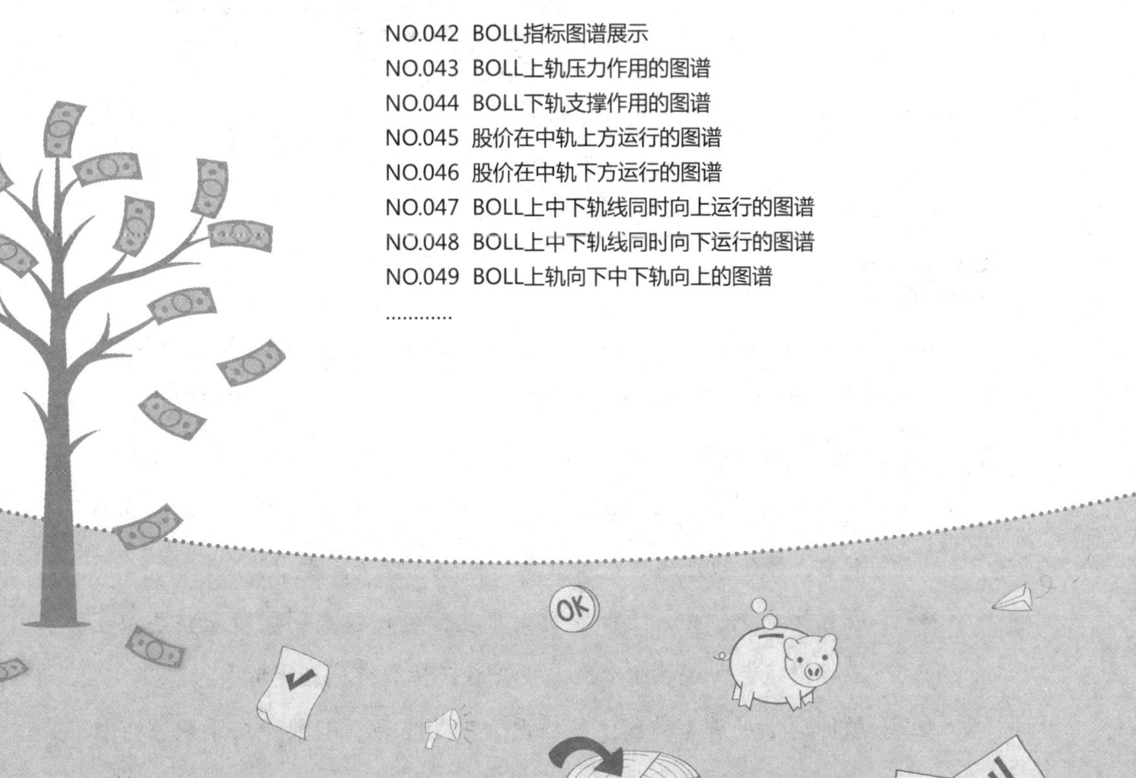

NO.042

BOLL 指标图谱展示

在一般的炒股软件中，BOLL 指标既可以在主图中叠加显示，也可以单独显示在副图区中。

一图展示

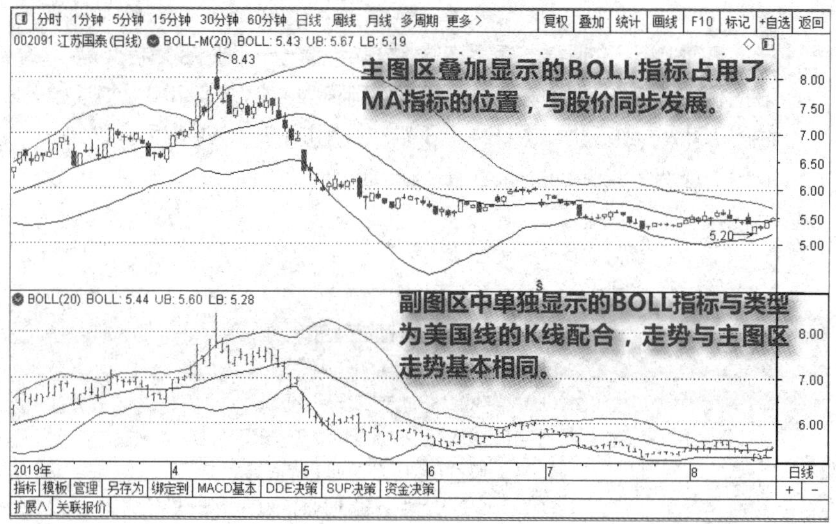

要点剖析

BOLL 指标的 3 条曲线构成了一个股价运行的通道，股价绝大多数时间都在这个通道内运行，指标的上轨线对股价有阻力作用，下轨线对股价有支撑作用，3 条轨线的运动方向对股价的未来发展有很大的参考作用。

◆ 当布林线的上、中、下轨线同时向下运行时，表明股价正处于弱势行情中，股价短期内将继续下跌，投资者应逢高卖出为宜。

◆ 当布林线的上、中、下轨线同时向上运行时，表明股价正在强势上涨，股价短期内将继续上涨，投资者应持股待涨或逢低买入。

◆ 当股价向上突破布林线上轨线时为卖出信号；当股价向下跌破布林

线下轨线时为买入信号。

◆ 股价从中轨线以下向上突破中轨线时适当加码；股价从中轨线以上向下穿破中轨线时则需适量减仓。

NO.043

BOLL 上轨压力作用的图谱

在普通行情中，股价运行在布林线的上下轨之间，布林线的上轨线对股价有压力的作用。

一图展示

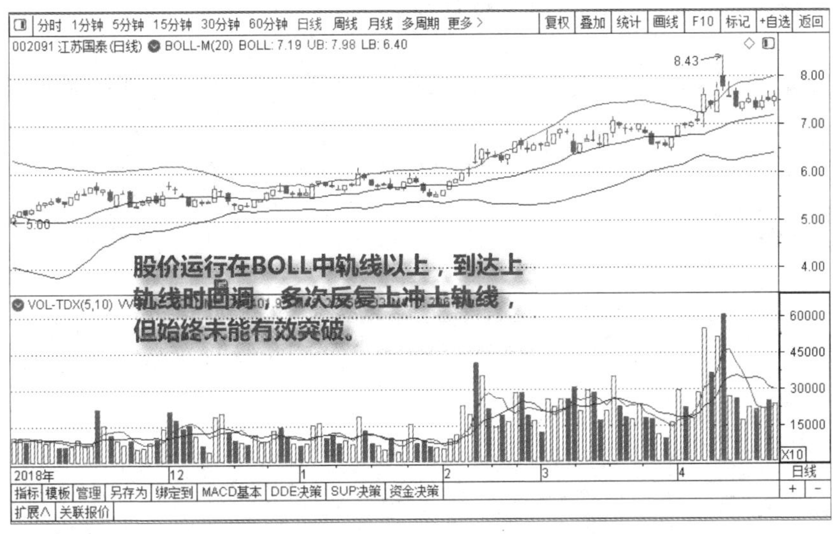

要点剖析

股价在波动上涨的过程中，将连续多次上涨的高点用一条直线连接起来，股价每次上涨到这条直线附近时就会出现回调，这条直线就称为压力线。

在 BOLL 指标中，上轨线就相当于股价前行过程中的压力线，只是这条压力线是曲线而非直线，每当股价运行到 BOLL 指标上轨线附近时，就可能发生回调。

操盘精髓

根据压力线的原理，股价上行到BOLL指标的上轨线附近时，多方力量不愿继续抬高股价，很多前期已获利者由多头转为空头，致使股价下跌。因此，当股价运行到BOLL线上轨线时，可视为卖出信号。

如果股价运行到上轨线附近并强势上穿上轨线，并且成交量也相对较大，则 BOLL 上轨线可能上移，股价有持续强势上涨的可能。

NO.044

BOLL 下轨支撑作用的图谱

通常情况下，股价都运行在布林线的上下轨线之间，布林线的下轨线对股价的下跌会起到一定的支撑作用。

一图展示

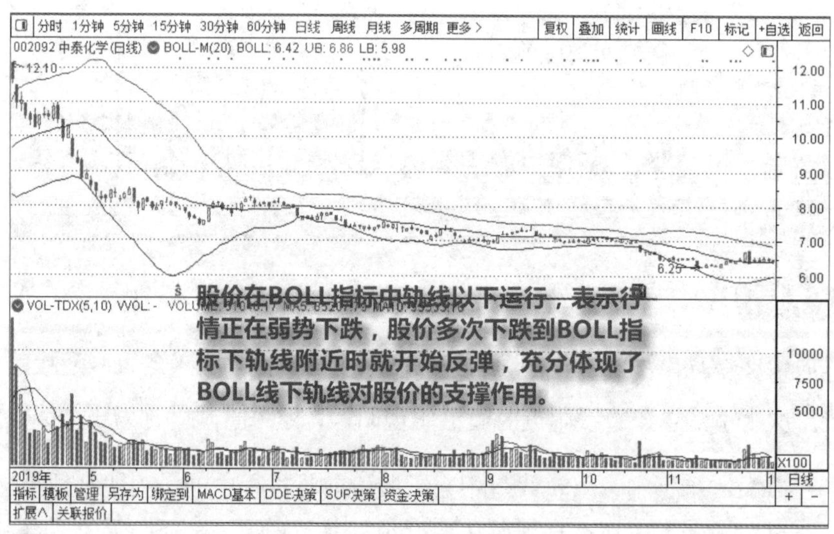

要点剖析

股价在波动下跌的过程中，总会在一某些位置产生小幅反弹，将多次反弹的起点（相对低点）用一条直线连接起来，股价每次下跌到这条直线附近时就会出现反弹，这条直线就称为支撑线。

在BOLL指标中，下轨线就相当于股价下跌过程中的支撑线，只是这条支撑线是曲线而非直线，每当股价运行到BOLL指标下轨线附近时，就可能发生反弹。

操盘精髓

股价下行到BOLL指标的下轨线附近时，空方力量减小了对股价的打压力度，很多人认为股价下跌到了一个合理的位置，可以跟进，致使股价开始反弹。因此，当股价运行到BOLL线下轨线时，可视为买入信号。

如果股价强势下穿下轨线，则下轨线也将下移，无论此时的成交量是否增大，股价都可能持续下跌。

NO.045 股价在中轨上方运行的图谱

股价始终运行在布林线的中轨线以上，表示股价正在强势上涨过程中，布林线的中轨线可看作股价运行过程中的支撑线。

要点提示 *股价与布林线的常规运行状态*

布林线指标没有固定的上限和下限，其上下限随着股价的变化而变化。通常情况下，股价始终运行在布林线的上轨线和下轨线之间，如果股价穿破了布林线的上轨线或下轨线，说明股价处于极端行情中，都会在短时间内向上轨线下方或下轨线上方运动。

一图展示

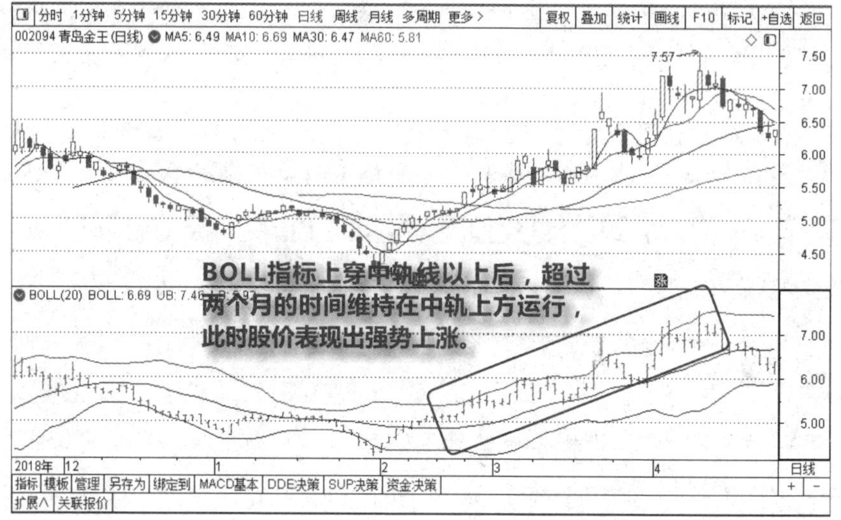

要点剖析

BOLL 指标的中轨线就是收盘价简单移动平均线，其默认参数为 20（即 20 日均线），而指标的上下轨线则是中轨线与收盘价对应周期的 N 倍标准差的和（上轨线）与差（下轨线）。因此，BOLL 指标的上中轨线之间为股价的上涨区间，投资者可持股待涨或适时跟进。

操盘精髓

如果整个市场处于牛市行情中，则股价运行于 BOLL 指标的中轨线以上，表示移动平均线在上扬，也就是股价正在上涨，投资者可持股待涨或在股价回调到中轨线时加仓跟进。

股价长时间运行在 BOLL 指标的中轨线以上，只要股价不向下跌破中轨线，说明上涨行情还将继续。如果 BOLL 指标向下跌破中轨线并且没能及时返回中轨线以上，说明上涨行情可能结束。

分析实例 海翔药业（002099）股价在布林线中轨以上运行

如下图所示为海翔药业2019年1月至5月的K线走势。

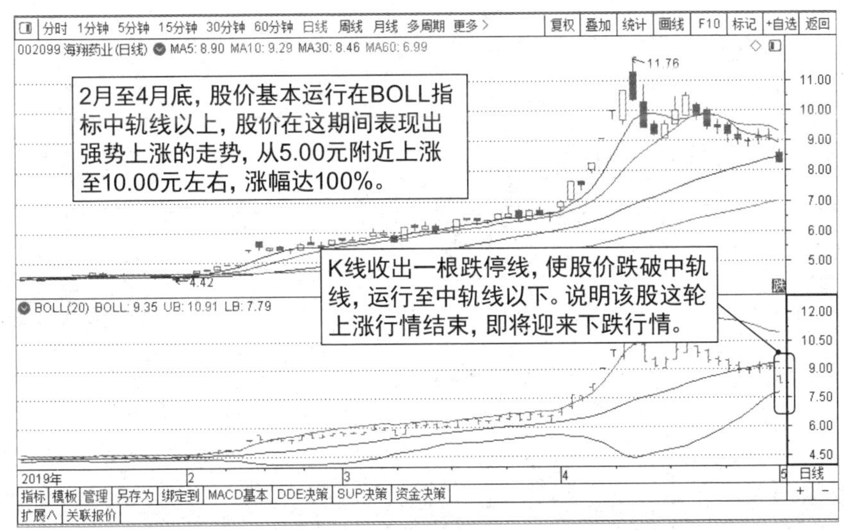

海翔药业2019年1月至5月的K线走势

从图中可以看到，该股处于上升行情，2月至4月底期间，股价基本运行在BOLL指标中轨线以上，股价在这期间表现出强势上涨的走势，从5.00元附近上涨至10.00元左右，涨幅达100%。

5月6日，K线收出一根跌停线，使股价跌破中轨线，运行至中轨线以下。说明该股这轮上涨行情结束，即将迎来下跌行情。

如下图所示为海翔药业2019年4月至9月的K线走势。

从图中可以看出，5月6日K线收出跌停线，使得股价运行到中轨线以下，并且没能及时反弹回中轨线以上，使得股价结束了长达3个月的上涨行情，开始了长时间的缓慢下跌。

由此可以得出，如果BOLL指标向下跌破中轨线并且没能及时返回中轨线以上，为可靠的行情反转信号，意味着股价止涨下跌，投资者要警惕这种情况。

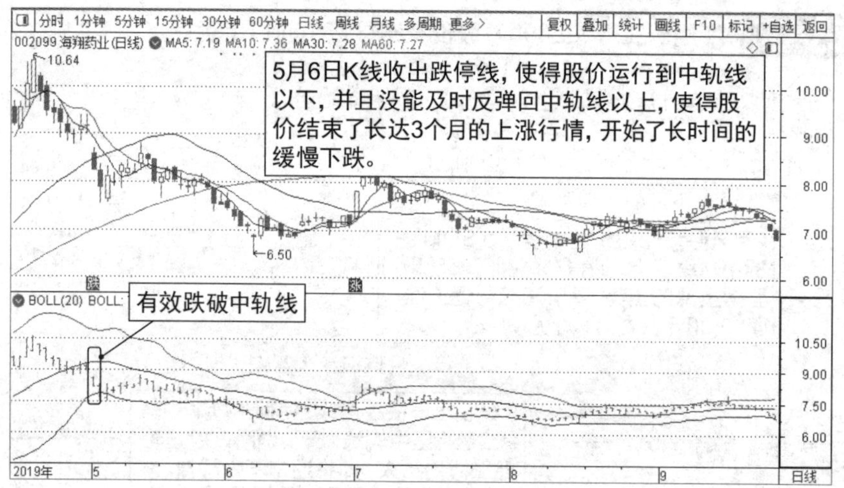

海翔药业2019年4月至9月的K线走势

NO.046

股价在中轨下方运行的图谱

股价始终运行在布林线的中轨线以下，表示股价正在弱势下跌过程中，布林线的中轨线可看作股价运行过程中的压力线。

一图展示

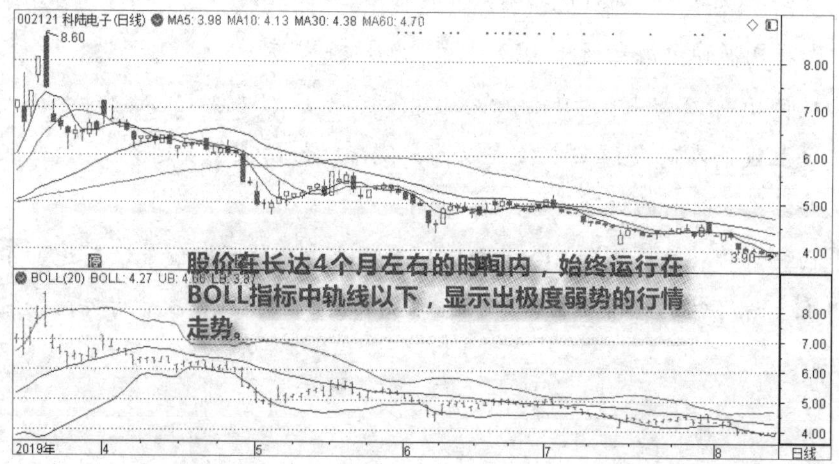

要点剖析

在弱势行情中，布林线的中轨线即可视为股价运行的压力线，当股价运行到布林线中轨线附近时，调头向下的概率较大。因此，投资者可选择股价接近布林线中轨线或略高于中轨线时卖出。

操盘精髓

股价长时间运行在 BOLL 指标中轨线以下，或向下跌破下轨线并且没能及时返回下轨线以上，表示后市还将继续深跌。如果股价运行到中轨线以上并不急于返回中轨线以下，说明下跌行情将有所好转。

分析实例 仙琚制药（002332）股价运行在布林线中轨线下

如下图所示为仙琚制药2019年3月至7月的K线走势。

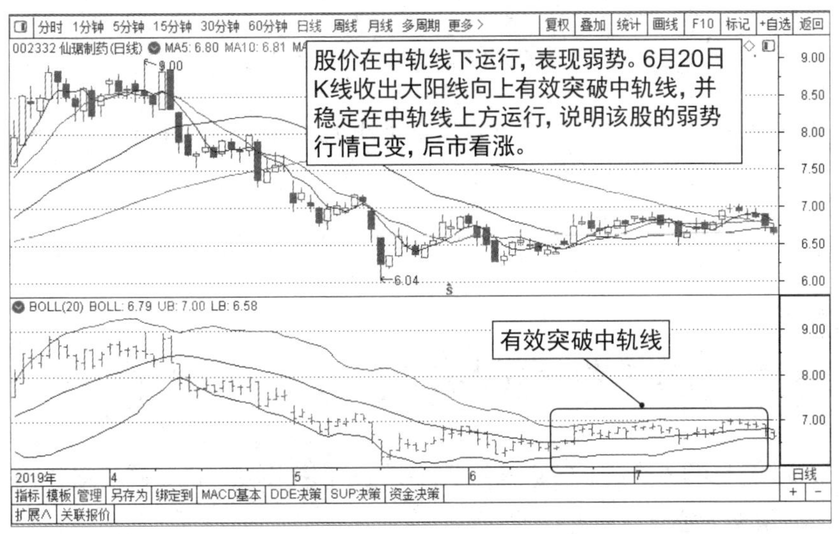

仙琚制药2019年3月至7月的K线走势

从图中可以看到，该股处于下跌行情中，股价从8.50元价位线附近下跌至6.00元价位线附近后止跌，随后表现横盘走势。此时查看布林线发现，4月12日K线收出一根大阴线，使股价跌破中轨线，随后股价一直在中轨线下运行，6月20日K线收出一根大阳线上穿中轨线，并稳定在中轨线上方运行，说明该股的弱势行情已变，后市看涨，此时为投资者良好的买入机会。

如下图所示为仙琚制药2019年6月至11月的K线走势。

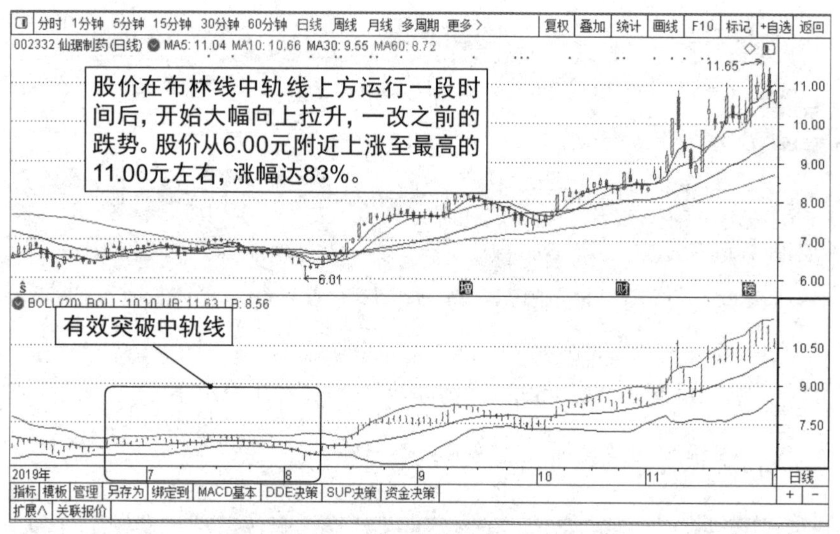

仙琚制药2019年6月至11月的K线走势

从图中可以看到，股价在布林线中轨线上方运行一段时间后，开始大幅向上拉升，一改之前的跌势。股价从6.00元附近上涨至最高的11.00元左右，涨幅达83%。所以，股价有效突破中轨线时为可靠的买入信号。

NO.047

BOLL上中下轨线同时向上运行的图谱

如果BOLL指标的上轨线、中轨线和下轨线几乎保持固定的间距同步向上运行，则行情的强势特征非常明显。

一图展示

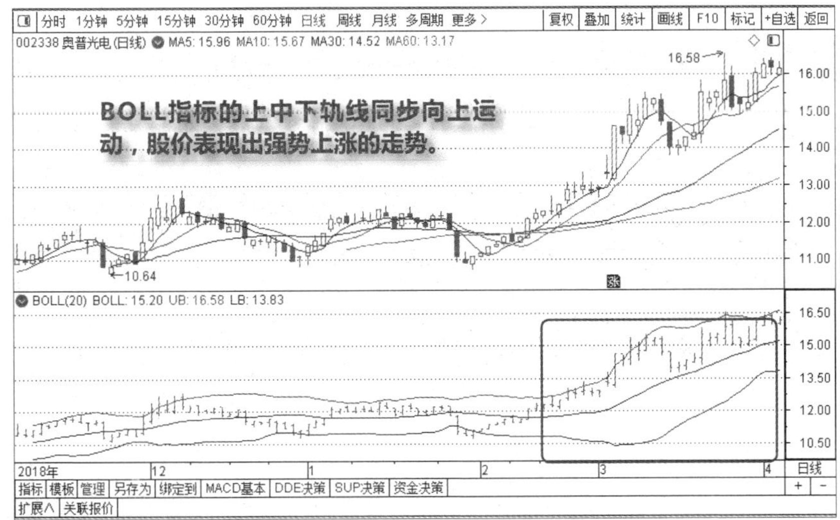

要点剖析

BOLL 指标中的 3 条曲线同步向上运行，说明股价的移动平均线在稳步向上发展，股价正处于强势上涨行情中，中轨线将成为股价上涨过程中的支撑线。

操盘精髓

如果 BOLL 指标形成 3 条曲线同步向上运行的状态，说明强势上涨行情已经形成，是坚决持股待涨或逢低买入的信号，投资者根据 3 条曲线同步向上运行的状态的形成时间，可做出以下相应的操作决策。

◆ 如果此状态刚形成不久，则股价回调到BOLL指标中轨线时可以逢低买入。

◆ 如果此状态形成后，中期移动平均线上穿长期移动平均线形成金叉时，也是很好的介入机会。

◆ 当股价强势下穿中轨线并未能及时返回中轨线以上时，上涨行情可能结束。

分析实例 大北农（002385）BOLL指标的3条曲线同步向上运行

如下图所示为大北农2018年12月至2019年5月的K线走势。

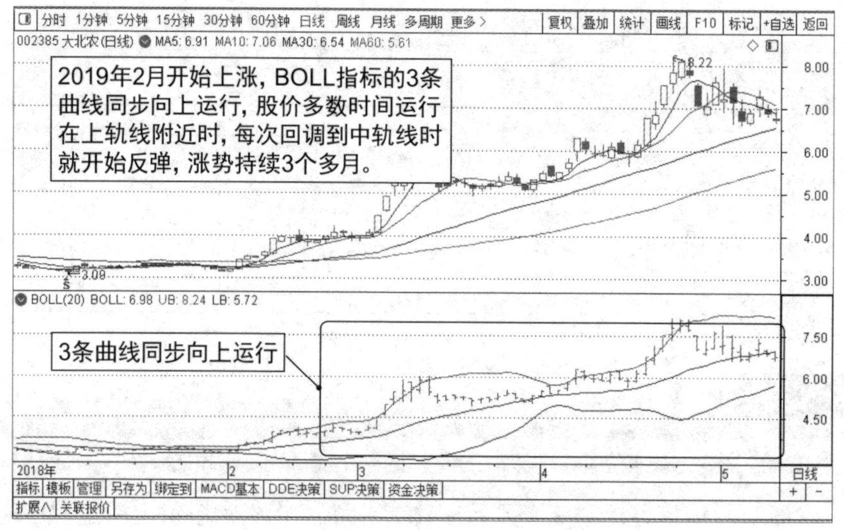

大北农2018年12月至2019年5月的K线走势

从图中可以看到，该股2019年2月开始上涨，BOLL指标的3条曲线同步向上运行，股价多数时间运行在上轨线附近时，每次回调到中轨线时就开始反弹，涨势持续3个多月，涨幅超过100%，只要股价没有跌破BOLL指标的中轨线，投资者就可一直持有。

如下图所示为大北农2019年4月至9月的K线走势。

从图中可以看出，2019年5月中旬，股价收出一根小阴线，运行到了BOLL指标中轨线以下，并且没能及时返回中轨线以上，随后上涨行情彻底结束，股价开始大幅下跌。股价从7.00元附近跌至5.00元附近，跌幅达到28%。

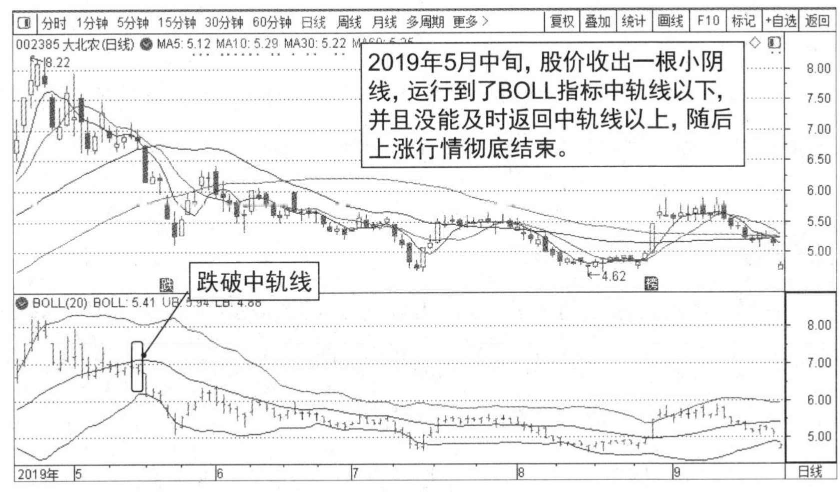

大北农2019年4月至9月的K线走势

NO.048

BOLL 上中下轨线同时向下运行的图谱

如果 BOLL 指标的上轨线、中轨线和下轨线几乎保持固定的间距同步向下运行，行情的弱势特征非常明显。

一图展示

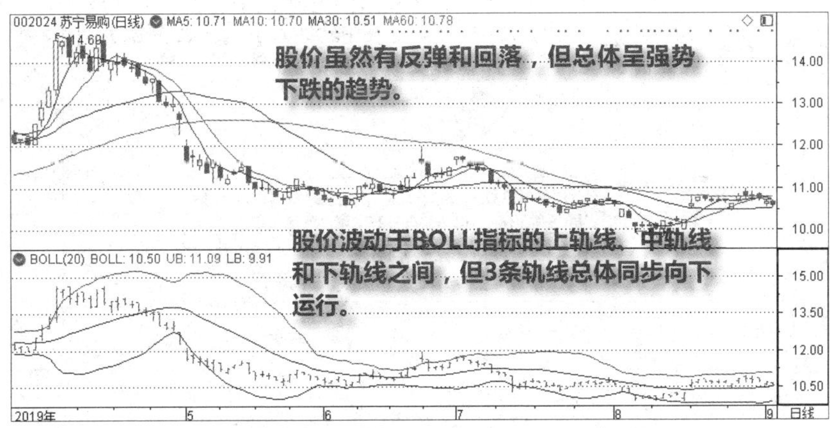

要点剖析

BOLL 指标中的 3 条曲线同步向下运行，说明股价的移动平均线在稳步向下发展，股价正处于弱势下跌行情中，中轨线将成为其每次反弹的压力线。

操盘精髓

如果 BOLL 指标形成 3 条曲线同步向下运行的状态，说明弱势下跌行情已经形成，是坚决卖出或持币观望的信号，投资者根据 3 条曲线同步向下运行的状态的形成时间，可做出相应的操作决策。

- ◆ 如果此状态刚形成不久，则股价反弹到BOLL指标中轨线时可以逢高卖出。
- ◆ 如果此状态形成后，中期移动平均线下穿长期移动平均线形成死叉时，也是很好的卖出机会。
- ◆ 当股价强势上穿中轨线并不急于返回中轨线以下时，下跌涨行情可能结束。

分析实例 山东威达（002026）上、中、下轨线同步向下运行

如下图所示为山东威达2017年11月至2018年11月的K线走势。

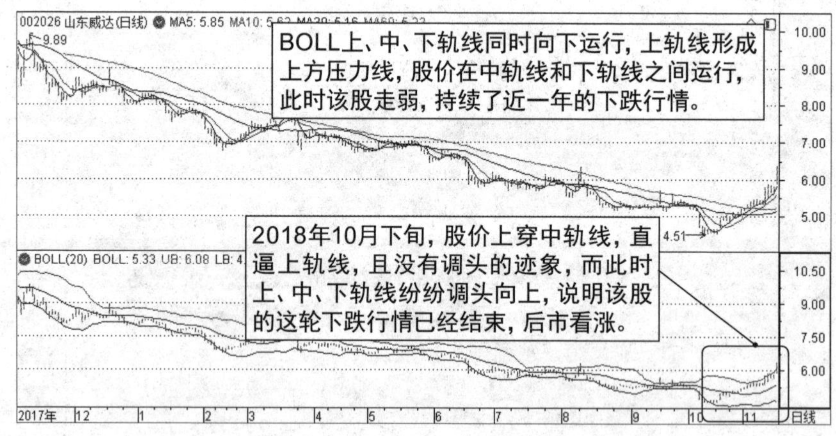

山东威达2017年11月至2018年11月的K线走势

从图中可以看出，该股在近一年的时间内BOLL上、中、下轨线同时向下运行，且上轨线形成上方压力线，股价在中轨线和下轨线之间运行，途中虽然出现上穿中轨线接近上轨线，但马上调头向下。此时该股表现弱势，持续了近一年的下跌行情。

2018年10月下旬，股价上穿中轨线，直逼上轨线，且没有调头的迹象，而此时上、中、下轨线纷纷调头向上，说明该股的这轮下跌行情已经结束，后市看涨。

如下图所示为山东威达2018年9月至2019年4月的K线走势。

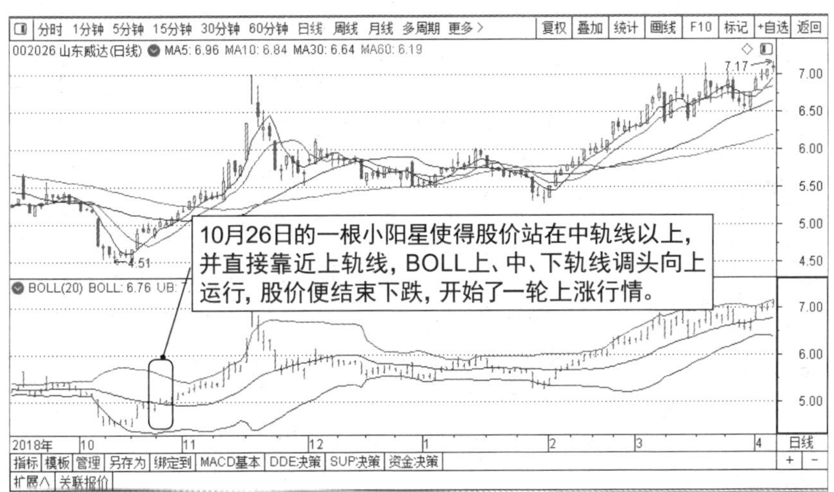

山东威达2018年9月至2019年4月的K线走势

从图中可以看出，10月26日的一根小阳星使得股价站在中轨线以上，并直接靠近上轨线，BOLL上、中、下轨线调头向上运行，股价便结束下跌，开始了一轮上涨行情。

NO.049

BOLL 上轨向下而中下轨向上的图谱

BOLL 上轨线上涨到一定高度后开始调头向下运行，而此时的中轨线和下轨线仍仍在不断上涨，意味着整理行情的到来。

一图展示

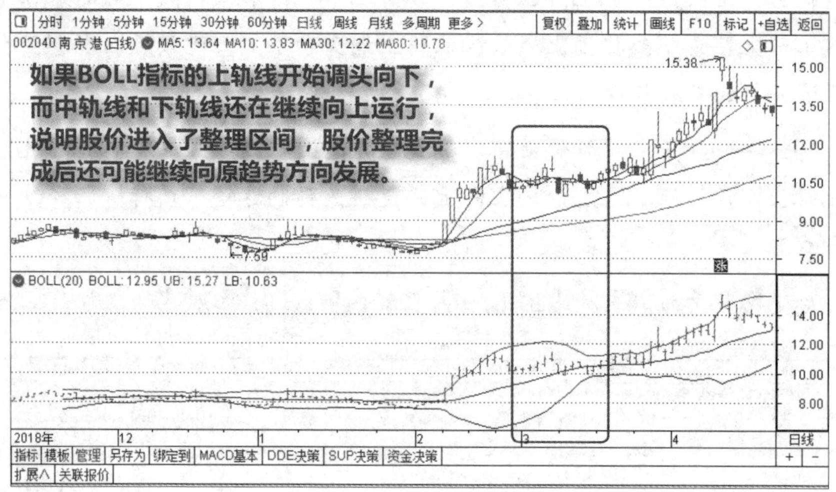

要点剖析

BOLL 指标的上轨线向下运行而中下轨线向上运行的状态持续时间不会很长，但整理行情持续的时间可能会相对较长，整理何时结束需要结合其他指标来确定。

操盘精髓

BOLL 指标的上轨线向下而中轨线和下轨线向上运行的情况通常都出现在股价上涨过程中（下跌过程中出现的概率非常小），当这种情况出现时，投资者要注意此时股价所处的位置。

◆ 如果此时股价处在相对高位，则行情整理结束后可能会出现下跌，在股价运行到上轨线附近时可逐步卖出。

◆ 如果股价价位并不高，则整理行情结束后可能继续沿原来的趋势发展。若前期为上涨行情，投资者此时可适当增加持股；若前期为下跌行情，则宜逢高卖出。

分析实例 星网锐捷（002396）上轨线向下而中、下轨线向上运行

如下图所示为星网锐捷2018年11月至2019年4月的K线走势。

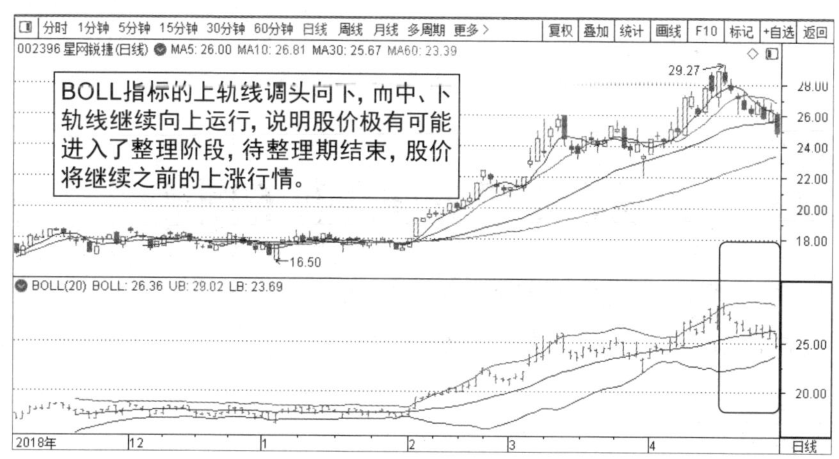

星网锐捷2018年11月至2019年4月的K线走势

从图中可以看到，该股处于上升行情，股价横盘一段时间后开始表现上涨，BOLL的上、中、下三轨线也都同步向上运行。4月中旬，股价止涨下跌，此时BOLL指标的上轨线调头向下，而中、下轨线继续向上运行，说明股价极有可能进入整理阶段，待整理期结束，将继续之前的上涨行情。

如下图所示为星网锐捷2019年4月至12月的K线走势。

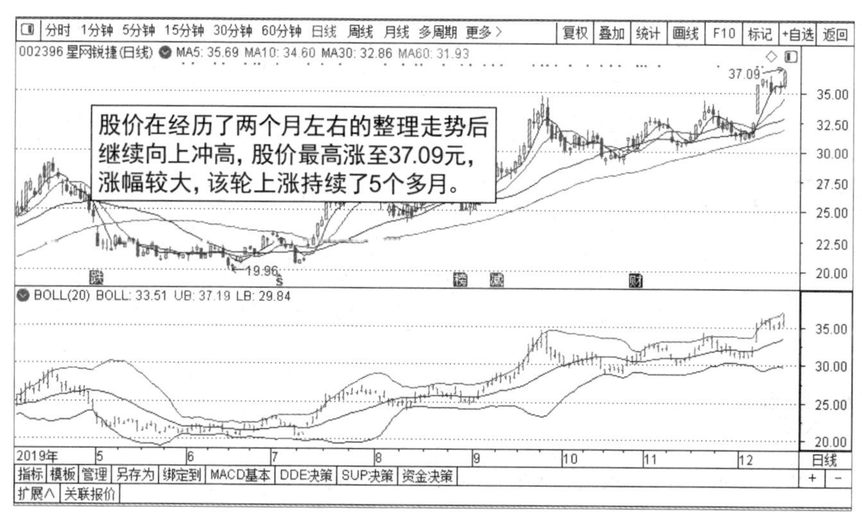

星网锐捷2019年4月至12月的K线走势

从图中可以看到，股价在经历了两个月左右的整理走势后继续向上冲高，股价最高涨至37.09元，涨幅较大，该轮上涨持续了5个多月。由此可以看出，上轨线向下而中、下轨线向上运行为可靠的股价整理信号，投资者在发现该走势时不要轻易出逃。

NO.050

BOLL 三轨线在水平方向运行的图谱

如果股价走势平稳，其移动平均线波动幅度也会很小，对应时间的 BOLL 指标的 3 条轨线就可能在一个几乎水平的位置横向运行。

一图展示

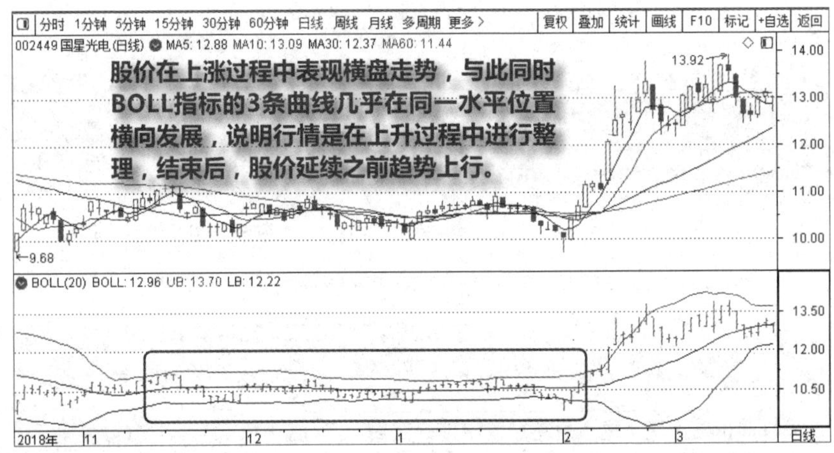

要点剖析

BOLL 指标 3 条曲线几乎同时在水平方向横向发展时，意味着股价正在进行整理，投资者需要根据股价之前的运动趋势结合股价的价位进行判断。

操盘精髓

BOLL 指标的 3 条曲线在水平方向横向发展时，投资者可按以下原则来操作。

◆ 若前期股价短暂时间大幅下跌，则可能是下跌过程中的整理，当BOLL指标向下发散时应坚决清仓离场。

◆ 若前期股价长时间深幅下跌，则行情可能在筑底，可在低位少量加仓跟进，一旦BOLL指标向上发散，则可大胆买进。

◆ 若前期股价小幅上涨，并且股价并未达到一个相对高度，则可能是上涨过程中的整理，可在股价接近下轨线时适量加仓。

分析实例 双箭股份（002381）BOLL三轨线在水平方向运行

如下图所示为双箭股份2017年11月至2018年5月的K线走势。

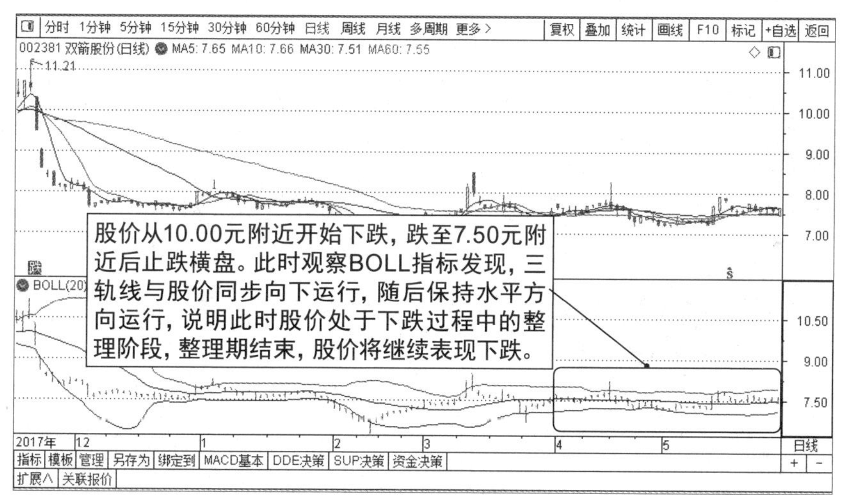

双箭股份2017年11月至2018年5月的K线走势

从图中可以看到，该股处于下跌行情。股价从10.00元附近开始下跌，跌至7.50元附近后止跌横盘。此时观察BOLL指标发现，三轨线与股价同步向下运行，随后保持水平方向运行，说明此时股价处于下跌过程中的整理阶段，整理期结束，股价将继续表现下跌。所以投资者此时不要盲目抄底入场。

如下图所示为双箭股份2018年3月至7月的K线走势。

从图中可以看出，BOLL指标3条曲线水平运行以后继续向下发散运行，股价随之跌破整理区继续表现下跌走势。

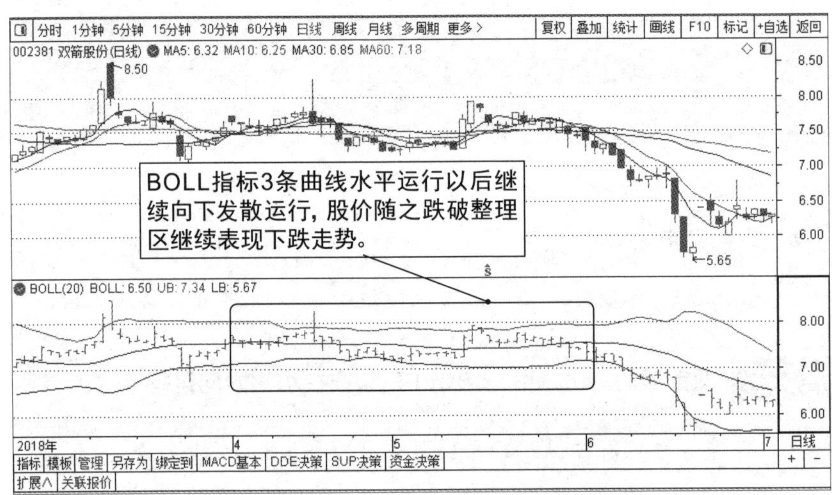

双箭股份2018年3月至7月的K线走势

NO.051

股价从 BOLL 中轨下向上突破的图谱

BOLL 指标的中轨线是市场强弱的分水岭，当股价从 BOLL 指标的中轨线以下向上突破时，表示行情由弱转强。

一图展示

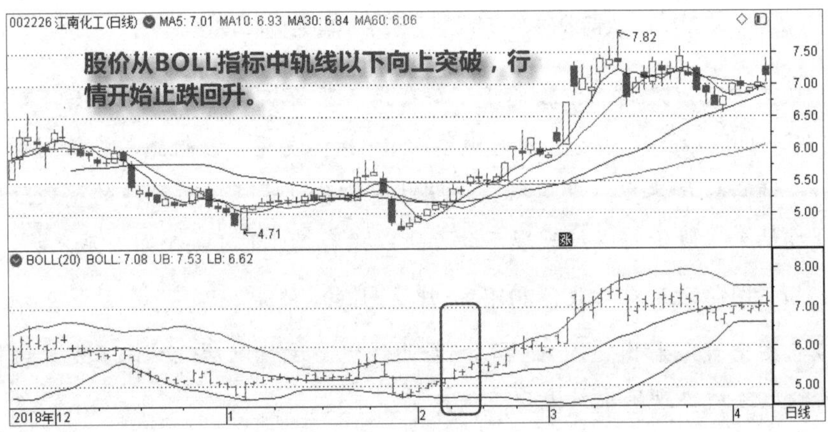

要点剖析

股价运行在 BOLL 指标的中轨线以下，表示市场处于弱势行情中，当股价从下向上突破 BOLL 指标的中轨线时，表示多方力量已初显苗头，如果股价上穿中轨线后并不急于返回中轨线以下，则后市将迎来上涨。

操盘精髓

股价从 BOLL 指标中轨线以下向上突破中轨线的情况非常多，这只是一个最常见的市场转势信号，可作为买入股票的参考，但投资者在使用时需注意以下两点。

- 大盘整理行情并不十分明朗的情况下，股价向上突破BOLL指标的中轨线时并不能急于操作，如果股价能突破中轨线并有远离中轨线趋势时，可适量加仓跟进。
- 股价经历一段时间的下跌，当股价向上突破BOLL指标中轨线时，可视为短期反弹的开始，短线可少量买入。

分析实例 中电兴发（002298）股价从中轨线下向上突破实际分析

如下图所示为中电兴发2018年5月至11月的K线走势。

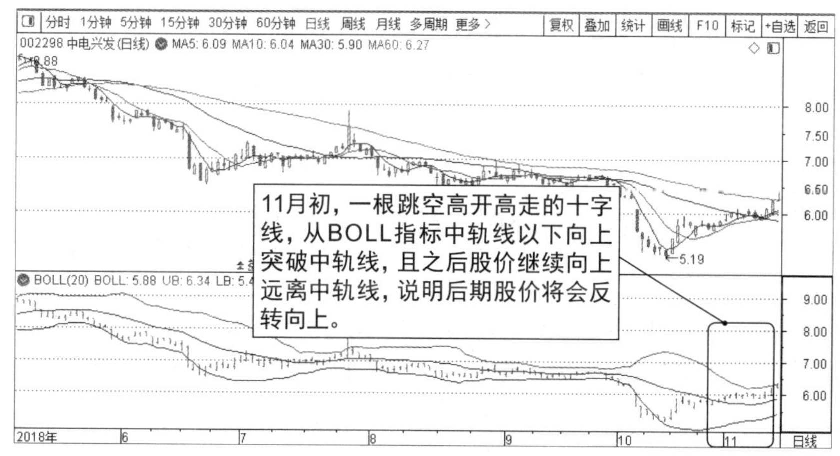

中电兴发2018年5月至11月的K线走势

从图中可以看出，该股处于下跌行情，股价从2018年5月年末开始下跌，一直持续到7月初开始走平。该下跌走势维持了3个月左右，股价继续下跌，最低跌至5.19元，随后止跌回升。

在这期间股价绝大多数时间都运行在BOLL指标的中轨线以下。11月初，一根跳空高开的十字线，从BOLL指标中轨线以下向上突破中轨线，且之后股价继续向上远离中轨线，说明后期股价将会反转向上。

如下图所示为中电兴发2018年10月至2019年4月的K线走势。

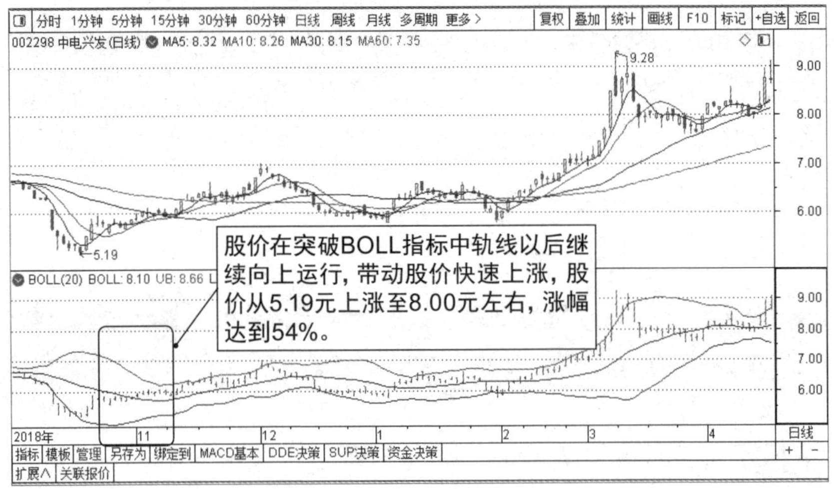

中电兴发2018年10月至2019年4月的K线走势

从图中可以看出，股价在突破BOLL指标中轨线以后继续向上运行，带动股价快速上涨，股价从5.19元上涨至8.00元左右，涨幅达到54%。

NO.052

股价从 BOLL 中轨线下向上突破上轨

股价在弱势下跌行情中，某些突变因素导致股价快速上涨，则会出现股价从中轨线以下快速突破中轨线后继续向上突破上轨线的情况。

一图展示

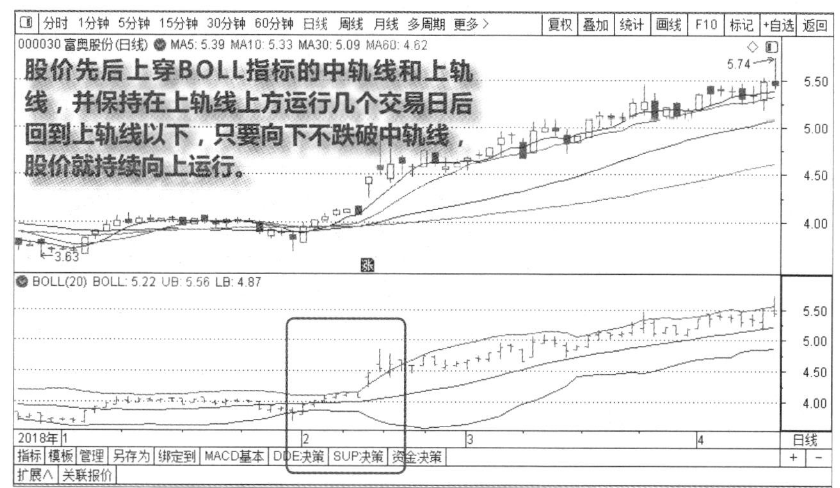

要点剖析

股价从 BOLL 指标中轨线以下向上先后突破中轨线和上轨线，并运行在上轨线以上，是行情强势上涨的表现，但这种行情通常持续不了很长时间，需要密切关注股价与中轨线之间的关系。

操盘精髓

股价从 BOLL 指标中轨线以下向上突破中轨线后再继续上穿上轨线的情况显示了一种急速拉升的行情，在这期间通常都伴随有涨停板的出现。根据大涨过后必大跌的原则，这种行情通常维持不了很长时间，股价运行在 BOLL 指标上轨线以上通常不会超过 10 个交易日。

因此，当股价向上突破中轨线或上轨线时，可短线少量买入，一旦股价在上轨线上方有调头向下的趋势时，就需要密切关注行情的发展，但只要股价不向下跌破中轨线，就可长期持有。

分析实例　TCL集团（000100）股价从中轨线下向上突破上轨线

如下图所示为TCL集团2018年3月至2019年1月的K线走势。

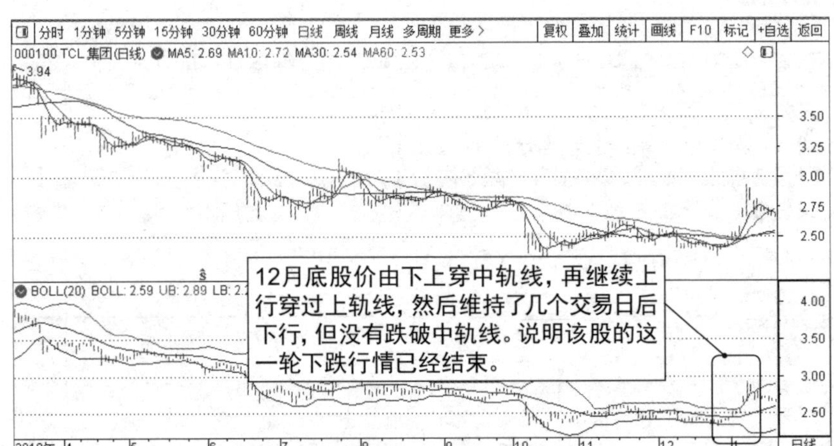

TCL集团2018年3月至2019年1月的K线走势

从图中可以看到，该股处于下跌行情中，股价从3.94元开始下跌，跌至2.50元附近后止跌横盘，一直到2019年1月股价出现小幅回调。此时我们查看BOLL指标发现，该阶段中股价大都在中轨线和下轨线之间向下运行，12月底股价由下上穿中轨线，再继续上行穿过上轨线，然后维持了几个交易日后下行，但没有跌破中轨线。说明该股的这一轮下跌行情已经结束，盘内的下跌动能已经完全释放，后市看涨。

如下图所示TCL集团2018年12月至2019年4月的K线走势。

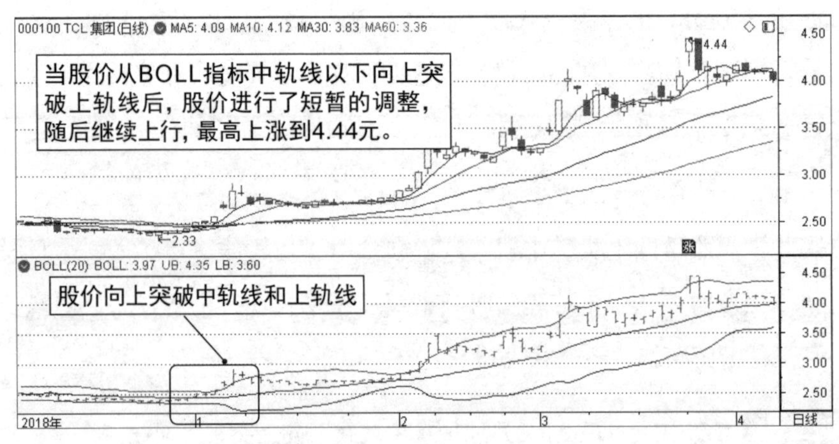

TCL集团2018年12月至2019年4月的K线走势

从图中可以看到，当股价从BOLL指标中轨线以下向上突破上轨线后，股价进行了短暂的调整，随后继续上行，最高上涨到4.44元。

NO.053

股价从 BOLL 上轨上方向下跌破上轨

股价经历短时间、大幅度的上涨，就可能运行到 BOLL 指标的上轨线以上，当股价向下跌破上轨线，说明强势上涨行情结束。

一图展示

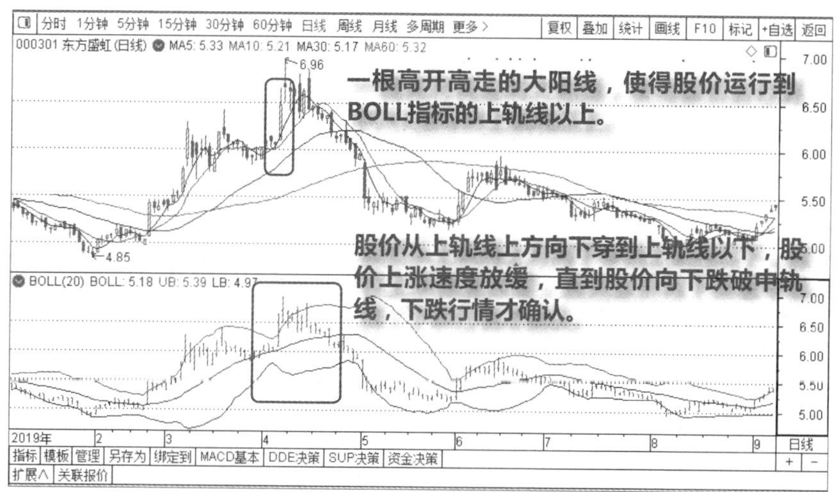

要点剖析

股价运行在 BOLL 指标上轨线以上，意味着股价刚经历了快速大幅上涨行情，回调整理的概率很大。当股价向下跌破上轨线时，表示快速上涨行情已经结束，但只要股价不破中轨线，股价就能维持平稳上涨行情。

操盘精髓

股价运行在 BOLL 指标上轨线以上，是强势快速上涨的信号，短线跟进可获利不菲。但这种行情通常都很极端，维持时间不会很长，在短时间内就会回到布林轨道线之间的正常水平。

当股价从上向下穿破BOLL指标上轨线时，不宜再介入，若前期已经介入，可适量卖出，落袋为安。如果股价向下穿破BOLL指标上轨线，并在中轨线附近受到支撑，则可考虑适量买入，只要股价不跌破中轨线，后市就仍有上涨空间。如果股价在中轨线未受到支撑，则应坚决离场，后市下跌幅度将非常大。

分析实例 华西证券（002926）股价从上向下跌破BOLL指标的上轨线

如下图为华西证券2018年10月至2019年3月的K线走势。

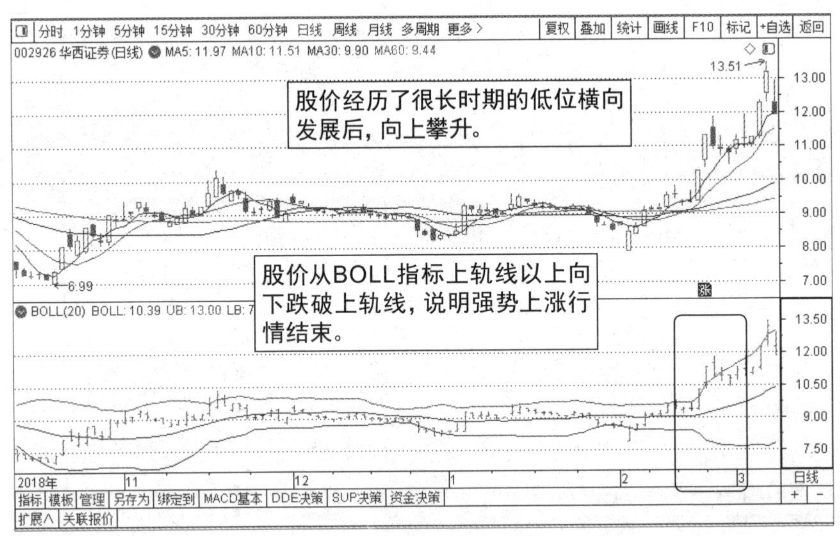

华西证券2018年10月至2019年3月的K线走势

从图中可以看到，该股很长一段时间都维持在9.0元价位线上下波动，经过长达3个月左右的整理后，于2月中旬开始大幅上涨，连续收出多根阳线。此时股价也从BOLL指标上轨线以上向下跌破上轨线，说明该股的强势上涨行情即将结束。

如下图所示为华西证券2019年2月至8月的K线走势。

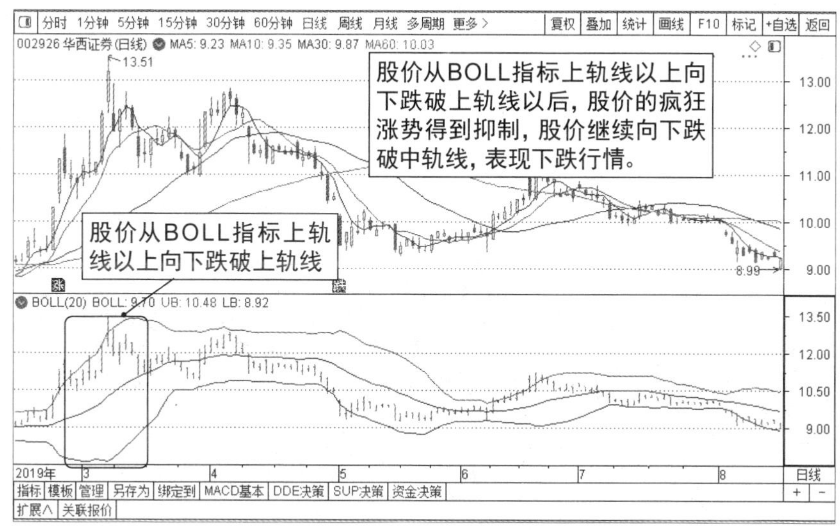

华西证券2019年2月至8月的K线走势

从图中可以看到，股价从BOLL指标上轨线以上向下跌破上轨线以后，股价的疯狂涨势得到抑制，股价继续向下跌破中轨线，表现下跌行情，虽然途中有所反弹，但很快就被打压，继续向下。

要点提示 *准确判断股价从 BOLL 上轨线上方向下跌破上轨的情况*

股价从 BOLL 上轨线上方向下跌破上轨线与股价从 BOLL 中轨线下向上突破上轨线的图谱有点类似，但投资者要注意前提条件，股价从 BOLL 上轨线上方向下跌破上轨线是在股价经历短时间、大幅度上涨之后出现的现象。

NO.054

股价从 BOLL 中轨以上向下跌破中轨的图谱

与股价从 BOLL 指标中轨线以下向上突破中轨线相反，当股价从 BOLL 指标的中轨线以上向下跌破中轨线时，表示行情由强转弱。

一图展示

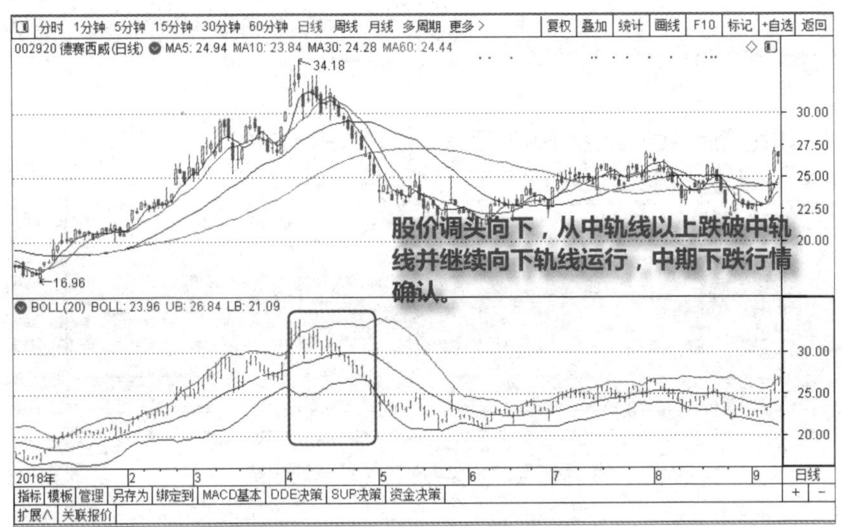

要点剖析

股价运行在 BOLL 指标的中轨线以上，表示市场处于强势行情中，当股价从上向下跌破 BOLL 指标的中轨线时，表示空方力量已初显苗头，如果股价下穿布林线中轨线后未能及时返回中轨线以上，则后市将面临下跌行情。

操盘精髓

股价从 BOLL 指标中轨线以上向下跌破中轨线的情况也是一个常见的市场转势信号，可作为卖出股票的参考，但投资者在使用时需注意以下两点。

- 大盘整体行情并不十分明朗的情况下，股价向下跌破BOLL指标的中轨线时不宜急于操作，如果股价跌破中轨线并有远离中轨线的趋势时，需及时减仓。
- 股价经历一段时间的上涨后，当股价向下跌破BOLL指标的中轨线时，可视为短期回调的开始，短线可减仓以观后市发展。

分析实例 哈三联（002900）股价从中轨线上方下穿中轨线

如下图所示为哈三联2018年10月至2019年4月的K线走势。

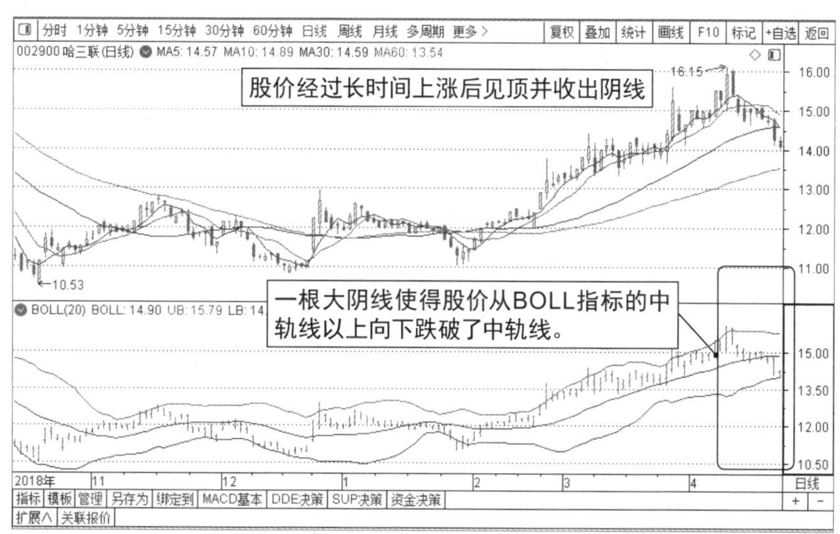

哈三联2018年10月至2019年4月的K线走势

从图中可以看到，该股处于上升行情中，股价震荡向上。当股价上涨至15.00元价位线附近时，股价止涨下跌。此时查看BOLL指标发现，在股价大幅上涨的过程中，股价保持在BOLL指标的中轨线以上运行，随后股价下跌，从中轨线以上跌破中轨线，并继续向下轨线运行。说明该股的这一轮上升行情已经结束，后市看跌。

如下图所示为哈三联2019年4月至8月的K线走势。

从图中可以看出，当股价从BOLL指标的中轨线以上向下跌破中轨线以后，股价上涨行情结束，开始了下跌行情，该轮下跌行情持续了4个月左右的时间。

股价从15.00元附近下跌至11.00元左右，跌幅达到26%。所以投资者在发现BOLL指标出现该现象时应及时抛售股票出逃，避免被套牢。

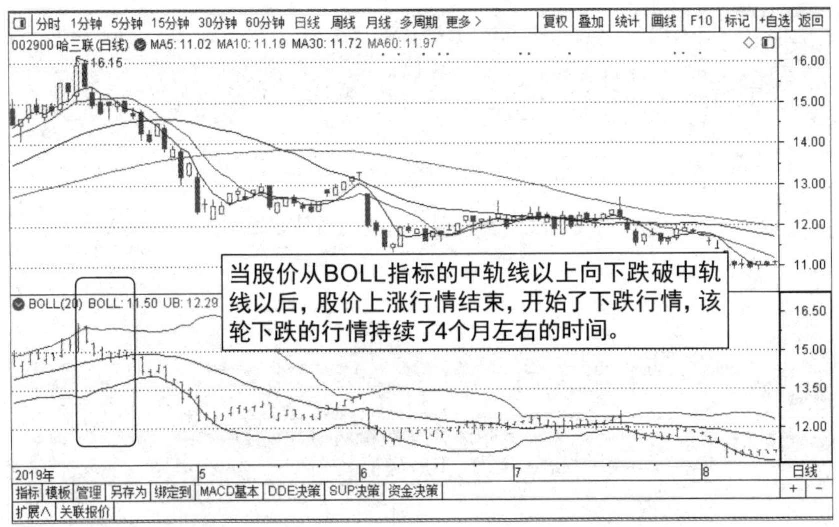

哈三联2019年4月至8月的K线走势

第 5 章

用图掌握PSY

PSY 指标也叫心理线指标，该指标主要利用一段时间内市势上涨的时间与该段时间的比值曲线来研判市场多或空的倾向性，是一种能量和涨跌类指标，对股市短期走势的研判有一定的参考意义。

NO.055

PSY 使用方法图谱

PSY 指标由 PSY 曲线和其移动平均线（PSYMA）两条曲线组成，通过 PSY 的取值和两曲线的交叉情况来判断短线买卖时机。

一图展示

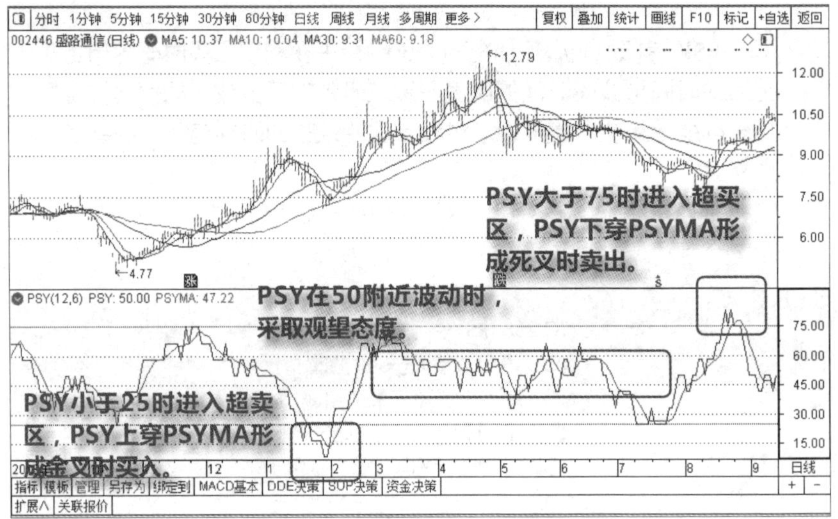

操盘精髓

PSY 指标的两条曲线分别有两个参数，PSY 曲线的参数代表的是它的周期，通常取值 12；PSYMA 是 PSY 的 M 日移动平均线，M 取值默认为 6，在利用 PSY 指标研判行情时可参考以下方法。

◆ PSY波动在25～75之间，股价处于常态行情，不宜使用该指标来指导买卖。

◆ PSY大于75时股价进入超买区，容易向下回调。当PSY向下穿破PSYMA形成死亡交叉时为短线最佳卖出时机。

◆ PSY小于25时股价进入超卖区，容易向上反弹。当PSY向上突破PSYMA

形成黄金交叉时为短线最佳买入时机。

◆ PSY大于90时是极度超买现象，股价反转下跌的可信度极高；PSY小于10时是极度超卖现象，股价反弹上涨的可信度极高。

NO.056

PSY 值大于 50 的图谱

PSY 指标的取值范围在 0 ~ 100 之间，50 是多空市场的分水岭。PSY 大于 50 时，表示在统计区间内，股价上涨的天数多于下跌的天数，行情属于多头行情。

一图展示

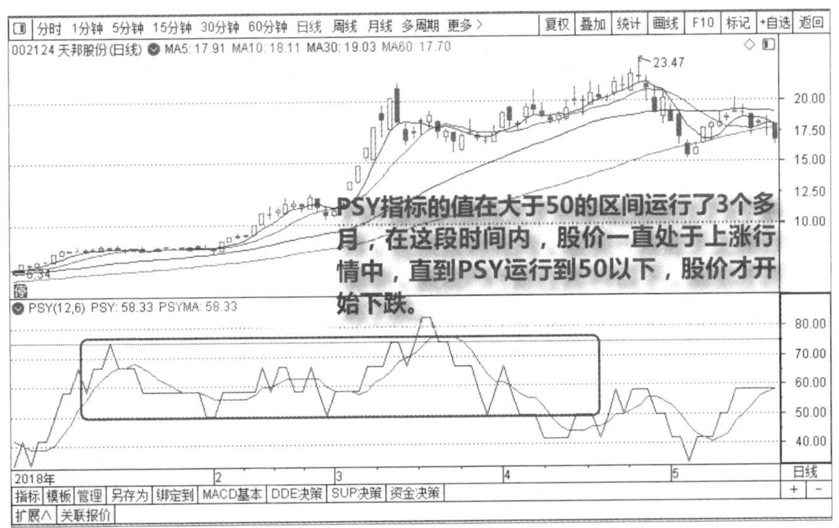

要点剖析

PSY 指标值大于 50 只表示在统计区间内（默认为 12 个周期）上涨的天数大于下跌的天数，只有 PSY 的值连续 20 天以上大于 50，才可判断行情为多头行情，但是这种行情并不能很好地支持买卖操作的决定。

操盘精髓

当 PSY 连续 20 个以上交易日运行在 50 以上，表示当前行情处于多头行情，股价正在缓慢上涨，只要 PSY 不向下穿破 50 或向上穿破 75，股价就可能持续上涨，投资者可持股待涨。

要点提示 *PSY 指标是如何计算出来的*

在以通达信为核心的炒股软件中，PSY 指标的计算公式为“COUNT(CLOSE>REF(CLOSE,1),N)/N × 100”，表示统计 N 日内上涨的天数除以 N 天再乘以 100，即 N 日内上涨天数所占的百分比。

分析实例 紫鑫药业（002118）PSY值连续多日大于50

如下图所示为紫鑫药业2019年1月至4月的K线走势。

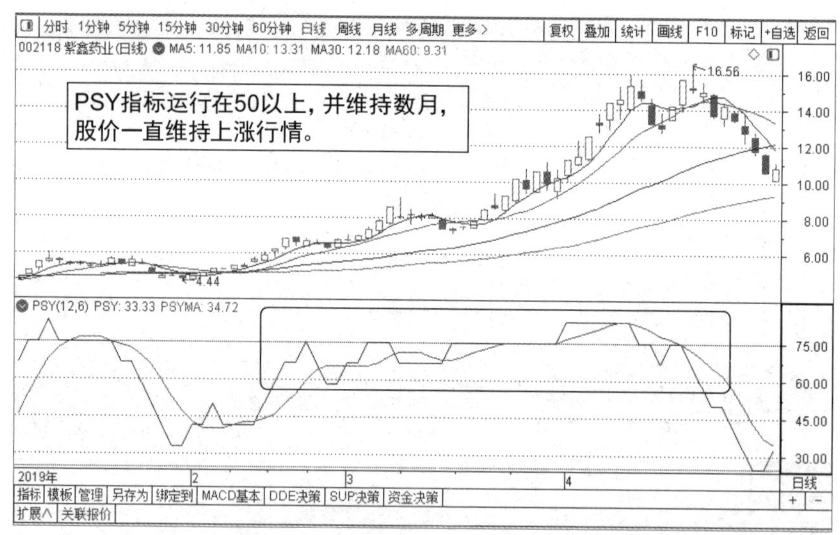

紫鑫药业2019年1月至4月的K线走势

从上图可以看到，该股处于上升行情，股价从5.00元左右上涨至14.00元附近止涨下跌。此时查看PSY发现，PSY于2月中旬运行到50以上，并快速冲高到75附近，直到4月下旬，PSY下跌回到50以下，说明该股这一轮的上涨行情已经结束，后市看跌。

如下图所示为紫鑫药业2019年4月至8月的K线走势。

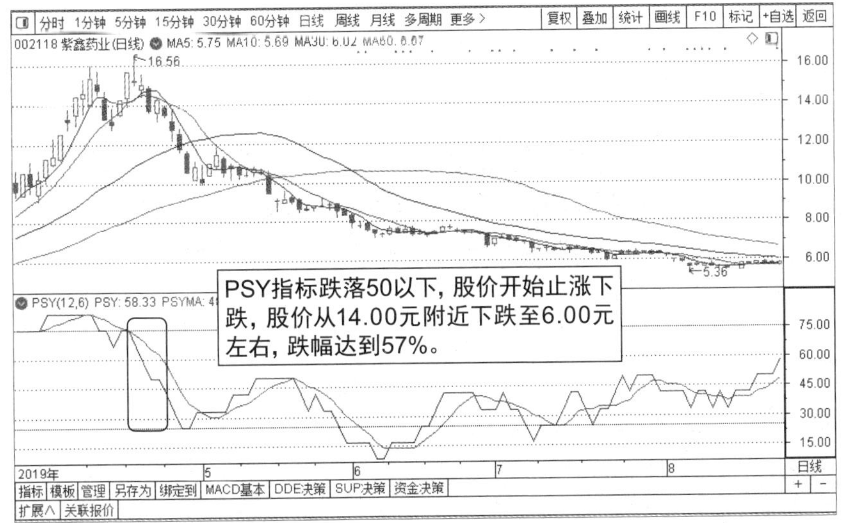

紫鑫药业2019年4月至8月的K线走势

从图中可以看到，PSY指标在50以上运行达两个月以后再次回到50以下，股价开始止涨下跌，股价从14.00元附近下跌至6.00元左右，跌幅达到57%。

NO.057

PSY 值小于 50 的图谱

PSY 值小于 50 时，表示在统计区间内，股价下跌的天数多于上涨的天数，行情属于空头行情。

一图展示

要点剖析

PSY指标值小于50只表示在统计区间内上涨的天数小于下跌的天数，只有PSY的值连续很多个交易日都运行在50以下，才可判断行情为空头行情，同样，也不能仅凭PSY小于50来做买卖决策。

操盘精髓

当PSY连续多个交易日运行在50以下，表示当前市场受空头力量主导，股价正在逐步下跌，即使PSY向下穿破25也未必会有反弹行情的出现。但在这种情况下，PSY向上穿破50时通常会有一段小幅回升。

分析实例　粤传媒（002181）PSY连续多日小于50

如下图所示为粤传媒2019年3月至9月的K线走势。

从图中可以看出，PSY指标于4月初运行到50以下，在接下来的4个多月的时间里，PSY一直未能上破50，表示空头主导着市场，在这期间股价一直处于下跌趋势中。8月底，PSY从低位向上运行重新回到50以上，预示着行情有止跌回暖的可能。

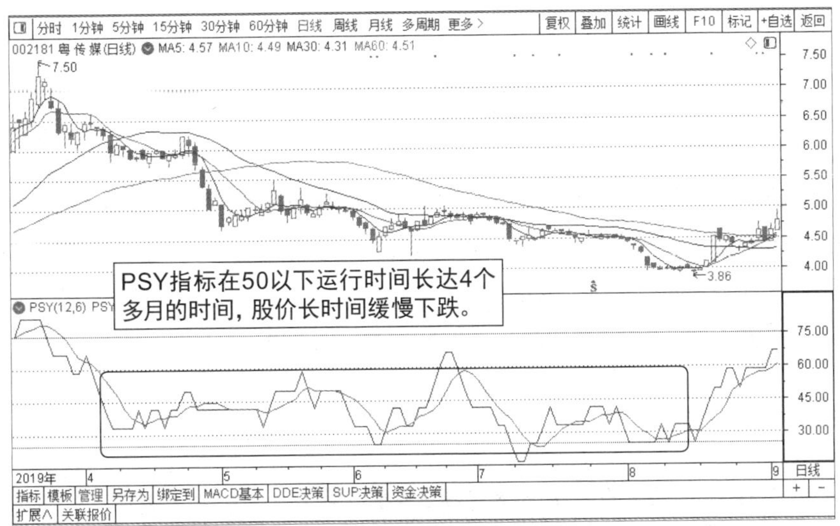

粤传媒2019年3月至9月的K线走势

如下图所示为粤传媒2019年6月至11月的K线走势。

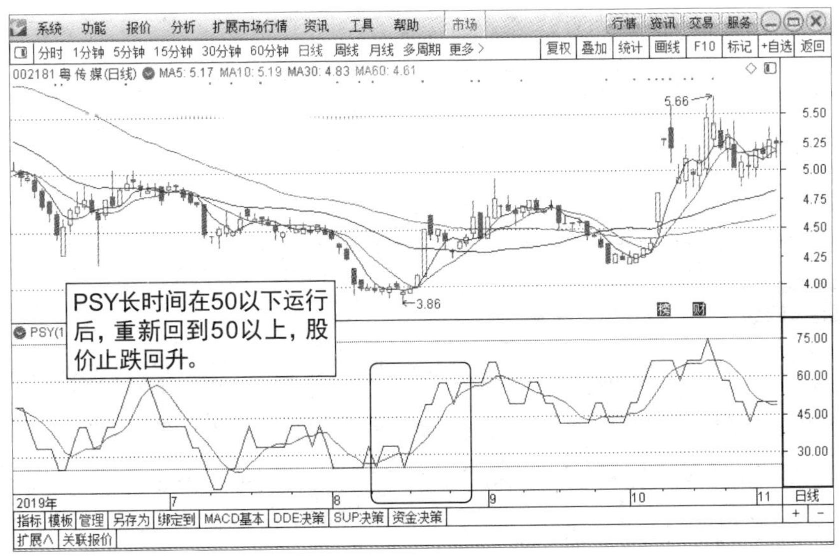

粤传媒2019年6月至11月的K线走势

从图中可以看出，股价经历漫长的下跌行情后，PSY突破50以下区域，股价开始了缓慢的回升，股价从4.00元附近上涨至5.25元左右，涨幅达31%。

NO.058

PSY 在 50 左右徘徊的图谱

PSY 在 50 左右徘徊时，表示统计区间内上涨天数和下跌天数的基本相等，后市行情并不明朗。

一图展示

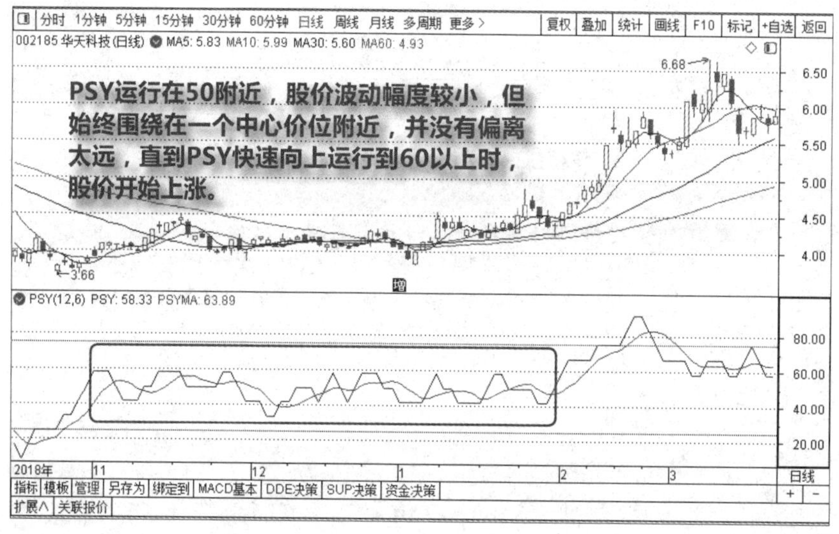

要点剖析

PSY 指标在 50 附近（通常波动范围为 40 ～ 60 之间即为 50 附近）徘徊的情况需要指标在此区间内围绕 50 轴线平均分布（即指标频繁地上下穿越 50 轴），如果连续很长时间在 50 以上，再连续很长时间在 50 以下，则不能算是在 50 附近徘徊。

操盘精髓

PSY 指标在 50 附近徘徊时，表示在一定时期内上涨天数与下跌天数基本达到平稳，多空双方谁也占不了绝对优势，在此期间股价不会产生明显的趋势，俗称 PSY 指标的无趋势状态。

在 PSY 指标徘徊于 50 附近时，股价通常都表示现围绕某一个中心价位来回波动的状态，当 PSY 向上突破 60 或向下跌破 40 时，股价短时间内会沿着 PSY 的突破方向运行，投资者可在此时采取相应的行动。

分析实例 *ST尤夫（002427）PSY在50左右徘徊

如下图所示为*ST尤夫2019年5月至10月的K线走势。

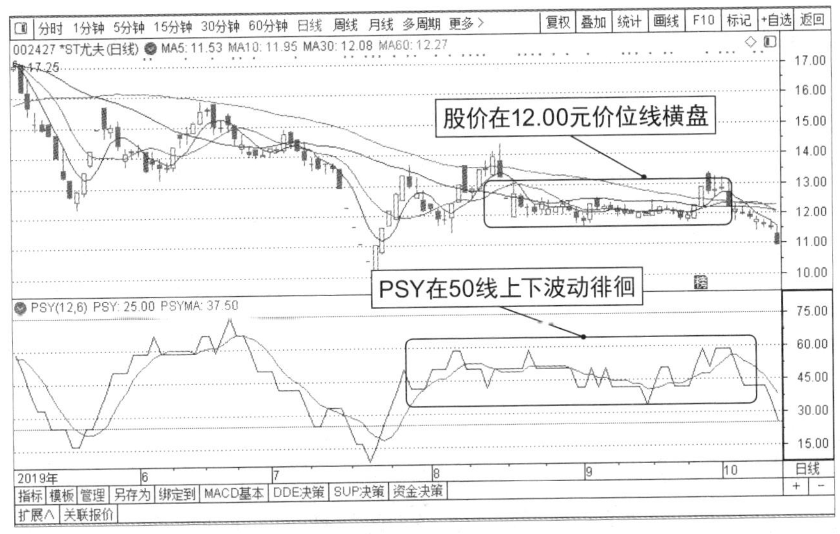

*ST尤夫2019年5月至10月的K线走势

从图中可以看到，该股处于下跌行情，股价从17.00元附近开始下跌，跌至10.00元左右止跌回升，上升至12.00元价位线附近时，止涨横盘。此时，PSY在50上下波动徘徊，后市股价走向不明。

10月中旬，PSY向下运行，快速跌至40下，并继续下跌。说明该股股价继续走弱，后市继续维持之前的跌势，表现下跌行情。

如下图所示为*ST尤夫2019年8月至12月的K线走势。

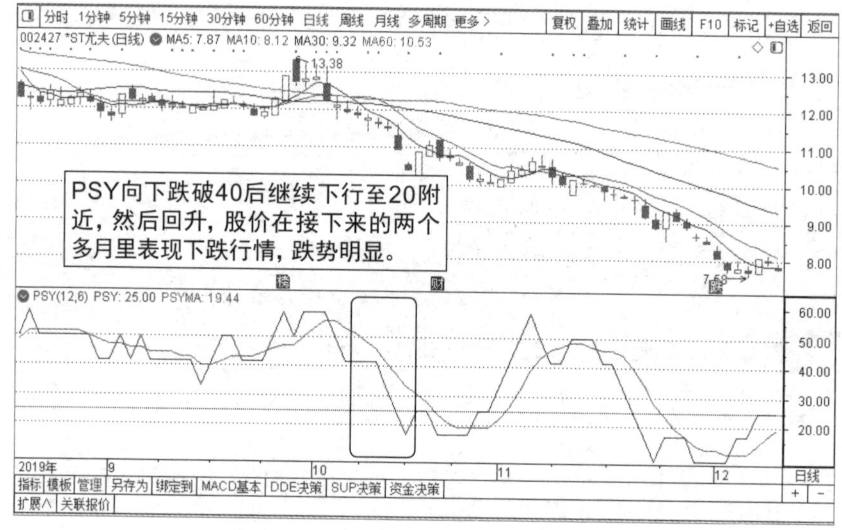

*ST尤夫2019年8月至12月的K线走势

从图中可以看到，PSY向下跌破40后继续下行至20附近，然后回升，股价在接下来的两个多月里表现下跌行情，跌势明显。

由此可知，PSY指标在50左右徘徊，多空双方维持平衡，随后PSY向下跌破40打破多空平衡，空方占据优势，后市下跌。这是强烈的行情转弱的信号，投资者面对这种现象时要多注意。

NO.059

PSY 达到或超过 75 时的图谱

当 PSY 指标达到或超过 75 时，表示统计区间内上涨天数已远大于下跌天数，受反向心理影响，容易出现回档。

一图展示

要点剖析

PSY 指标达到或超过 75，表示市场人气过高，容易出现超买现象，股价回档的概率较大，但如果 PSY 达到 75 时股价并没有调头的迹象，则说明市场处于强势行情中，后市还可能继续上涨。

操盘精髓

在普通行情中，PSY 指标达到或超过 75 时，预示着行情可能出现超买现象，属于一种卖出信号，但该信号也并不是绝对可信，要求根据实际情况进行研判，具体有以下几种情况。

- 如果PSY从50以下甚至更低位置直接上窜到75或以上，说明买方力量异常强大，行情有继续上涨的可能，但如果PSY在较短时间内两次达到75或以上，则投资者不宜买入。
- 如果PSY长期运行在50以上而加速上穿到75左右，则投资者应把握时机卖出为宜。

分析实例 新筑股份（002480）PSY达到或超过75

如下图所示为新筑股份2018年11月至2019年4月的K线走势。

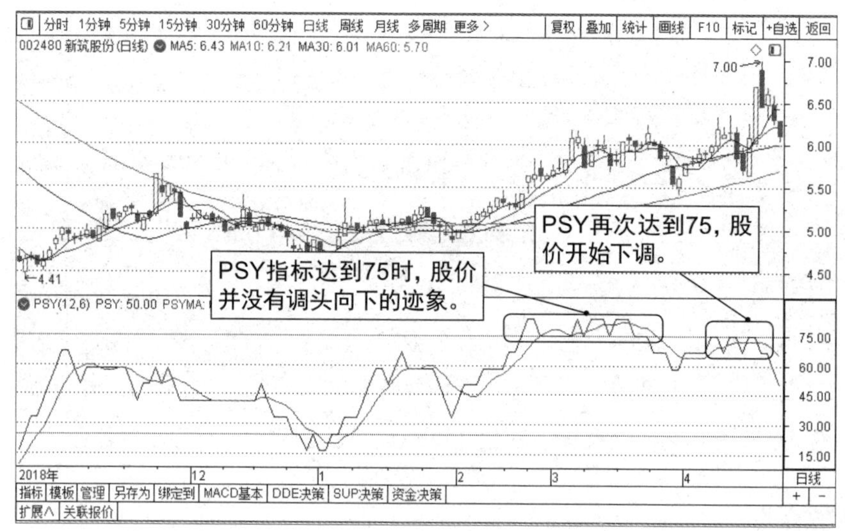

新筑股份2018年11月至2019年4月的K线走势

从图中可以看到，该股处于上升行情，股价向上攀升，从4.50元附近上涨至6.00元左右后止涨横盘，随后继续冲高至6.50元。此时查看PSY指标，发现PSY从2019年1月初开始向上运行，3月初PSY冲到75高点，维持了一段时间后下跌至60，然后再次冲高至75，显示出极强的超买现象。

因为PSY经过两个月左右的时间运行至75，且股价已经经历了一轮上涨行情，说明场内人气过高，出现超买现象，后市继续看涨的可能性较低。股价的第二次冲高并不是上涨行情的继续，而是主力出逃的手段，所以投资者应该及时卖出手中的持股。

如下图所示为新筑股份2019年3月至10月的K线走势。

从图中可以看出，PSY指标在75高点开始调头向下运行，同时股价进入了6个月左右的下跌行情，股价从6.50元左右下跌至4.00元，跌势沉重。

新筑股份2019年3月至10月的K线走势

NO.060

PSY 达到或低于 25 时的图谱

当 PSY 指标达到或低于 25 时，表示统计区间内上涨天数已远小于下跌天数，受反向心理影响，容易出现反弹。

一图展示

要点剖析

PSY 指标达到或低于 25，表示市场人气很弱，容易出现超卖现象，股价反弹的概率较大，属于短线买入信号。

操盘精髓

在普通行情中，PSY 指标达到或低于 25 时，通常都会有一轮反弹行情的出现，但反弹的力度和持续时间很难确定，投资者可根据以下不同的情况来制定相应的操作策略。

- 如果PSY长时间运行在50以下，当达到25时，形成短期反弹的可能性较高，投资者可在PSY开始调头向上时适量买入。
- 如果PSY直接从50以上向下跌破25，则说明空方力量过大，股价反弹力度较小，投资者采取观望态度为宜。

分析实例 浙江永强（002489）PSY达到或低于25

如下图所示为浙江永强2019年4月至8月的K线走势。

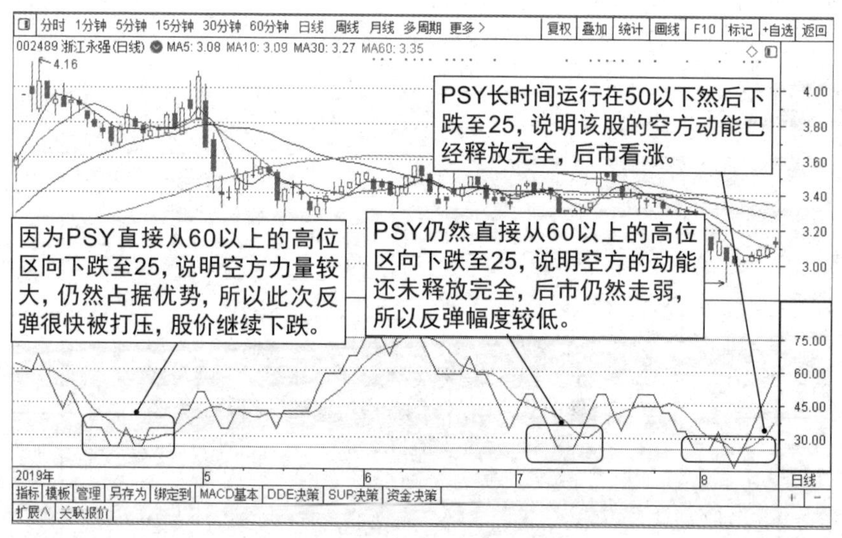

浙江永强2019年4月至8月的K线走势

从图中可以看到，该股处于下跌行情中，股价整体向下运行，PSY虽然整体上表现向下，但中途出现了3次反弹，即PSY出现了3次达到25，从而引发了3次反弹。

第一次，4月中旬PSY下跌至25，因为PSY直接从60以上的高位区向下跌至25，说明空方力量较大，仍然占据优势，所以此次反弹很快被打压，股价继续下跌。

第二次，7月上旬PSY下跌至25，PSY仍然直接从60以上的高位区向下跌至25，说明空方的动能还未释放完全，后市仍然走弱，所以反弹幅度较低。

第三次，8月上旬PSY下跌至25，此次PSY长时间运行在50以下，然后下跌至25，说明该股的空方动能已经释放完全，后市看涨，投资者此时可以买进入场。

如下图所示为浙江永强2019年8月至12月的K线走势。

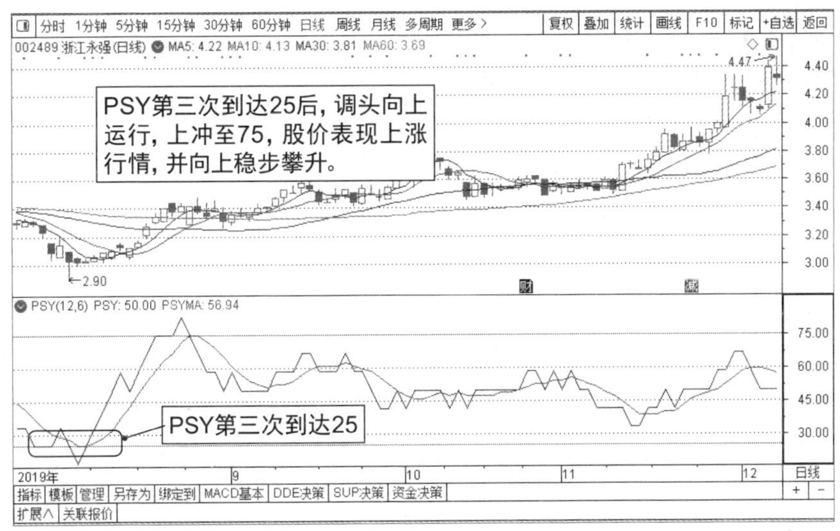

浙江永强2019年8月至12月的K线走势

从图中可以看到，PSY第三次到达25后，调头向上运行，上冲至75，股价表现上涨行情，并向上稳步攀升，从3.00元附近上涨至4.40元左右，涨幅达到46%。如果投资者在PSY第三次达到25时买进，可以获得不错的收益。

NO.061

PSY 的极端超买图谱

当 PSY 超过 90 时表示市场人气聚集过度，极端超买行情出现，股价容易形成阶段性顶点，后市可能急速下跌。

一图展示

要点剖析

PSY 指标大于 90 的情况在个股中很难出现，也是非常难得的顶点指示信号，前期获利盘将在此时大量抛出，后市下跌速度和幅度通常都比较大。

操盘精髓

PSY 指标达到 90 以上，说明市场人气很高，股价已上涨到一定高度，根据逆反操作心理，很多人都会在此抛出，导致股价快速、大幅地下跌。并且 PSY 在 90 以上持续的时间不会太长，通常不会超过一周，因此投资者应把握时机及时卖出。

分析实例 海能达（002583）PSY的极端超买现象

如下图所示为海能达2018年10月至2019年3月的K线走势。

海能达2018年10月至2019年3月的K线走势

从图中可以看出，该股处于上升行情中，股价从6.00元附近上涨至8.00元价位线附近后止涨，并在该价位线上横盘运行。2019年2月初，股价一改之前的横盘，开始大幅向上拉升，股价运行至12.00元附近。

此时，查看PSY发现，PSY在2019年2月初开始从30向上快速攀升，随后突破75，甚至达到90高位，出现了极端超买现象。说明该股的多方动能已经衰竭，后市看跌，投资者应该及时卖出手中持股。

如下图所示为海能达2019年2月至7月的K线走势。

从图中可以看到，PSY保持在90以上两个交易日后，股价顶部形成，当PSY指标调头向下时，股价也开始了深幅下跌。

此次下跌持续了5个月左右的时间，股价从12.00元下跌至8.00元左右，跌幅达33%。

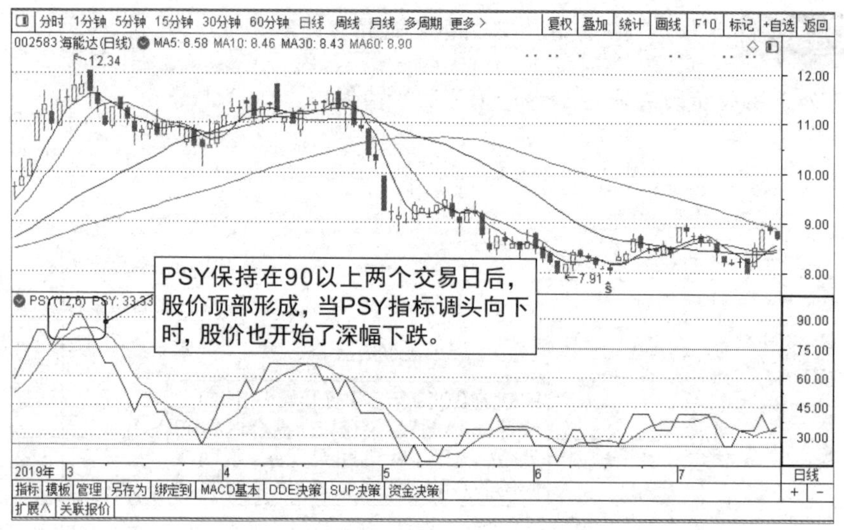

海能达2019年2月至7月的K线走势

NO.062

PSY 的极端超卖图谱

当 PSY 低于 10 时表示市场人气过度低迷，极端超卖行情出现，股价容易形成阶段性底部，后市有急速上涨的可能。

要点提示 *PSY 指标的取值划分总结*

PSY 指标的取值在 0 ~ 100 之间，当新股价上市首日必定为 0。PSY 指标波动在 25 ~ 75 之间时属于正常水平，当 PSY 达到 75 时可能出现超买现象；当 PSY 小于 25 时可能出现超卖现象；当 PSY 大于 90 时属于极度超买现象；当 PSY 小于 10 时属于极度超卖现象。

一图展示

要点剖析

PSY 指标小于 10 的情况在个股中出现的时间也不多，也是非常难得的底点指示信号。股价在急速下跌的过程中引发大量恐慌性抛盘，当股价下跌到一定价位时，一些观望很久的人就会在低位开始买入，使股价形成反弹。

操盘精髓

PSY 指标达到 10 以下，说明市场人气过低，股价已下跌到一定程度，根据逆反操作心理，很多人会在强势下跌后买入，导致股价慢慢回升。一旦 PSY 指标在 10 以下向上调头，就意味着多方力量开始反击，股价必然有一定反弹。

与 PSY 大于 90 相似，PSY 在 10 以下持续的时间也不会太长，通常不会超过一周，当 PSY 指标从 10 以下调头向上的时候，就是最佳的买入时机。但是，如果 PSY 本身就位于 50 以下，并且股价仍在相对较高的位置，当股价突然连续大跌而使 PSY 运行到 10 以下，则 PSY 首次调头时并不能急于买入，这可能仅仅是一次下跌初期的短暂反弹。

分析实例 利欧股份（002131）PSY的极端超卖现象

如下图所示为利欧股份2019年3月至8月的K线走势。

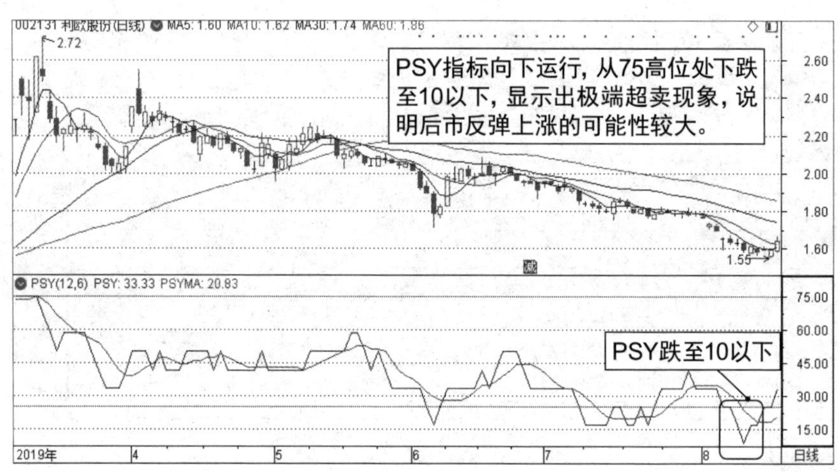

利欧股份2019年3月至8月的K线走势

从图中可以看到，该股处于下跌行情中，股价一路向下运行。与此同时，PSY指标也向下运行，从75高位处下跌至10以下，显示出极端超卖现象，说明后市反弹上涨的可能性较大。投资者可以在此低位处试探性买入。

如下图所示为利欧股份2019年8月至12月的K线走势。

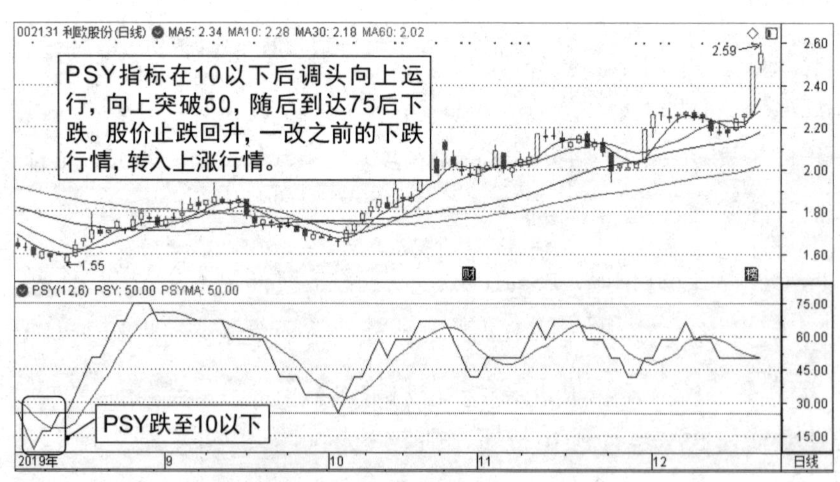

利欧股份2019年8月至12月的K线走势

从图中可以看出，PSY指标在10以下后调头向上运行，向上突破50，随后到达75后下跌。股价止跌回升，一改之前的下跌行情，转入上涨行情，向上运行，股价从1.55元上涨至最高的2.59元，涨幅达到67%。

NO.063

PSY 值从 50 以下缓慢向上攀升的图谱

当 PSY 在 50 以下缓慢向上攀升时，表示多方力量正在加强，后市看涨。

一图展示

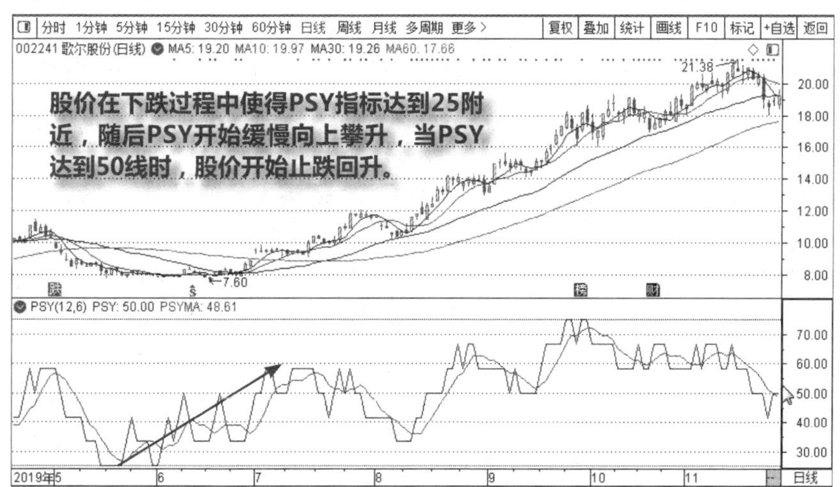

要点剖析

PSY 指标在 50 以下调头向上时，仅表示统计区间内上涨的天数在逐渐增加，只有当 PSY 达到或大于 50 时，才可确认上涨行情。

操盘精髓

PSY 指标运行于 50 线以下，说明股价正在经历一轮下跌行情。当 PSY 指标调头向上时，说明多方力量开始初显苗头，但这并不意味着股价开始反弹，而只能说明股价下跌速度将会放缓。

当 PSY 从 50 以下缓慢向上攀升，达到 50 线时表示多空力量已平衡，当 PSY 继续向上攀升时，意味着多方力量已占市场主导地位，只要 PSY 不向下调头，投资者就可逢低买入或持股待涨。

分析实例　罗莱生活（002293）PSY从50以下缓慢向上攀升

如下图所示为罗莱生活2018年6月至2019年2月的K线走势。

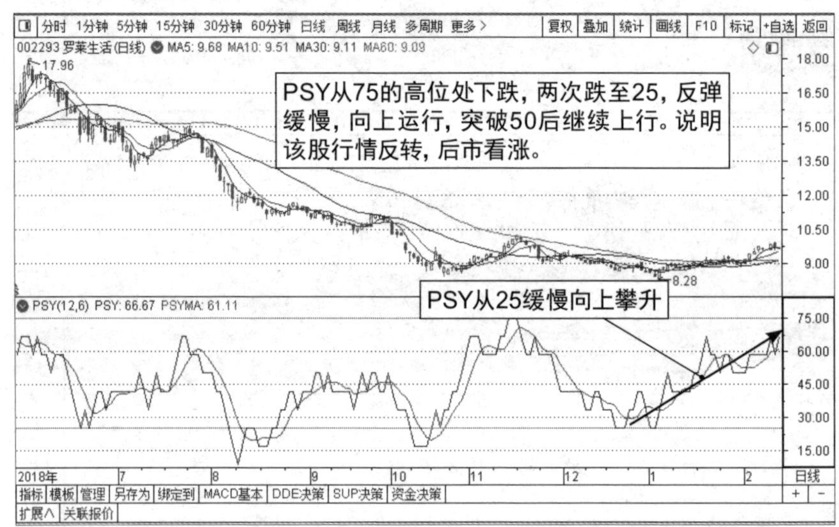

罗莱生活2018年6月至2019年2月的K线走势

从图中可以看到，该股处于下跌行情中，股价从18.00元附近开始下跌，跌至9.00元价位线附近后止跌，并在该价位线上横盘调整。这一轮下跌的跌幅达到50%。

此时，查看PSY发现，股价横盘期间，PSY从75的高位处下跌，两次跌至25，反弹缓慢，向上运行，突破50后继续上行。说明该股行情反转，后市看涨。

如下图所示为罗莱生活2018年11月至2019年4月的K线走势。

罗莱生活2018年11月至2019年4月的K线走势

从图中可以看到，PSY指标缓慢上行，突破50后继续向上，股价此时向上运行，开始了一波上涨行情。股价从9.00元附近上涨至13.00元附近，涨幅达到了44%。

NO.064

PSY 值从 50 以上开始向下回落的图谱

与 PSY 在 50 以下缓慢向上攀升的情况相反，当 PSY 在 50 以上缓慢向下回落时，表示空方力量正在加强，后市看跌。

要点提示 *PSY 超买超卖阈值的调整*

通常情况下，股民都以 PSY 大于 90 时作为超买区，以 PSY 小于 10 时作为超卖区。但在普通行情中，PSY 大于 90 或小于 10 的情况很难遇到，此时可对指标的超买超卖阈值进行适当的调整。一般认为，当 PSY 大于 83 或小于 17，即可认为已出现超买或超卖现象。

一图展示

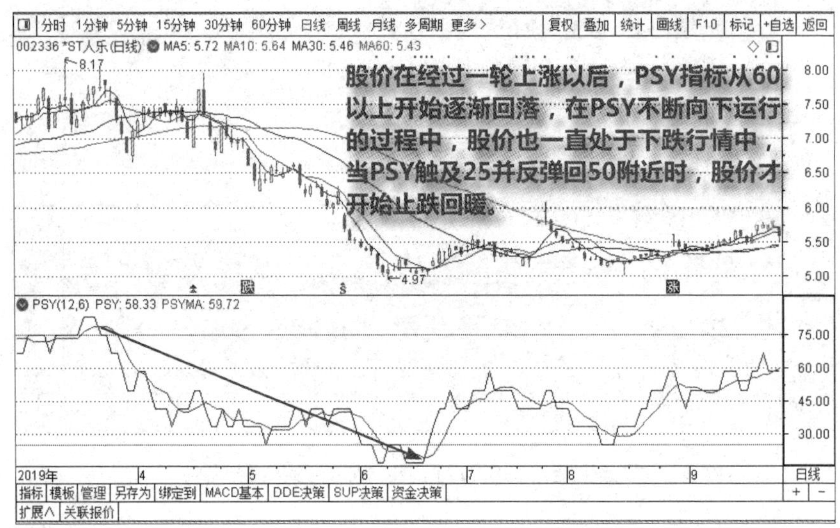

要点剖析

PSY指标在50以上调头向下时，表示统计区间内上涨的天数在逐渐减少，一旦PSY向下跌破50并没能及时反弹回50以上，说明下跌行情已经形成。

操盘精髓

PSY从50以上缓慢向下回落，达到50线时表示多空力量已平衡，当PSY继续向下运行，意味着多方力量已失去市场的主导地位，投资者此时及时减仓出局为最佳选择，当PSY再次向上突破50线时再考虑是否跟进。

分析实例　兴民智通（002355）PSY从50以上缓慢向下运行

如下图所示为兴民智通2019年4月至8月的K线走势。

从图中可以看出，该股从12.00元附近开始持续下跌，在此期间，PSY也从75位置开始缓慢向下运行至10以下，出现极端的超卖现象，显示出极弱的市场人气。随后PSY调头向上，说明该股的下跌动能已经释放完全，后市看涨。

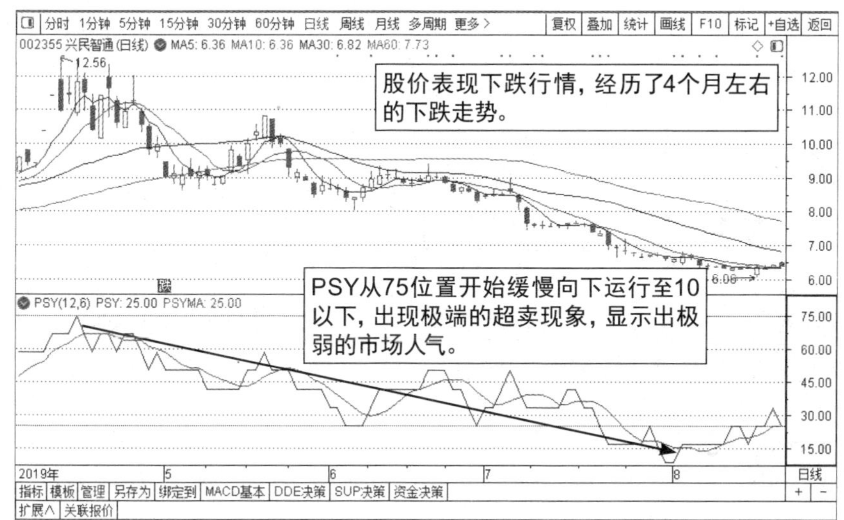

兴民智通2018年4月至8月的K线走势

如下所示为兴民智通2019年5月至10月的K线走势。

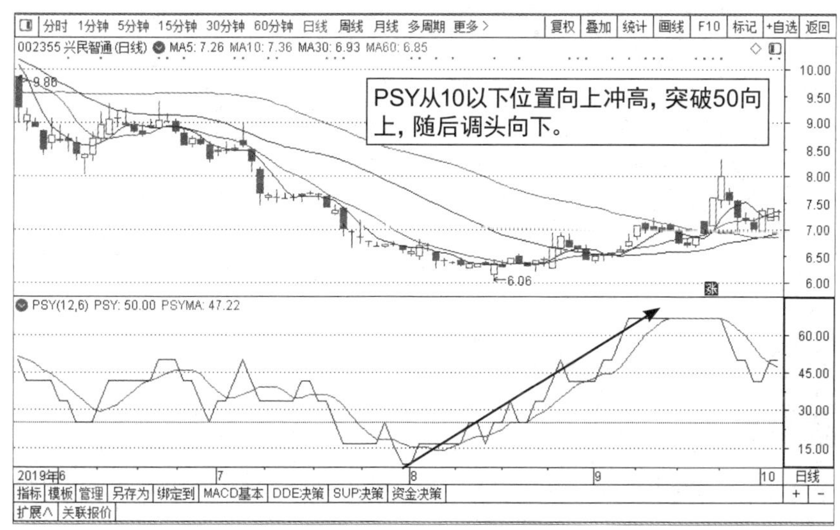

兴民智通2019年5月至10月的K线走势

从上图可以看到，PSY从10以下位置向上冲高，突破50后继续向上，随后调头向下。股价止跌回升，最高涨至8.00元附近。因为PSY并没有继续向上运行，反而调头向下，说明该轮上涨行情持续的时间可能不长，后市走向不明，投资者不要盲目抄底。

NO.065

PSY 和 PSYMA 线都向上的图谱

PSY 指标在一个相对低位徘徊较长一段时间后，PSY 曲线开始调头向上，同时 PSYMA 曲线也逐步走平或缓慢上扬。

一图展示

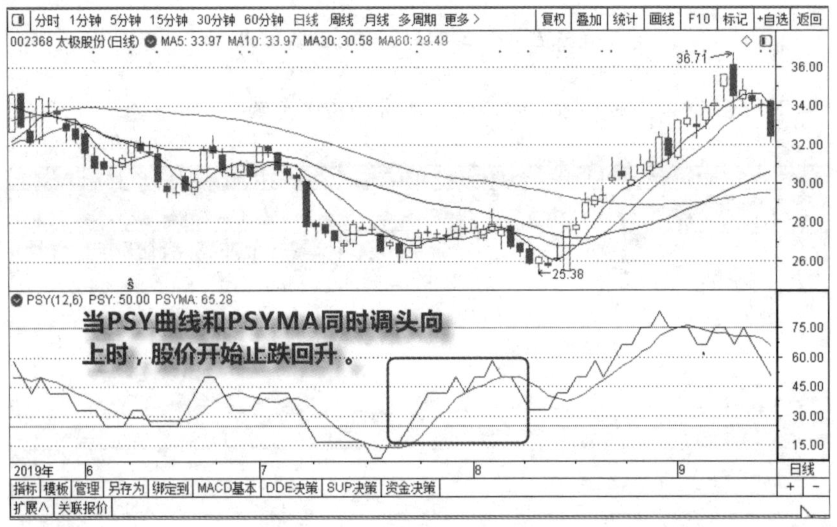

要点剖析

PSY 曲线和 PSYMA 曲线同时向上的形态要求必须出现在 PSY 指标经过长时间的低位横盘整理后期。只要 PSY 曲线调头向上，PSYMA 曲线可以走平或略微上扬，形态都可成立，如果有大的成交量的配合，则形态更可信。

操盘精髓

PSY 在低位横向发展很长一段时间，表示股价正处于弱势行情中，市场人气较为低迷，此时股价一般都在震荡下跌或在底部横盘整理。

当 PSY 曲线开始调头向上，表示多方力量正在聚集，市场有向好的趋向。如果此时 PSYMA 曲线也保持水平或逐渐上扬的趋势，则表示中长期的上涨行情即将到来。如果在 PSY 调头向上时成交量也随之增大，则后市上涨的可能性大大增加。

分析实例 百润股份（002568）PSY曲线和PSYMA曲线都向上运行

如下图所示为百润股份2018年6月至2019年2月的K线走势。

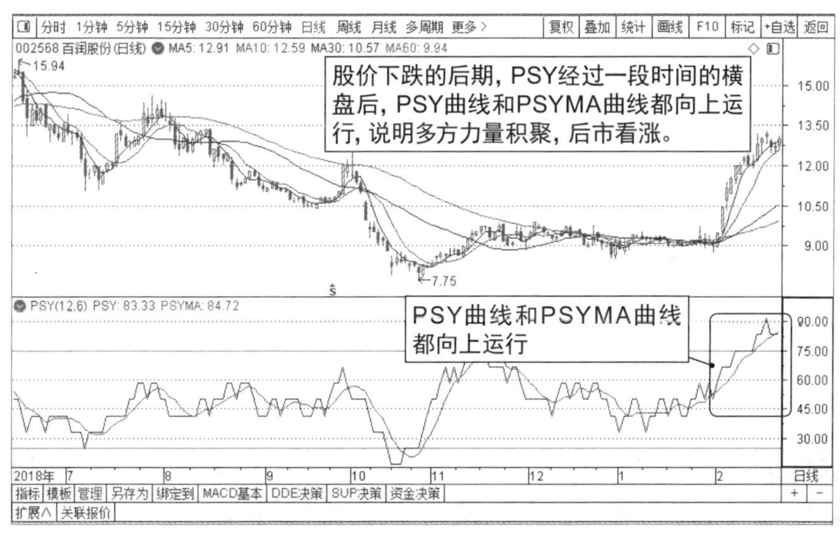

百润股份2018年6月至2019年2月的K线走势

从图中可以看出，该股前期处于下跌行情，股价从16.00元附近开始下跌，跌至7.75元后止跌回升，并在9.00元价位线上横盘。随后K线连续收出多根阳线向上拉升股价，打破平衡。股价的行情是否发生变化，开始止跌回升了呢？

此时，我们查看PSY发现，PSY横盘运行一段时间后，PSY曲线与PSYMA曲线线都向上运行，说明多方力量聚集，后市股价看涨，投资者可以买进。

如下图所示为百润股份2018年12月至2019年10月的K线走势。

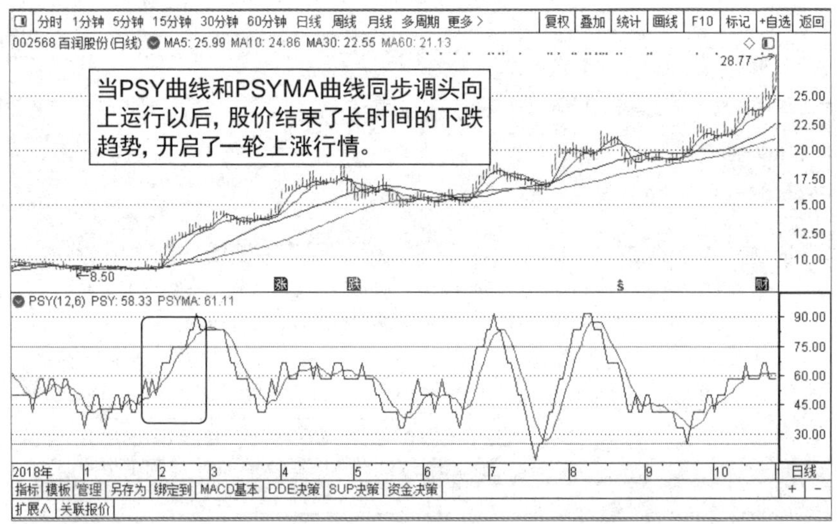

百润股份2018年12月至2019年10月的K线走势

从图中可以看出，当PSY曲线和PSYMA曲线同步调头向上运行以后，股价结束了长时间的下跌趋势，开启了一轮上涨行情，涨势持续了近10个月。股价从10.00元左右开始上涨，最高涨至28.77元，涨幅超180%。

NO.066

PSY 和 PSYMA 线都向下的图谱

PSY 运行到一个较高位置时，容易向下调整，如果 PYS 曲线和 PSYMA 曲线同时向下运行，表示中长期下跌行情开始。

一图展示

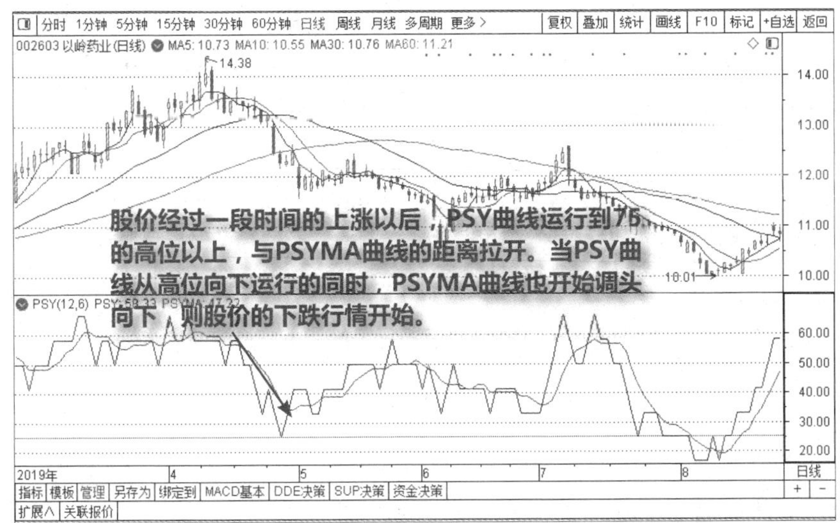

要点剖析

PSY 曲线和 PSYMA 曲线同时向下的形态要求出现在 PSY 指标运行到一个较高位置以后（通常需要达到 75 以上）。只要 PSY 曲线调头向下，PSYMA 曲线也同步向下运行或走平，形态都可成立，而此形态并不需要有大成交量的配合。

操盘精髓

PSY 运行到一个较高位置后，表示市场人气已经相对过高，股价上涨速度可能过快，随时有向下回档的可能。

当 PSY 曲线开始调头向下，表示空方力量正在聚集，市场有向下的趋势。如果此时 PSYMA 曲线也开始向下运行或走平，则表示中长期的下跌行情即将到来，投资者宜尽早卖出股票以避免后市下跌可能带来的损失。

分析实例 丹邦科技（002618）PSY和PSYMA线都向下运行

如下图所示为丹邦科技2019年1月至4月的K线走势。

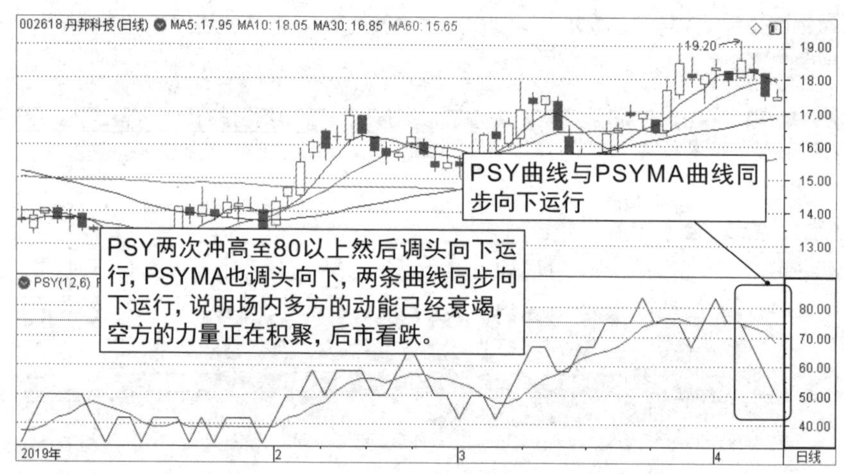

丹邦科技2019年1月至4月的K线走势

从图中可以看到，PSY曲线与PSYMA曲线同步向上运行，从40以下运行至70以上的高位区。此时股价表现出上涨行情，从13.00元左右上涨至18.00元附近。随后PSY继续向上冲高至80以上，与PSYMA曲线拉开距离，PSY两次冲高至80以上然后调头向下运行，PSYMA曲线也调头向下，两条曲线同步向下运行，说明场内多方的动能已经衰竭，空方的力量正在积聚，后市看跌。

如下图所示为丹邦科技2019年3月至10月的K线走势。

丹邦科技2019年3月至10月的K线走势

从图中可以看出，当PSY曲线和PSYMA曲线从高位同步向下运行的形态确认后，股价开始了漫长的下跌行情。

第 6 章

用图掌握BRAR

BRAR 是情绪指标的简写，很多时候也称为“人气意愿”指标，该指标由人气指标 AR 曲线和意愿指标 BR 曲线共同构成，通过计算开盘价、收盘价、最高价与最低价之间的关系来反映市场人气，进而推断股价未来的发展方向。

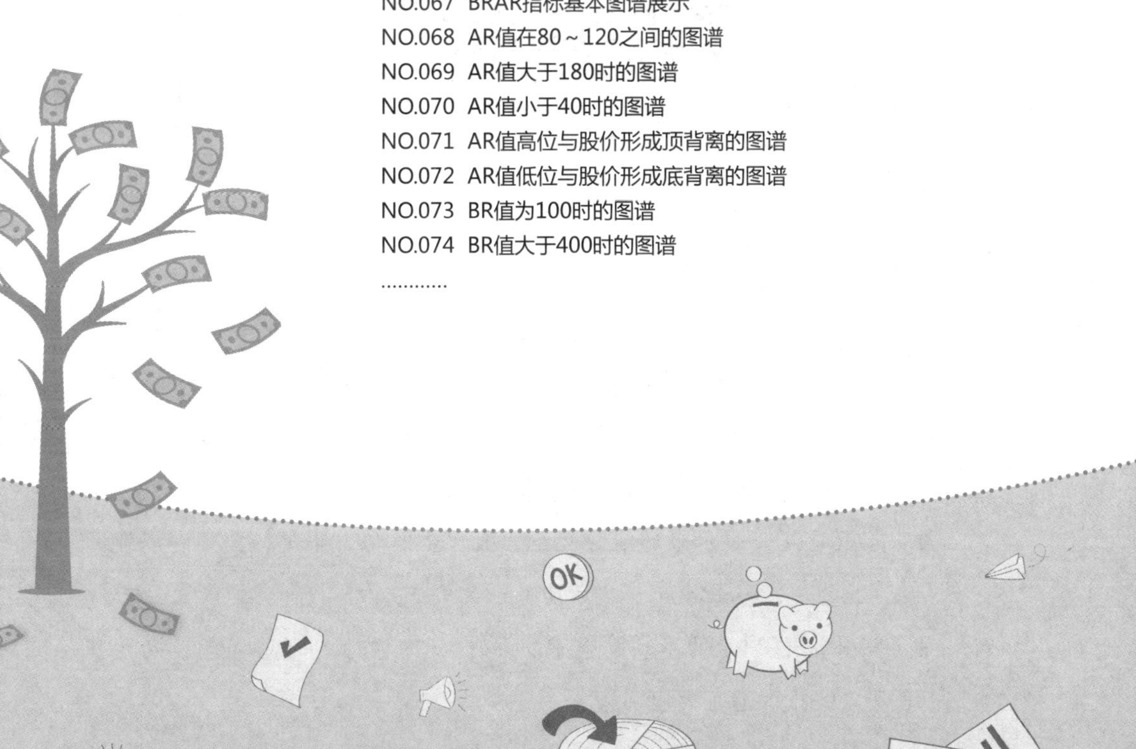

NO.067

BRAR 指标基本图谱展示

BRAR 指标属于能量型指标的一种，在一般的炒股软件中都显示在 K 线图的副图区中，默认参数为 26（即 26 日 BRAR）。

一图展示

操盘精髓

通常情况下，AR 曲线可以单独用于判断行情，而 BR 曲线则需要与 AR 曲线配合使用，根据两曲线的取值和位置关系，投资者可参考以下原则买卖。

- 当BR>400时暗示行情过热，投资者以逢高卖出为主；当BR<40时表示行情将起死回生，投资者可逢低吸入。
- 当AR>180时表示市场能量耗尽，股价上涨动力不足，投资者以逢高卖出为主；当AR<40时，表示能量已累积爆发力，投资者可适量买进。
- 当BR由150以上的高点跌至50以下的水平，并且BR低于AR时，为绝佳买点，投资者可大胆买入。

◆ 当BRAR与股价形成顶背离行情时，投资者应逢高卖出；当BRAR与股价形成底背离行情时，投资者应逢低吸入。

◆ 当BRAR在高位形成M顶或三重顶时，投资者应逢高卖出；当BRAR在低位形成W底或三重底时，投资者可逢低吸入。

NO.068

AR 值在 80 ～ 120 之间的图谱

AR 指标也称人气指标，它以 100 为中心，当在其 ±20 范围（即 80 ～ 120 范围）内波动时，股价近期不会有大的起伏。

一图展示

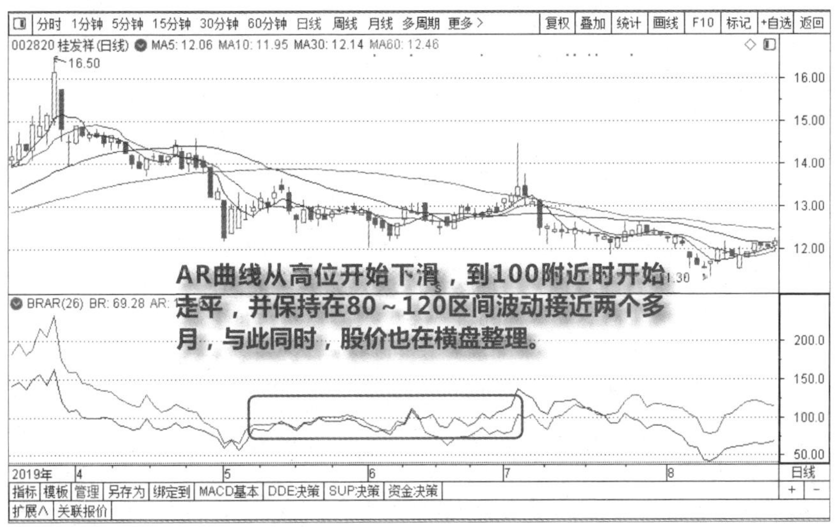

要点剖析

取值 100 是 AR 曲线的基数，该数值表示多空双方力量谁也不占优势。AR 指标波动在 80 ～ 120 范围内时，股价可能长时间处于横盘整理阶段，投资者此时不宜采取操作。

操盘精髓

当 AR 曲线波动在 80 ～ 120 范围内时，投资者宜采取观望态度为主。如果该状态已经持续了较长一段时间，投资者可根据 AR 曲线突破的方向来采取相应的措施，具体如下。

- 如果AR曲线向上突破120并伴随着大的成交量出现，投资者可短线买入。
- 如果AR曲线向下跌破80，则投资者应坚决持币观望。

要点提示 *AR 曲线的值是如何计算出来的*

在以通达信为核心的炒股软件中，AR 指标的计算公式为“SUM(HIGH−OPEN,N)/SUM(OPEN−LOW,N) × 100”，表示统计区间中每日最高价与开盘价的差的累积和除以每日开盘价与最低价的差的累积和再乘以 100。

分析实例 宏润建设（002062）AR值在80～120之间波动

如下图所示为宏润建设2019年3月至7月的K线走势。

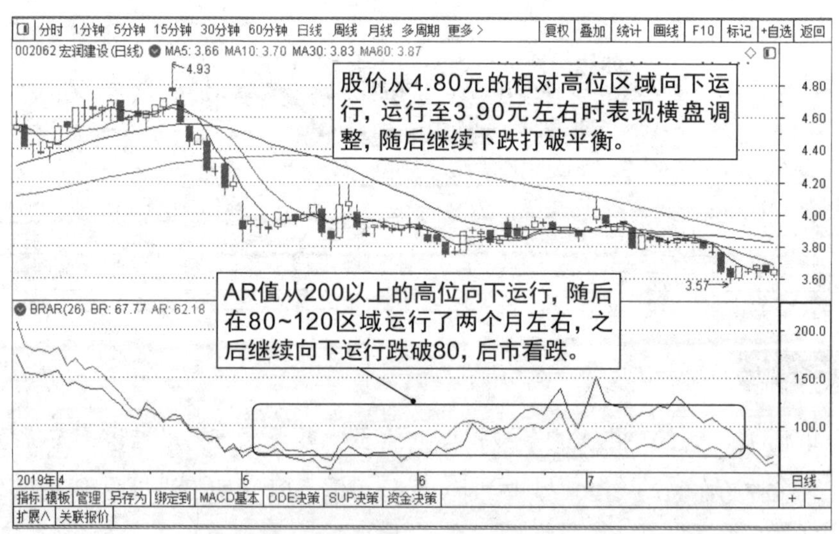

宏润建设2019年3月至7月的K线走势

从上图可以看到，AR值从200以上的高位向下运行，随后在80～120区域运行了两个月左右，之后继续向下运行跌破80。同时查看股价发现，股价从4.80元的相对高位区域向下运行，运行至3.90元左右时表现横盘调整，随后继续下跌打破平衡。这是股价继续走弱的信号，后市继续看跌，投资者不要盲目入场。

如下图所示为宏润建设2019年4月至11月的K线走势。

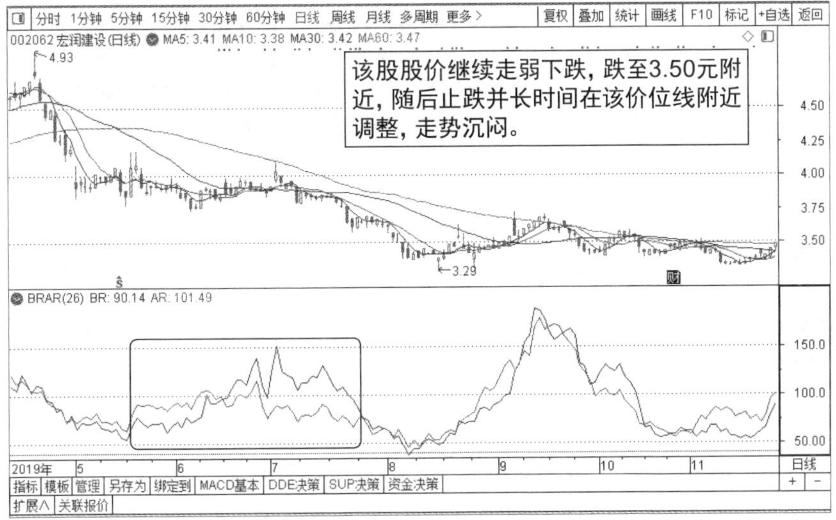

宏润建设2019年4月至11月的K线走势

从图中可以看到，AR在80～120区域波动两个月于7月底跌破80，该股股价继续走弱下跌，跌至3.50元价位线附近，随后止跌并长时间在该价位线附近调整，走势沉闷。所以当AR曲线波动在80～120范围内时，投资者宜采取观望态度为主，不要着急抄底。

NO.069

AR 值大于 180 时的图谱

当 AR 指标大于 180（有时也设置为 150），市场人气极度高涨，BRAR 指标的 AR 曲线也会随之向上，带动股价步步攀升，但此时股价容易出现见顶回落的行情。

一图展示

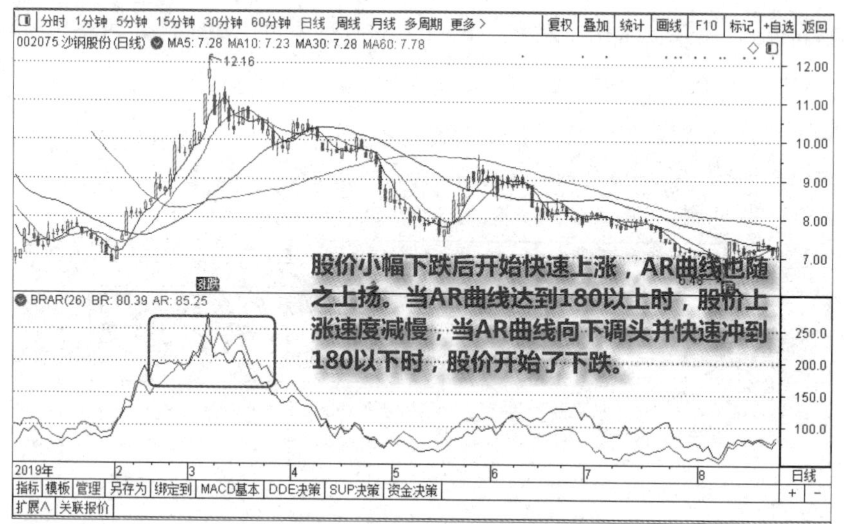

要点剖析

AR曲线大于100即表示市场人气向好，当AR过大时，就可能由于市场人气过高而导致投资逆市操作心理的产生，从而使得股价下跌。AR大于多少才算市场人气过高并没有一个固定的值，通常可采用150或180作为研判标准。

操盘精髓

AR指标大于180时，行情随时可能反转向下，投资者宜逢高抛出，落袋为安。当AR曲线从180以上向下跌破180线时是最后的卖出时机。

分析实例　万邦德（002082）AR曲线值大于180

如下图所示为万邦德2018年10月至2019年4月的K线走势。

从图中可以看出，该股在经历了横盘波动调整之后，在2019年2月初开始了小幅上涨行情，但整体走势却并没有太大波动，BRAR指标维持在100～150附近波动。3月下旬开始股价加速上涨，BRAR指标也快速上冲，AR指标冲到180以上。随后BRAR冲高回落，跌破150，说明该股的后市下跌行情已定。

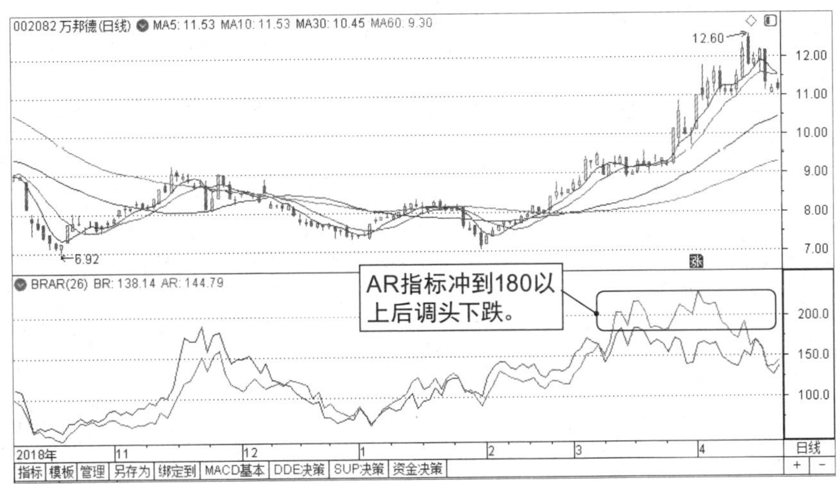

万邦德2018年10月至2019年4月的K线走势

如下图所示为万邦德2019年4月至11月的K线走势。

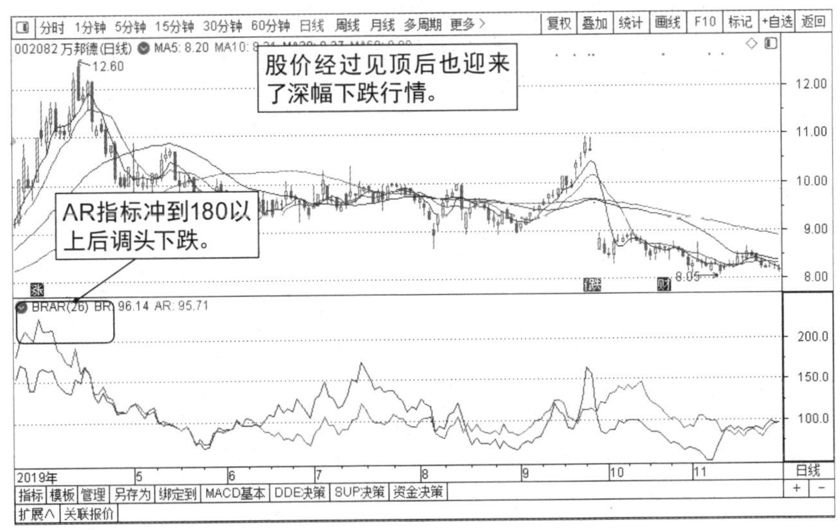

万邦德2019年4月至11月的K线走势

从图中可以看出，当AR曲线从180以上向下穿破180线并继续向下运行时，股价经过见顶后也迎来了深幅下跌行情。

NO.070

AR 值小于 40 时的图谱

股价经过长时间的下跌，显示出极低的市场人气，BRAR 指标也会随之下行，当 AR 指标值小于 40 时，容易出现反弹行情。

一图展示

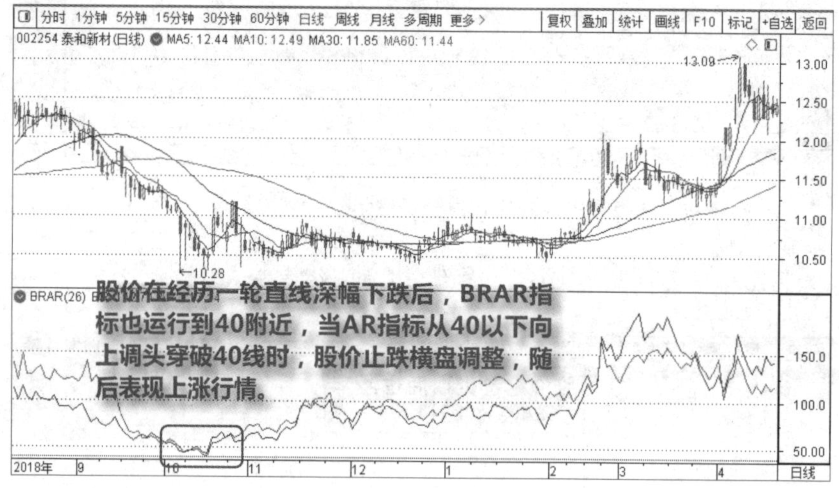

要点剖析

伴随着市场人气的低迷，股价也会不断下跌，而 AR 曲线就代表了市场的人气。当 AR 曲线达到 40 以下时，表示市场人气极度低迷，而股价通常会在这个时候横盘筑底，因此当 AR 指标在 40 以下时投资者可大胆买入。

操盘精髓

BRAR 指标运行在 100 以下，表示行情并不活跃，股价可能处于长期下跌行情或长期低位横盘整理行情中，此时投资者宜采取观望态度为佳。

如果 AR 指标向下达到了 40 以下的低点，说明市场可能存在严重超卖现象，行情随时可能反弹，投资者应把握时机逢低吸入，特别是在 AR 曲线调头向上穿破 40 线并继续强势上行的情况下，投资者更可大胆买入。

分析实例　浙富控股（002266）AR值小于40

如下图所示为浙富控股2017年11月至2018年7月的K线走势。

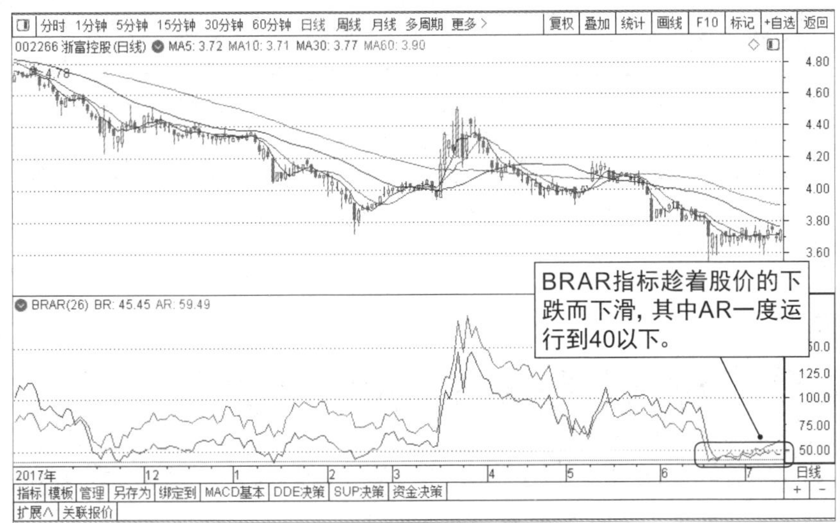

浙富控股2017年11月至2018年7月的K线走势

从图中可以看出，股价从4.80元附近开始逐步下跌，在2018年3月中旬出现小幅反弹，随后继续下跌。BRAR指标也随着股价的下跌而步步下行，观察同期的BRAR指标，3月中旬BRAR指标也出现反弹回升，冲高至150后迅速下跌，向下运行。AR曲线运行到40以下，并在40以下徘徊较长一段时间，股价也在底部横盘。

说明该股的这一轮下跌行情已经见底，后市股价将反转回升，投资者可以趁此低位大量买进。

如下图所示为浙富控股2018年6月至2019年3月的K线走势。

从图中可以看到，当AR曲线从40以下向上突破40线并继续上行以后，股价也扭转了前期的下跌趋势，开始了一轮上涨行情。

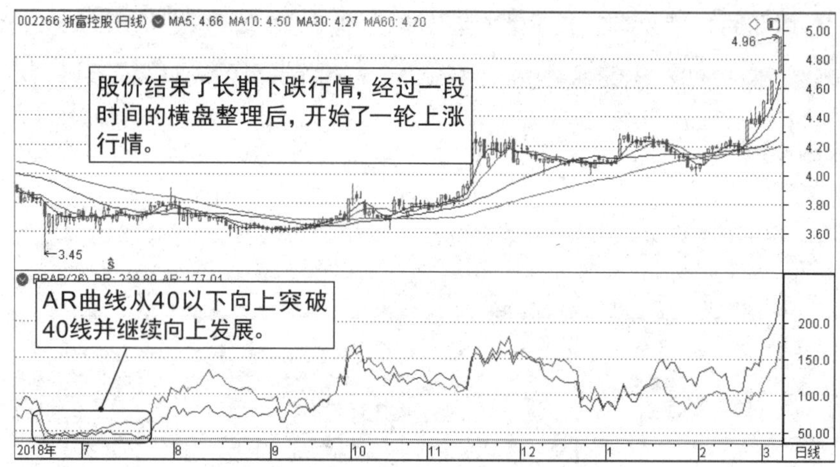

浙富控股2018年6月至2019年3月的K线走势

NO.071

AR 值高位与股价形成顶背离的图谱

股价和 AR 曲线运行到相对高位，股价走出一顶比一顶高的走势，而 AR 曲线在同样的位置却形成一顶比一顶低的走势。

一图展示

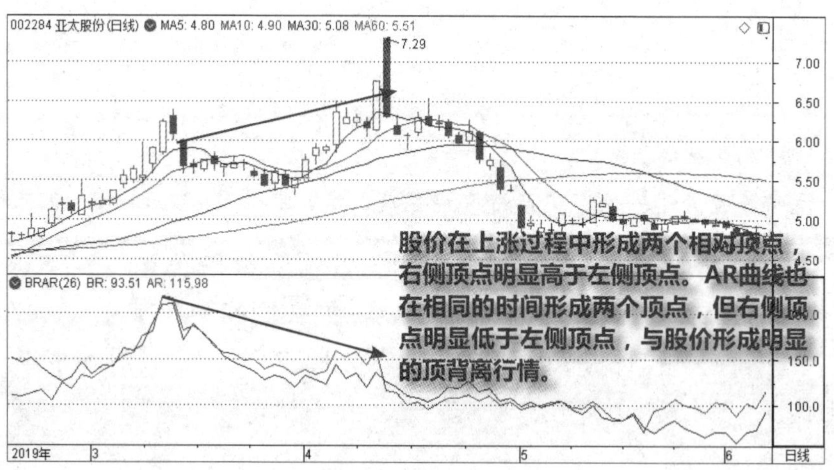

要点剖析

与其他顶背离形态相似，AR 曲线与股价的顶背离需要两者都出现在一个相对高位，在高位形成两个或两个以上相对顶点。股价的这些顶点的位置一个比一个高，股价呈逐步上涨的走势。

AR 曲线也要在股价形成高点的时候形成相对高点，但这些高点的位置却是一个比一个低，AR 指标整体呈逐步下跌的走势。

操盘精髓

通常 AR 曲线与股价的顶背离形态形成以后，股价都会有一轮快速下跌行情。如果股价形成两个顶点的时候走势较为平稳，则在 AR 曲线第二个顶点形成后不必急于卖出，继续观察两个交易日。如果股价在形成两个顶点时波动幅度较大，则在 AR 曲线第二个顶点形成以后要及时卖出，以免暴跌开始时来不及出手。

分析实例 同济科技（600846）AR曲线与股价产生顶背离

如下图所示为同济科技2018年10月至2019年4月的K线走势。

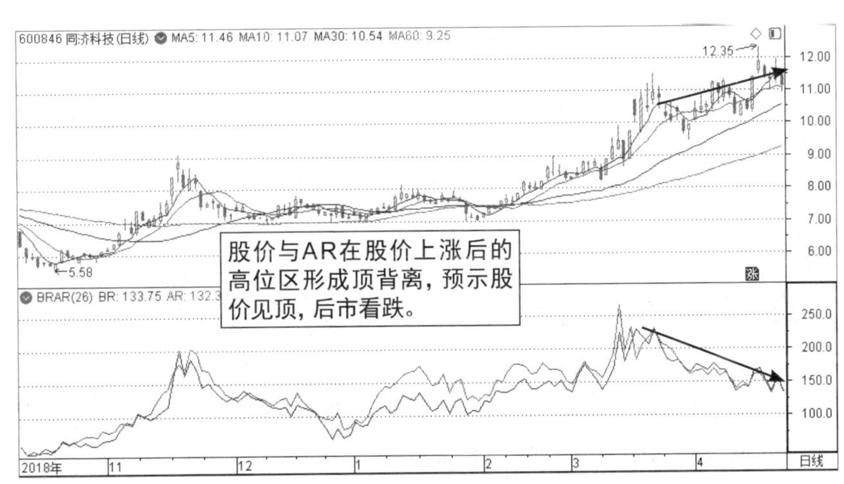

同济科技2018年10月至2019年4月的K线走势

从图中可以看出，股价在上涨过程中，BRAR曲线也随着股价的上涨而逐步上扬。股价在上涨过程中先后在10.00～12.00元价格区间形成3个高点，右侧高点明显要高于左侧高点。就在股价形成高点的同时，AR曲线也在250～150区间形成3个高点，但右侧高点明显低于左侧高点，与股价形成顶背离走势。说明该股的上涨行情见顶，后市将迎来下跌行情，投资者要及时出逃。

如下图所示为同济科技2019年3月至8月的K线走势。

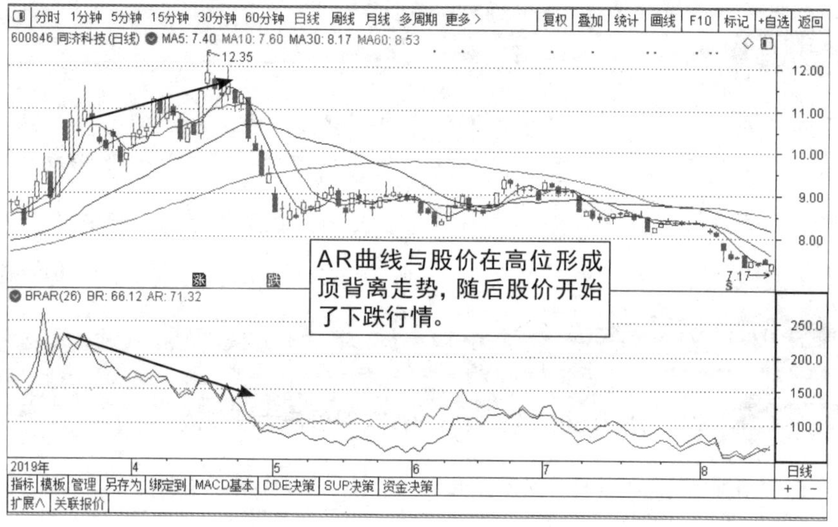

同济科技2019年3月至8月的K线走势

从图中可以看出，当AR曲线与股价形成顶背离形态以后，股价开始大幅回落，从12.00元附近下跌至7.00元附近，跌幅达到41%。

NO.072

AR 在低位与股价形成底背离的图谱

股价和 AR 曲线同时运行到一个相对低位，股价走出一底比一底低的走势，而 AR 曲线在同样的位置却形成一底比一底高的走势。

一图展示

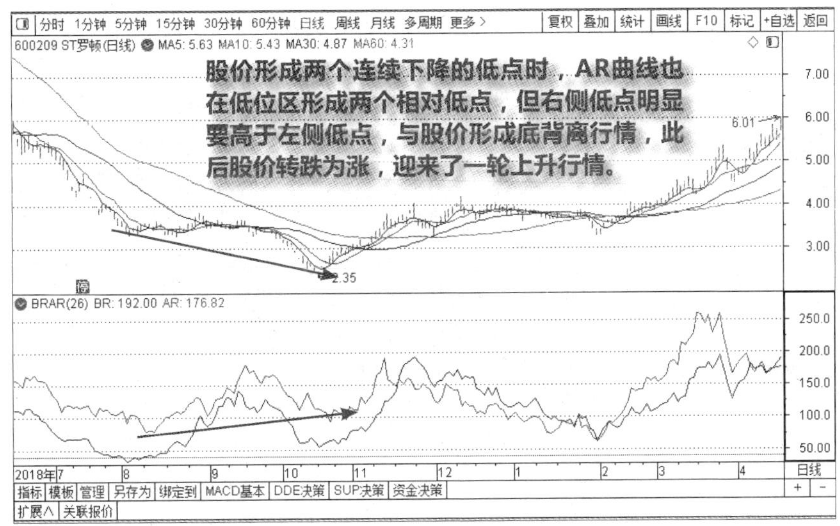

要点剖析

AR 曲线与股价的底背离是典型的买入信号，要求两者都出现在一个相对低位，并形成两个或两个以上的相对低点。股价的这些低点的位置一个比一个低，股价呈逐步下跌的走势。

AR 曲线也要在股价形成低点的时候形成相对低点，但这些低点的位置却是一个比一个高，AR 指标整体呈逐步上涨的走势。

操盘精髓

AR 曲线与股价底背离的形成要比顶背离形成难一些，在 AR 曲线第二个低点形成并反弹后，如果反弹的高点未能超过前次反弹高点，或超过以后又快速回落到前次高点以下，则形态不成立。如果 AR 曲线第二次反弹超过前次反弹高点有明显的成交量放大的配合，则投资者可以大胆买入。

分析实例 金禾实业（002597）AR与股价形成底背离

如下图所示为金禾实业2018年2月至11月的K线走势。

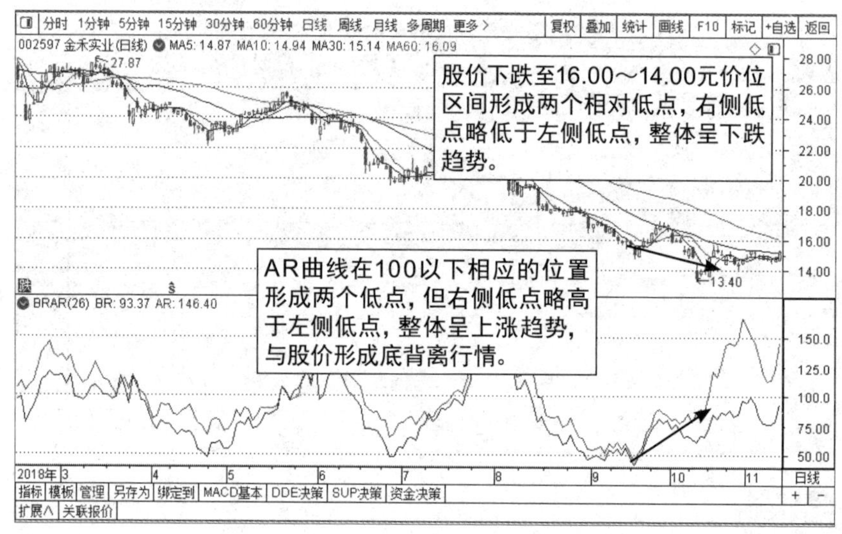

金禾实业2018年2月至11月的K线走势

从图中可以看出，该股处于下跌行情中，股价下跌至16.00～14.00元价格区间形成两个相对低点，右侧低点略低于左侧低点，整体呈下跌趋势。与此同时，AR曲线也在100以下相应的位置形成两个低点，但右侧低点略高于左侧低点，整体呈上涨趋势，与股价形成底背离行情。

说明该股股价见底，此轮下跌行情已尽，后市股价将止跌回升，投资者可以趁机抄底买进。

如下图所示为金禾实业2018年10月至2019年9月的K线走势。

从图中可以看出，当AR曲线在100以下低位与股价形成底背离走势以后，股价结束了前期的下跌行情，走出了一轮上涨行情。

此轮上涨行情持续了11个月左右，虽然中间出现小幅回调，但股价整体向上运行，股价从14.00元附近上涨至21.00元左右，涨幅达到了50%。如果投资者前期抄底买进，必然会得到不菲的回报。

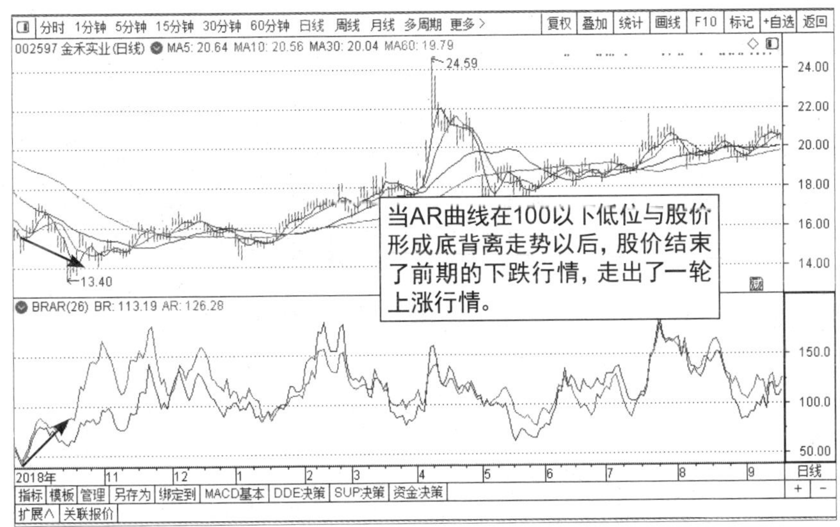

金禾实业2018年10月至2019年9月的K线走势

NO.073

BR 值为 100 时的图谱

BR 曲线与 AR 曲线相似，也将 100 作为其中界线，当 BR 值在 100 附近波动时，行情不会有大的起伏变化。

要点提示 *BR 曲线的值是如何计算的*

在以通达信为核心的炒股软件中，BR 指标的计算公式为“SUM(MAX(0,HIGH−REF(CLOSE,1)),N)/SUM(MAX(0,REF(CLOSE,1)−LOW),N) × 100”，表示统计区间内最高价减昨日收盘价的差与 0 的较大值的累积和来除以昨日收盘价与最低价的差与 0 的较大值的累积和再乘以 100。与 AR 指标相比，BR 指标更注重股价的收盘价。

一图展示

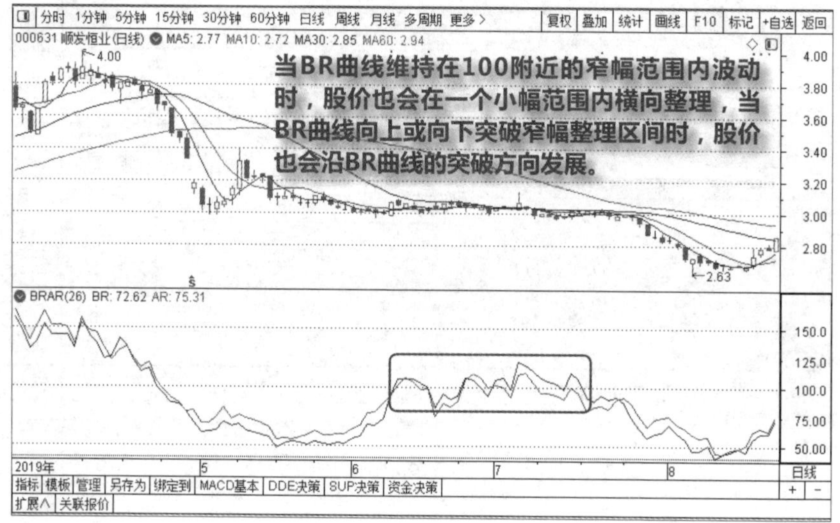

要点剖析

BR 指标取值 100 也是多空行情的分水岭，BR 运行在 100 以上属于多头行情，运行在 100 以下属于空头行情。BR 在 100 附近波动，说明多空双方力量均衡，股价处于横向整理时期。

操盘精髓

BR 曲线在 100 附近的小幅范围内波动时，投资者宜采取观望态度为佳。当 BR 曲线向上突破窄幅整理区时可适量买入，如果有大成交量的配合，则投资者更可放心买入；当 BR 曲线向下突破窄幅整理区时，投资者宜及时卖出。

分析实例 泰山石油（000554）BR值在100附近波动

如下图所示为泰山石油2019年2月至7月的K线走势。

从图中可以看出，股价在7.00元附近受到阻力而下滑，BR曲线也随之下行到100附近，随后维持在100附近波动两个多个月，在此期间股价也维持在一个窄幅范围内横向运行。7月初BR曲线在一根阴线的打压下继续向下，AR与BR两条曲线同步向下运行，说明股价很可能会继续之前的下跌行情。

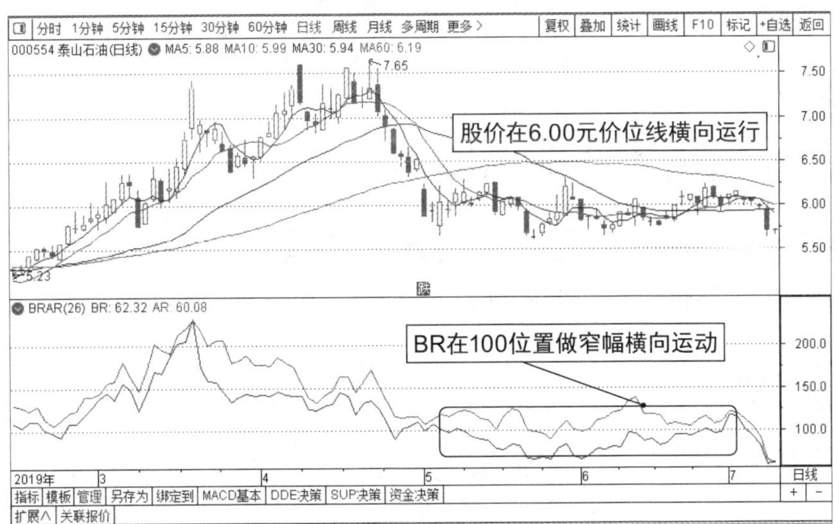

泰山石油2019年2月至7月的K线走势

如下图所示为泰山石油2019年4月至11月的K线走势。

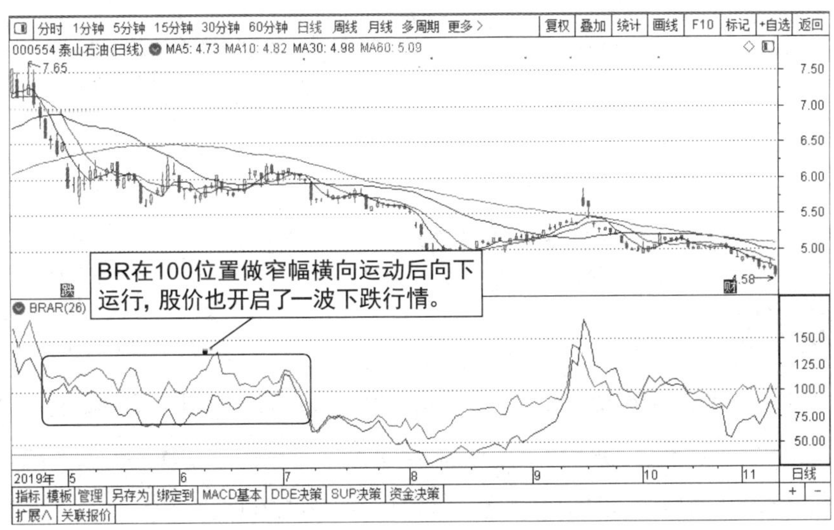

泰山石油2019年4月至11月的K线走势

从图中可以看出，BR线在100位置窄幅运行后下跌至100以下，股价也在横盘整理末期以一根中阴线报收，走出了一波急速下跌行情。8月初起，虽然股价下跌的趋势渐缓，但整体上仍然呈现下跌走势。

NO.074

BR 值大于 400 时的图谱

BR 曲线较 AR 曲线对股价的反应更为敏感，当 BR 值大于 400 时，表示股价已进入高价位区，随时有反转下跌的可能。

一图展示

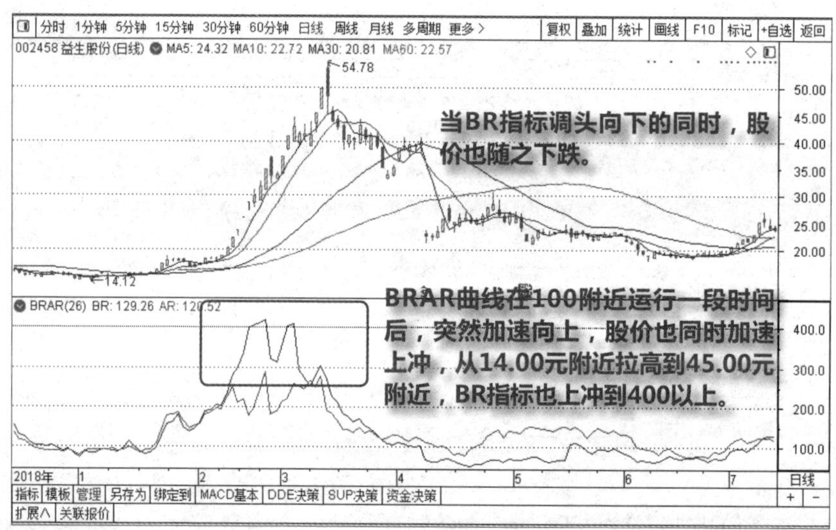

要点剖析

BR 曲线的波动幅度较 AR 曲线而言要大得多，当 BR 曲线达到 400 以上时，表示极端超买行情出现，投资者应随时准备出货。BR 曲线上涨速度越快，股价涨速也就越快，当股价下跌时，速度也就越快。

操盘精髓

无论 BR 指标从何位置开始向上冲并高于 400 线，都表示行情处于强势上涨阶段，此时投资者不宜再跟风追涨，而应持币观望为宜，前期已入手的投资者在 BR 上冲到 400 以上时已经获利颇多，应做好出货准备。

一旦 BR 曲线在 400 以上调头向下，并快速向下跌破 400，投资者应及时坚决离场，否则后市的下跌将会损失惨重。如果 BR 曲线在 400 以上调头向下，但未能跌破 400 线又再次调头向上运行，则说明股价还有一定的上涨空间，投资者可持股观望后市发展。

分析实例 启迪古汉（000590）BR值大于400

如下图所示为启迪古汉2018年11月至2019年4月的K线走势。

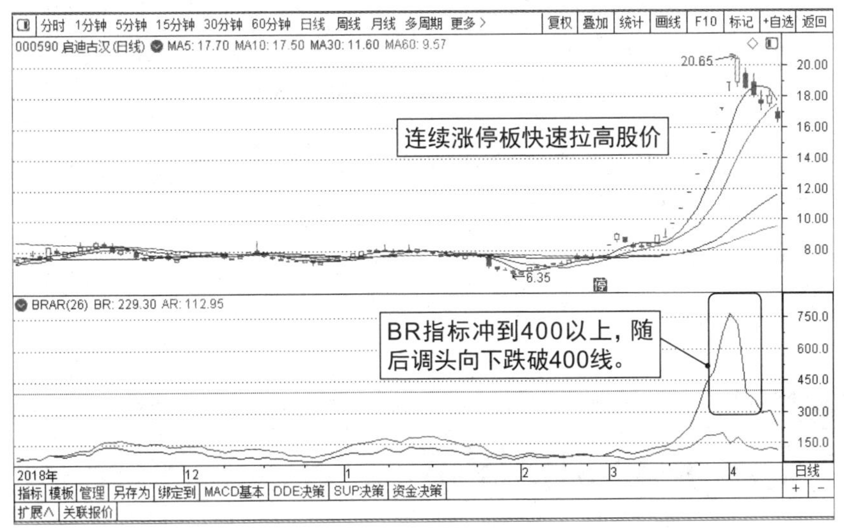

启迪古汉2018年11月至2019年4月的K线走势

从图中可以看到，该股经历了长达4个月左右的横盘之后开始大幅向上拉升。连续8个涨停将股价从8.00元附近拉升至20.00元附近，BR曲线也从150

以上上冲至400以上，随后调头向下，于4月初跌破400。说明该股的这一轮急涨已经见顶，后市即将迎来一波下跌行情。

如下图所示为启迪古汉2019年4月至8月的K线走势。

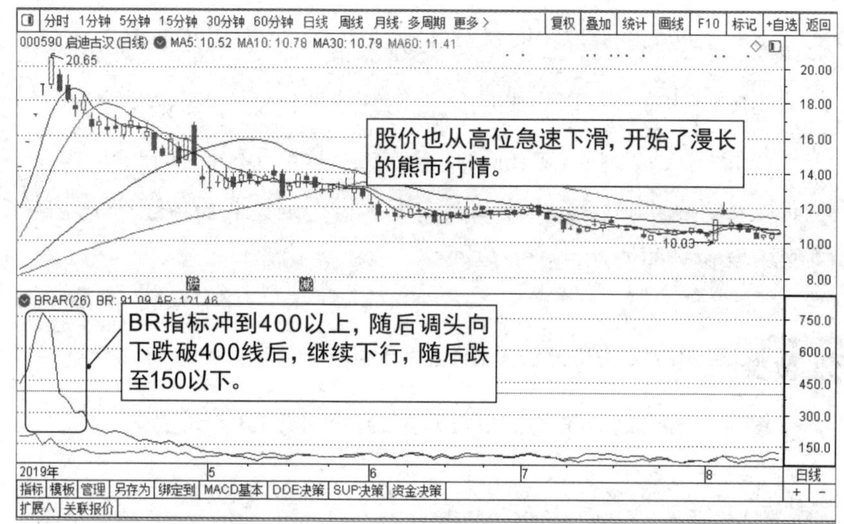

启迪古汉2019年4月至8月的K线走势

从图中可以看出，当BR曲线在400以上向下跌破400线后，股价也从高位急速下滑，开始了漫长的熊市行情。

说明当BR曲线达到400以上时，极端超买行情出现，为可靠的卖出信号，投资者应随时准备出货。

NO.075

BR 值小于 40 时的图谱

当股价经过长时间的大幅度下跌，导致市场人气极低时，BR 的值就可能小于 40，显示出极端超卖现象。

一图展示

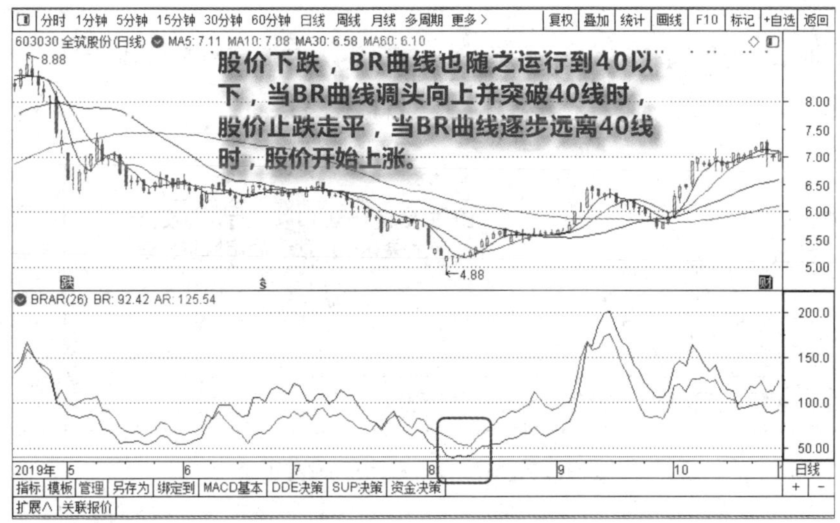

要点剖析

BR 指标低于 40 表示行情已出现极端超卖现象，股价随时可能反弹。但如果 BR 运行到 40 以下并没有向上调头的趋势，则说明股价可能持续下跌。当 BR 调头向上时，还需要关注成交量的变化，以确定行情是否真的好转。

操盘精髓

BR 曲线运行到 40 以下显示出极其低迷的市场人气，通常此时的成交量也非常小，行情也容易在此时筑底。

当 BR 曲线调头向上并有效突破 40 线时，投资者可适量买入，如果此时有大成交量的配合，则投资者可放心跟进，只要 BR 曲线不大幅调头向下，就可一直持有。

分析实例 长源电力（000966）BR值小于40

如下图所示为长源电力2018年2月至10月的K线走势。

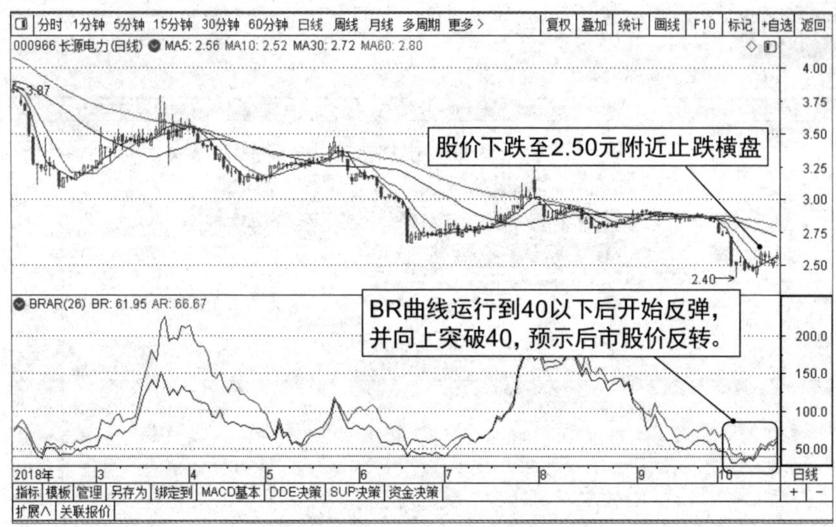

长源电力2018年2月至10月的K线走势

从图中可以看出，该股表现下跌行情，股价震荡向下。经过长时间的下跌后，股价运行至2.50元附近，随后止跌横盘。此时BR曲线也运行到40以下，随后AR与BR同步向上运行，突破40线。说明该轮下跌已经结束，行情即将发生反转，后市看涨，投资者可以适量买进。

如下图所示为长源电力2018年10月至2019年4月的K线走势。

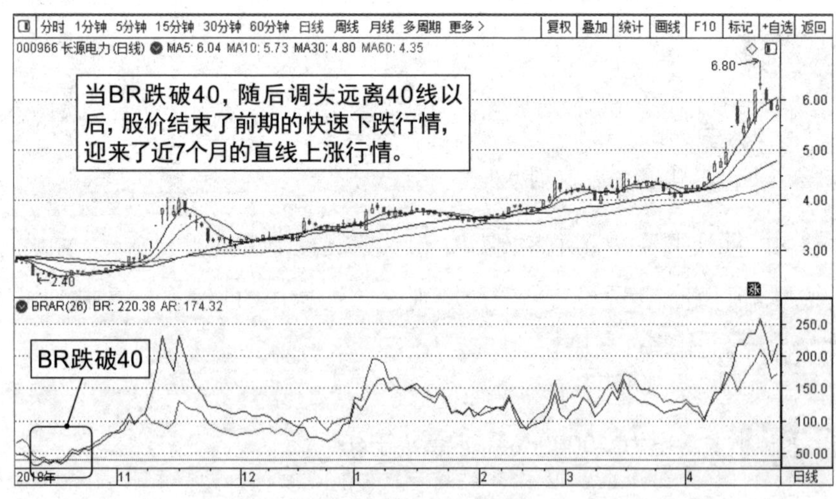

长源电力2018年10月至2019年4月的K线走势

从图中可以看出，当BR跌破40，随后调头远离40线以后，股价结束了前期的快速下跌行情，迎来了近7个月的直线上涨行情。

NO.076

AR 线和 BR 线同时从低位向上攀升的图谱

当 BR 曲线和 AR 曲线都处于较低位置时，表示股价处于弱势下跌行情中，当 BR 曲线和 AR 曲线从低位同时向上攀升，说明行情即将好转。

一图展示

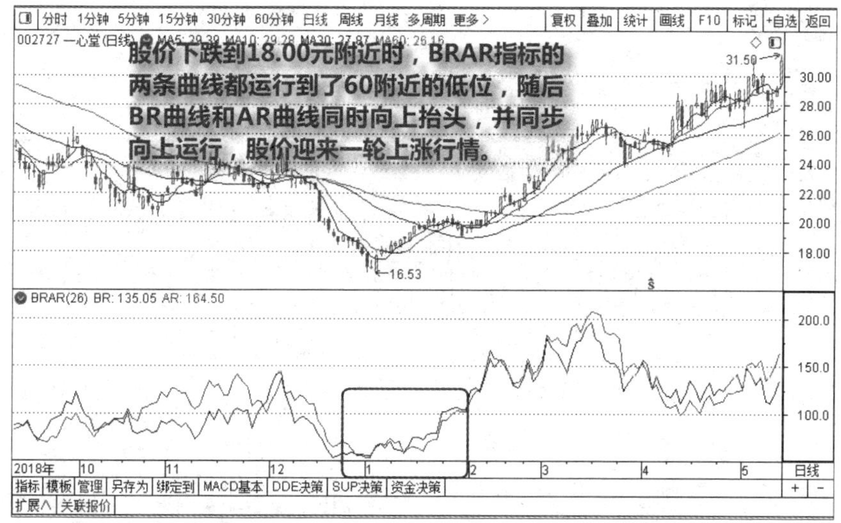

要点剖析

BRAR 指标处于低位并没有一个明确的界限，通常当指标值低于 80 时就可认为是低位了，但认为指标低于 40 才达到低位的判断结果要准确很多。BR 曲线和 AR 曲线在低位同步向上攀升，对两曲线的相对位置并没有特殊的要求。

操盘精髓

BR 曲线和 AR 曲线在低位出现同步向上攀升的情况时，表示股价下跌行情已经接近尾声，行情反转在即。

当 BR 曲线和 AR 曲线调头向上并突破 40 或 50 时，投资者可适量买入股票，如果任意一条曲线向下调头并运行到低于了向上调头前的低点位置，则形态不成立，股价可能继续下跌。

如果曲线调头后未破前次低点又再次调头上冲，则上涨行情可以确认，此时投资者可大胆买入。

分析实例 海正药业（600267）BR曲线和AR曲线在低位同时向上攀升

如下图所示为海正药业2018年6月至2019年1月的K线走势。

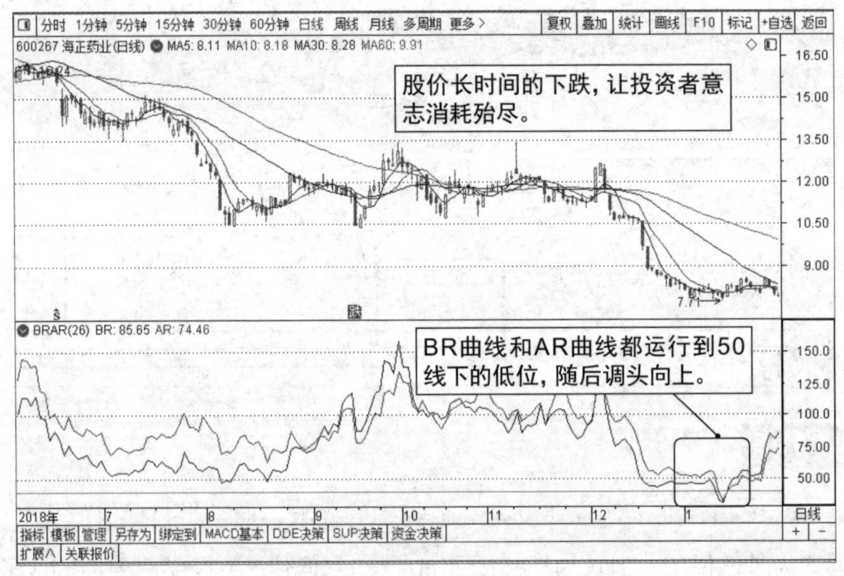

海正药业2018年6月至2019年1月的K线走势

从图中可以看出，该股前期处于下跌行情中，股价从16.00元附近下跌至12.00元附近止跌横盘，随后继续下跌，跌至3.00元附近止跌横盘。此时BRAR曲线也运行到50下，随后BRAR曲线同步调头向上运行，并突破50，向100逼近，说明该轮下跌行情已经见底，后市上涨的可能性较大。

如下图所示为海正药业2019年1月至4月的K线走势。

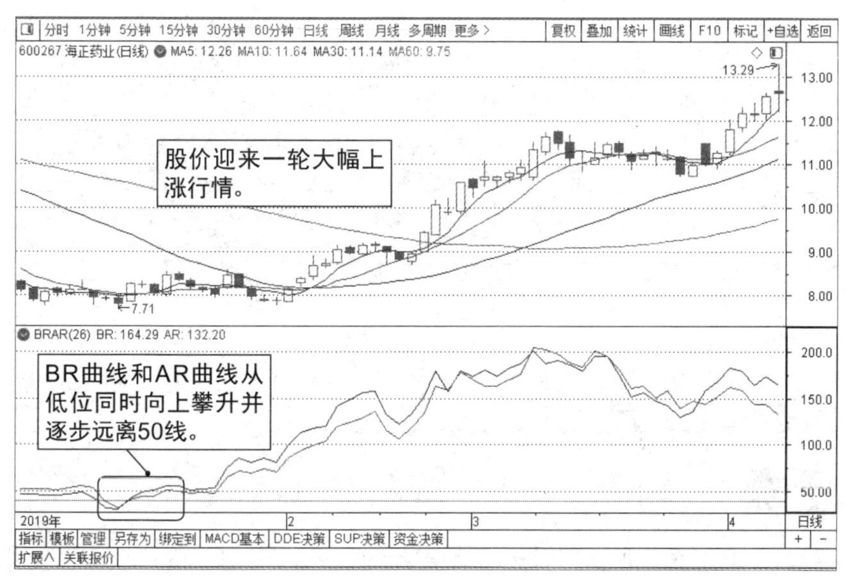

海正药业2019年1月至4月的K线走势

从上图可以看到，BR曲线和AR曲线从低位突破50线并逐步远离50线以后，与股价同时向上攀升，开始了一轮快速上涨行情。

NO.077

AR线和BR线在高位停滞不涨的图谱

股价在快速大幅上涨的过程中，AR曲线和BR曲线可能同时运行到一个较高位置并停滞不前，预示着股价顶部即将出现。

一图展示

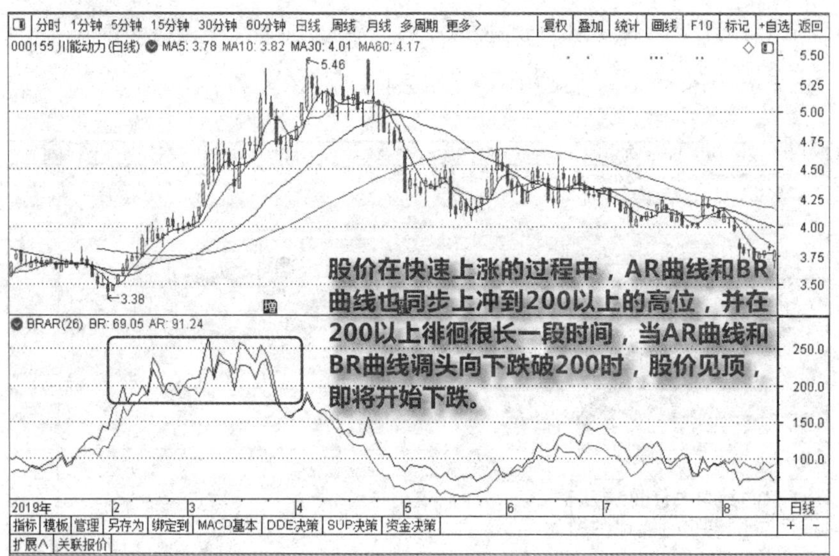

要点剖析

AR 曲线和 BR 曲线同时运行在较高的位置，说明股价正在强势上涨行情中。这里的较高位置也并没有一定的标准，通常当 AR 值和 BR 值同时大于 150 或 180 即可认为已经达到了相对高位。

操盘精髓

AR 指标和 BR 指标都在 100 以上时，表示行情处于多头行情，股价有上涨趋势。如果 AR 曲线和 BR 曲线同时运行到一个相对较高位置，说明股价上涨速度过快。当两曲线在高位停滞，不涨又不下跌时，表示股价上涨动力不足。

由于 AR 指标和 BR 指标都在较高位置，市场仍处于强势行情中，因此 AR 曲线和 BR 曲线在高位停滞不涨的过程中，股价仍会继续上涨。当 AR 曲线和 BR 曲线调头向下突破横向整理区时，股价顶部就已经形成，此时投资者应坚决离场，后市必将下跌。

分析实例 华数传媒（000156）BRAR指标在高位停滞不涨

如下图所示为华数传媒2018年10月至2019年4月的K线走势。

华数传媒2018年10月至2019年4月的K线走势

从图中可以看出，该股前期在8.00元价位线调整一段时间后，股价呈逐步上涨的趋势。同时，BRAR指标的两条曲线也同步向上运行，上冲到200至250区间的高位后停滞不涨，在高位徘徊近数个交易日后同时调头下行，跌破200继续向下，预示着股价顶部已经形成，后市看跌。投资者此时一定要坚决立场，否则后市将面临巨大损失。

如下图所示为华数传媒2019年3月至11月的K线走势。

从图中可以看出，当AR曲线和BR曲线在高位同步向下运行，跌破200以后继续下行，随后运行至100以下。股价结束了前期的上涨行情，开始了一轮长达8个月的下跌行情，股价从13.00元附近下跌至8.00元附近，跌幅达到38.5%。

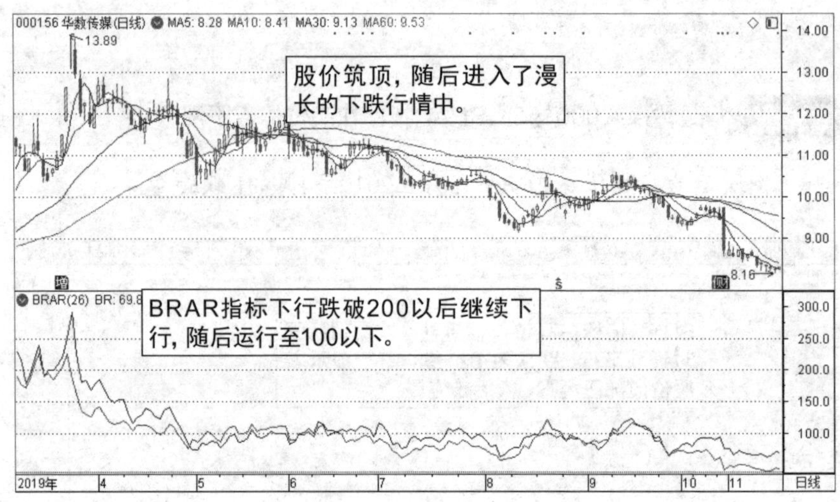

华数传媒2019年3月至11月的K线走势

NO.078

BR 线从高位回落但 AR 线没有调头的图谱

股价快速上涨将带动 BR 曲线快速冲高，BR 曲线从高位向下回落，而此时 AR 曲线却可能横向发展或者缓慢上扬。

一图展示

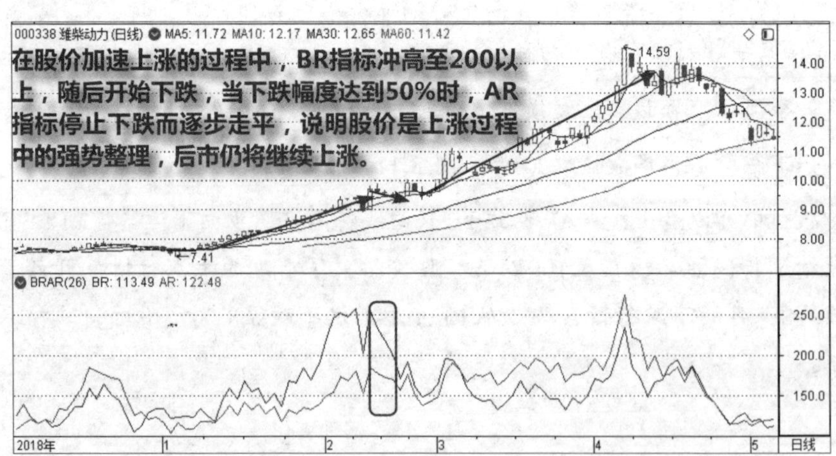

要点剖析

BR 曲线运行到 150 以上就可以算是在相对高位，而此时并没有要求 AR 曲线的位置。当 BR 曲线从高位向下调头时，AR 曲线可能也会随之有所下跌，但只要 BR 曲线下跌幅度达到或超过 50% 并继续下跌时，AR 曲线却平行发展甚至有所上涨，也可算作 BR 从高位下跌而 AR 却并没有下跌的行情。

操盘精髓

BR 曲线在高位向下调头而 AR 曲线并没有同步下跌的情况意味着股价是在上涨过程中的强势整理，只要两曲线不下破 100，投资者就可以持股待涨。

当股价回调到一定位置时，AR 曲线开始调头向上，即说明回调即将结束，行情可能继续上涨，此时大胆的投资者可适量买入，搏一轮冲高行情。

分析实例 紫光学大（000526）BR曲线从高位调头而AR曲线并未调头

如下图所示为紫光学大2019年5月至9月的K线走势。

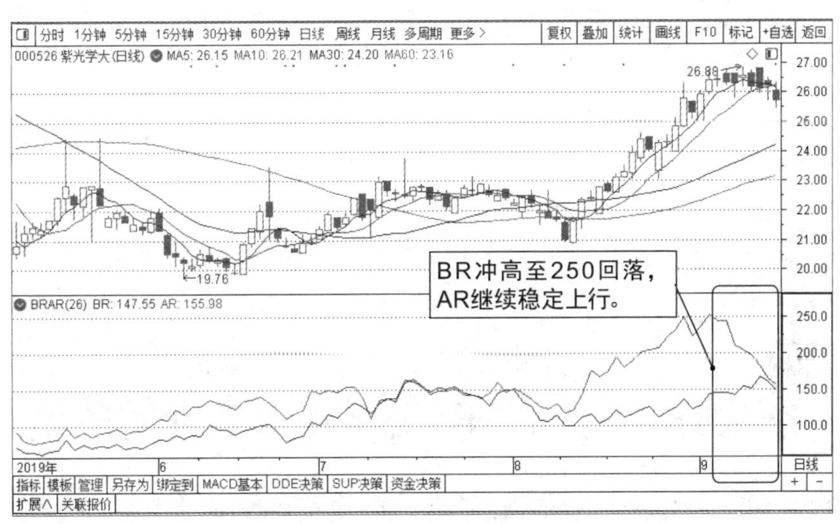

紫光学大2019年5月至9月的K线走势

从图中可以看到，该股在很长一段时间内始终不温不火，维持在21.00元附近波动。8月上旬K线收出连续大阳线，拉高股价，股价开始强势拉升，上涨至26.00元附近后止涨。此时AR、BR曲线同步上行，随后BR曲线与AR曲线拉开距离冲高至250，然后回落，但此时AR曲线并未随之回落，而继续平稳上行。

说明该股这轮上涨还未结束，此时为上涨途中的回调，AR曲线上行，说明回调即将结束，后市继续看涨。投资者不要着急出局，继续持股待涨。

如下图所示为紫光学大2019年7月至11月的K线走势。

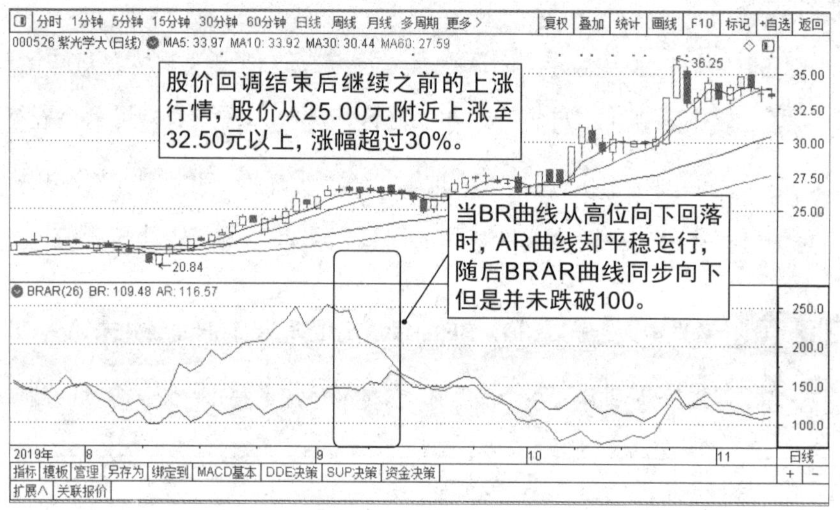

紫光学大2019年7月至11月的K线走势

从图中可以看出，当BR曲线从高位向下回落时，AR曲线却平稳运行，随后BRAR曲线同步向下但是并未跌破100。股价回调结束后继续之前的上涨行情，股价从25.00元附近上涨至32.50元以上，涨幅超过30%。

NO.079

BR线急速上升而AR线却并未上升的图谱

股价上涨到一定高度后，BR曲线急速向上攀升，而此时AR曲线却仍在横向整理甚至小幅回落。

一图展示

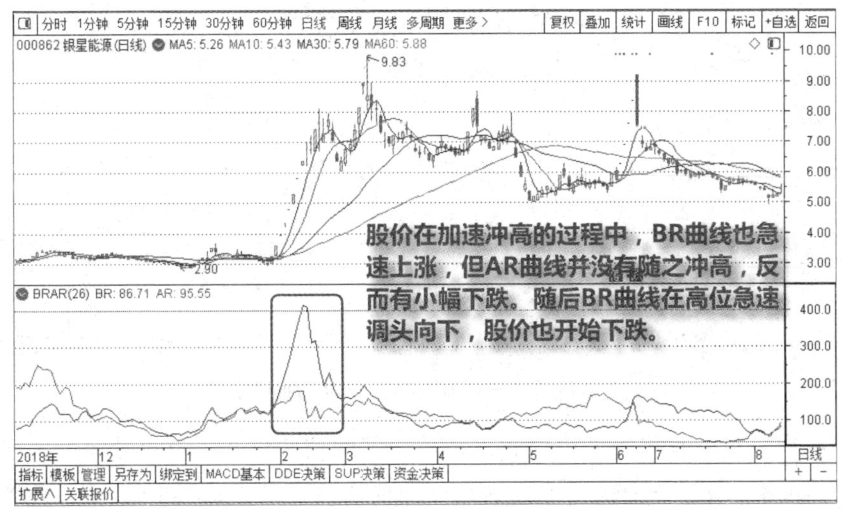

要点剖析

BR 指标代表了市场中投资者的买卖意愿，当 BR 急速向上攀升时，表示市场买入意愿增加，但代表市场人气的 AR 指标并没有随着人们的意愿增加，说明股价的上涨没有得到市场人气的支持，上涨动力不足。

操盘精髓

当 BR 加速冲高而 AR 并没有与之同步上扬，说明市场中人气与意愿形成背离情况，股价的上涨属非正常上涨行情，随时有下跌的可能，投资者宜逢高卖出。

当 BR 曲线冲高后开始回落，如果此时 AR 曲线仍然运行在一个较低位置，则投资者应坚决卖出股票，离场观望为宜。当 BR 向下回落到接近 AR 曲线的位置时，通常就是最后的卖出机会。

分析实例 一汽夏利（000927）BR曲线急速上升而AR曲线却缓慢下降

如下图所示为一汽夏利2018年11月至2019年4月的K线走势。

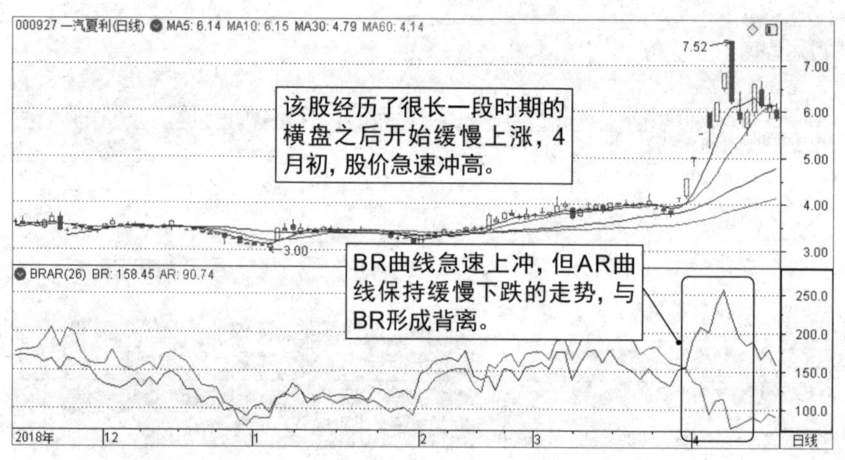

一汽夏利2018年11月至2019年4月的K线走势

从图中可以看出，该股经历了很长一段时期的横盘之后开始缓慢上涨，在2019年4月初股价急涨，在随后的几个交易日里，股价连续涨停，急速拉升。上涨至6.00元价位线后止涨横盘。

此时，BR曲线也随之急速上冲，冲高至250后急速下跌，但AR曲线却没有随之急涨急跌，而是保持缓慢下跌的走势。说明场内的这一波上涨为非正常行情，后市可能会继续下跌。

如下图所示为一汽夏利2019年4月至8月的K线走势。

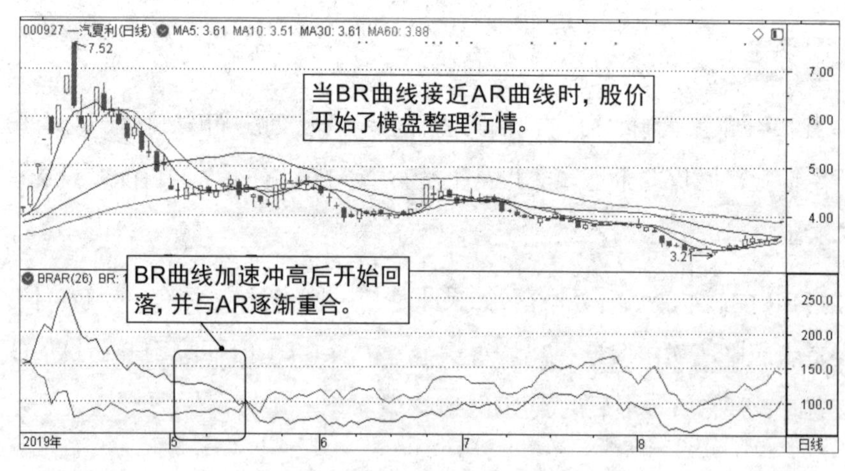

一汽夏利2019年4月至8月的K线走势

从图中可以看出，当BR曲线加速冲高回落后，AR曲线保持缓慢下跌，随后股价开始了急跌行情，当BR曲线接近AR曲线时，股价开始了横盘整理的行情。

NO.080

BR 线运行在 AR 线上方并同步上扬的图谱

股价在相对低位，BR 曲线始终保持在 AR 曲线上方运行，当 AR 开始慢慢上扬，与 BR 同步上行时，表示上涨行情已经来临。

一图展示

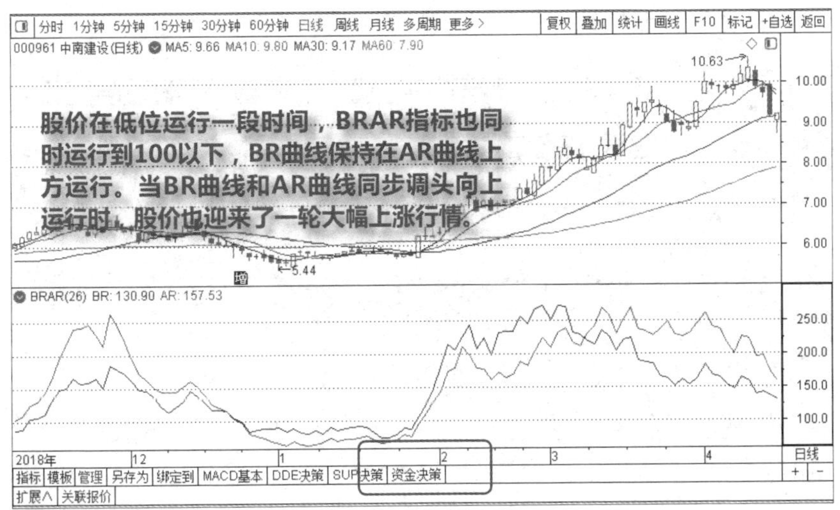

要点剖析

BRAR 指标的相对低位通常可以 80 或 60 为标准，指标的两条曲线同时运行在 80 或 60 以下，并且 BR 曲线长时间保持在 AR 曲线上方运行，如果此时股价也运行在一个较低位置，则当 AR 曲线缓慢上升并与 BR 曲线保持同步向上时，股价将迎来中长期上涨行情。

操盘精髓

当 BR 曲线和 AR 曲线同时运行在 80 或 60 以下的较低位置，并且 BR 曲线位于 AR 曲线之上时，表示市场人气低于投资者意愿，股价可能在低位横向整理筑底或在缓慢下跌过程中。

当 AR 曲线开始缓慢上移，表示市场人气在逐步增加。当两条曲线同步向上发展时，股价有上涨的可能，如果此时成交量也相对放大，则上涨行情可以确认。当两条曲线向上突破 80 线时，就是最好的买入时机。

分析实例 鲁阳节能（002088）BR曲线运行在AR曲线上方

如下图为鲁阳节能2018年9月至2019年4月的K线走势。

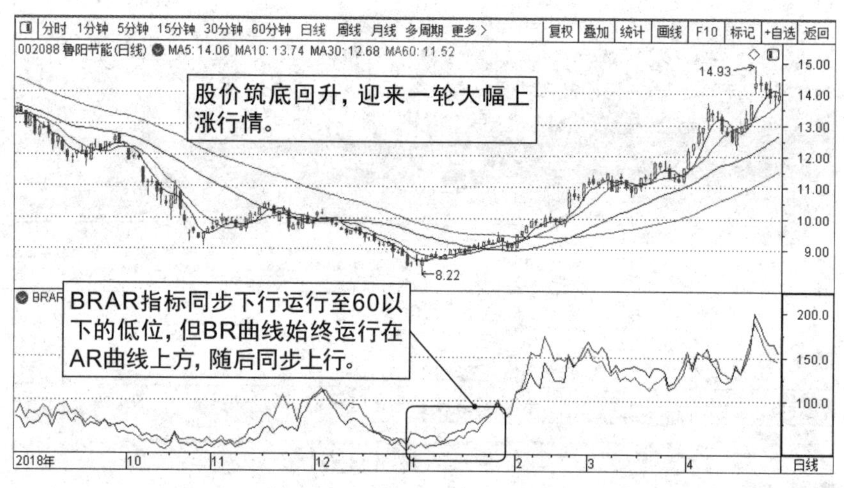

鲁阳节能2018年9月至2019年4月的K线走势

从图中可以看出，该股前期处于下跌行情，下跌至9.00元附近止跌横盘。此时查看BRAR指标，发现BRAR指标同步下行运行至60以下的低位，但BR曲线始终运行在AR曲线上方，随后它们同步上行。这是股价的筑底信号，后市看涨。

通过后市的发展也可以看到，BRAR指标同步上行之后，该股迎来了一轮大幅上涨行情。

第 7 章

用图掌握MACD

平滑异同移动平均线属于一种趋势型指标，其英文全称为 Moving Average Convergence and Divergence，简写为MACD。该指标通过各曲线和取值以及位置关系来判断股票的买卖时机，跟踪股价的运行趋势。

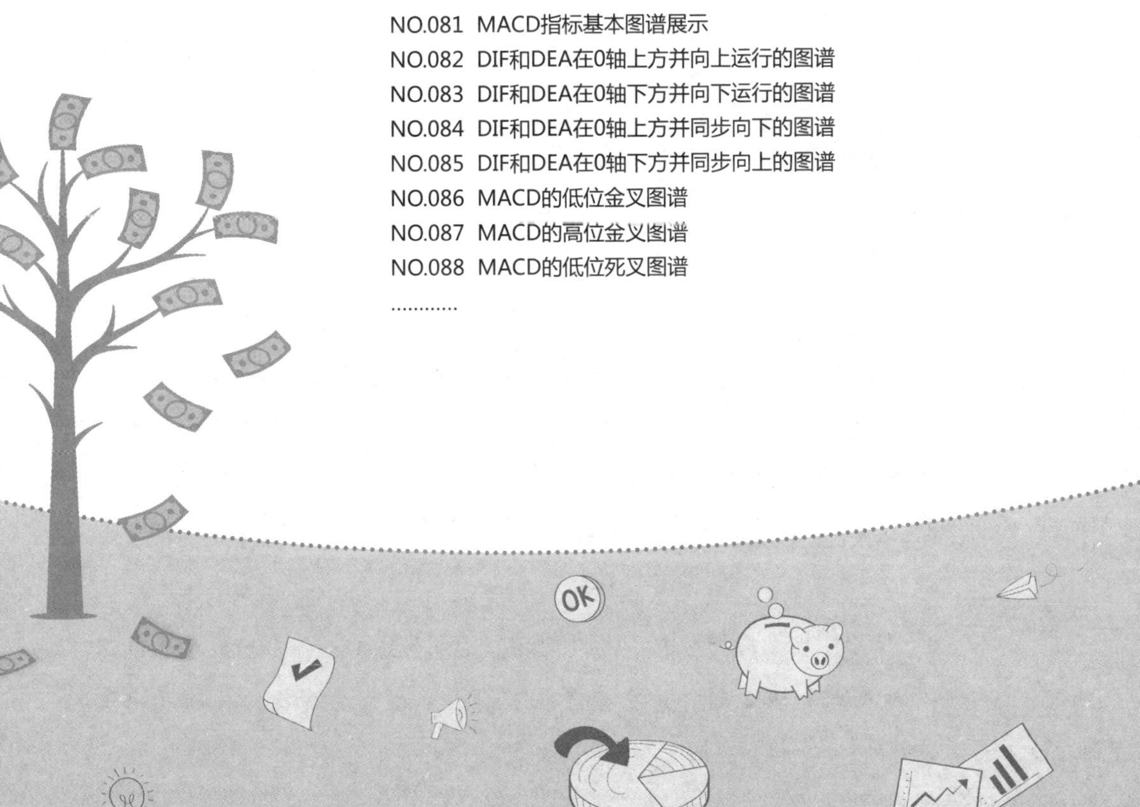

NO.081

MACD 指标基本图谱展示

MACD 指标属于趋势型指标，由 DIF 和 DEA 两条曲线以及 MACD 彩色柱状线组成，是技术分析中使用最多的一种指标。

一图展示

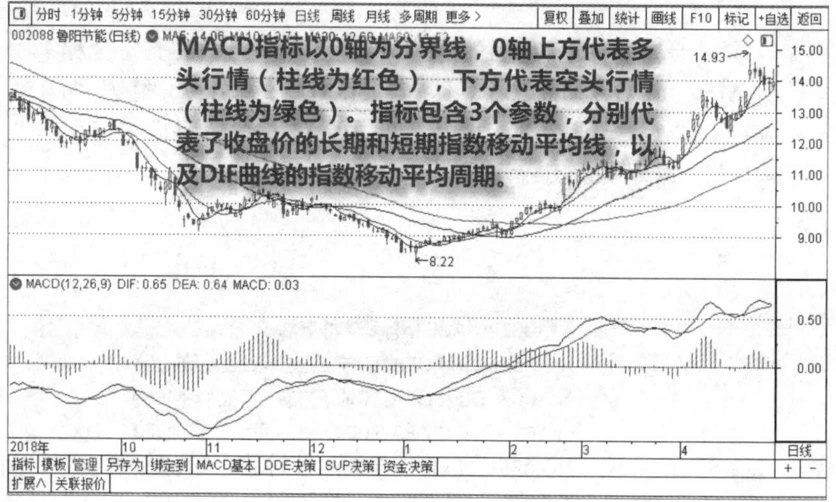

操盘精髓

通常情况下，MACD 指标的 3 个参数分别取值为 12、26 和 9。在实际应用中，可根据 DIF 曲线与 DEA 曲线的取值以及运行情况来判断买卖时机。

◆ 如果DIF曲线与DEA曲线同时运行在0轴上方，当DIF曲线从下向上突破DEA曲线时，视为买入时机。

◆ 如果DIF曲线与DEA曲线同时运行在0轴下方，当DIF曲线从上向下穿破DEA曲线时，视为卖出时机。

◆ MACD柱状线的长短表示了DIF曲线与DEA曲线的差值，当柱状线逐渐缩短时，表示趋势正在减弱。MACD柱状线由红变绿，视为卖出信号；MACD柱状线由绿变红，视为买入信号。

◆ 当股价与MACD指标中的DEA曲线形成背离情况时，表示行情即将反转，可根据背离情况决定买入或卖出。

NO.082

DIF 和 DEA 在 0 轴上方并向上运行的图谱

DIF 曲线和 DEA 曲线同时运行在 0 轴上方，表示当前市场为多头市场，如果两曲线向上运行，说明股价仍会继续上涨。

一图展示

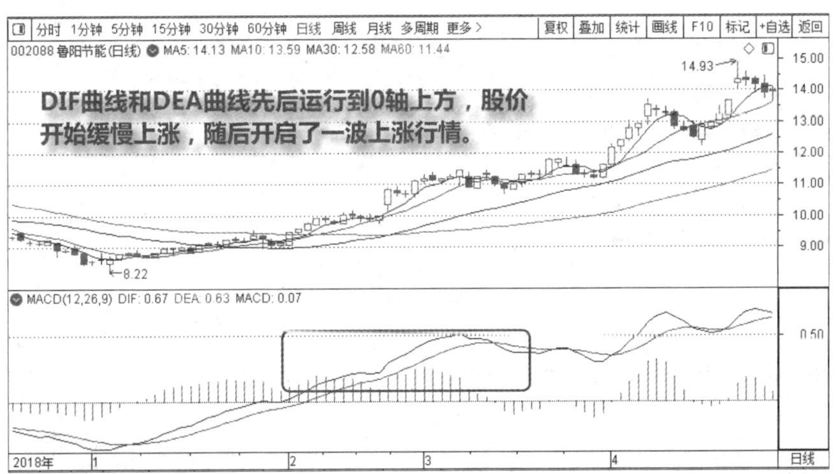

要点剖析

DIF 曲线和 DEA 曲线的运行方向基本与股价运行方向相同，当 DIF 曲线和 DEA 曲线始终在 0 轴上方并保持向上趋势时，投资者就可持股待涨。

操盘精髓

当 DIF 曲线和 DEA 曲线先后上穿 0 轴时，表示已由空头市场转为多头市场，当 DEA 曲线上穿 0 轴时可适量买进。DIF 曲线在 0 轴以上向下穿破 DEA 曲线，只要不向下穿破 0 轴，就可能是上涨过程中的短期回调，投资者不宜急于卖出。

要点提示 *DIF 曲线和 DEA 曲线的意义*

MACD 指标中包含了 DIF 和 DEA 两条曲线，其中 DIF 是核心，DEA 为辅助。DIF 曲线表示收盘价的短期（参数 SHORT，默认值为 12）指数平滑移动平均与收盘价的长期（参数 LONG，默认值为 26）指标平滑移动平均的差值；DEA 曲线代表了 DIF 曲线的 M 日指数平均移动平均。

分析实例 梦网集团（002123）DIF和DEA在0轴以上向上运行

如下图所示为梦网集团2018年3月至2019年1月的K线走势。

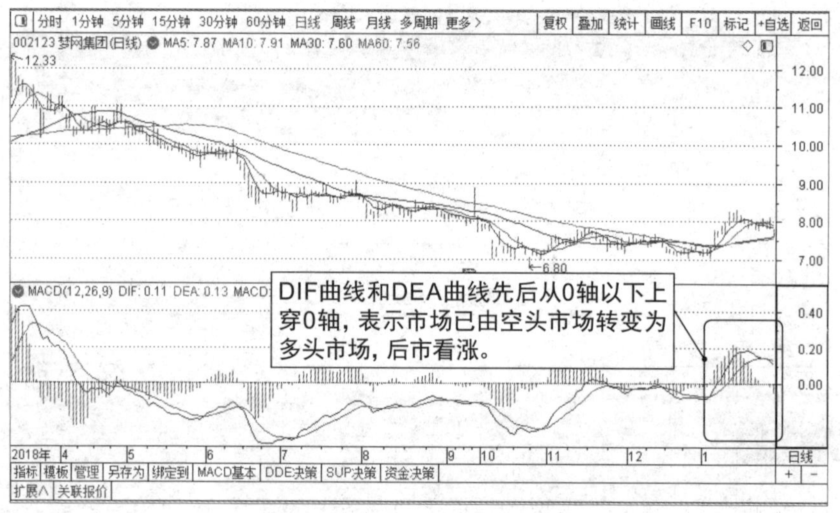

梦网集团2018年3月至2019年1月的K线走势

从上图可以看到，该股处于下跌行情中，在2018年4月底，DIF和DEA从0轴上方向下运行，并跌破0轴，随后在0轴下方波动了8个月左右，股价也从12.00元附近下跌至7.00元左右。

2019年1月初，DIF和DEA先后由下上穿0轴，并继续上行，说明场内已由空头市场转为多头市场，后市将迎来一波上涨行情。投资者此时可以适量买进。

如下图所示为梦网集团2018年12月至2019年4月的K线走势。

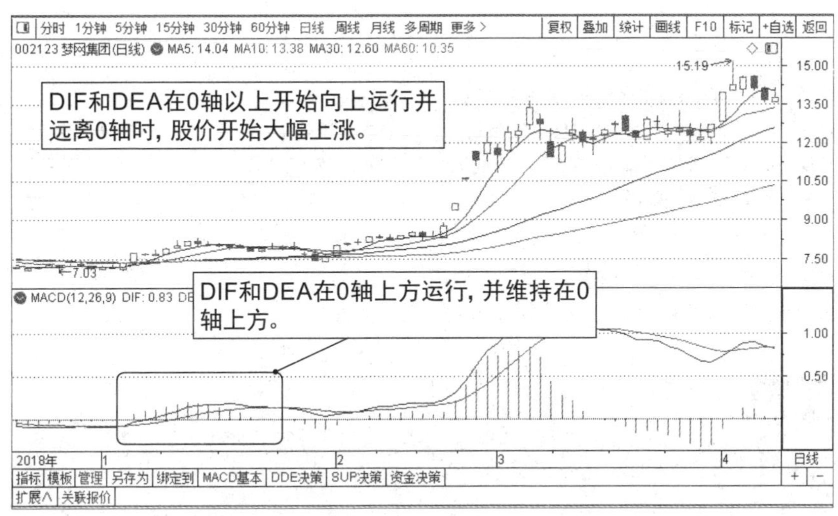

梦网集团2018年12月至2019年4月的K线走势

从图中可以看出，DIF和DEA在0轴以上开始向上运行并远离0轴时，股价开始大幅上涨，从7.50元上涨至15.00元附近，出现翻倍行情。投资者如果在DIF和DEA上穿0轴时买入必然获得不菲的收益。

NO.083

DIF 和 DEA 在 0 轴下方并向下运行的图谱

DIF 曲线和 DEA 曲线同时运行在 0 轴下方，表示当前市场为空头市场，如果两曲线向下运行，说明股价仍会继续下跌。

一图展示

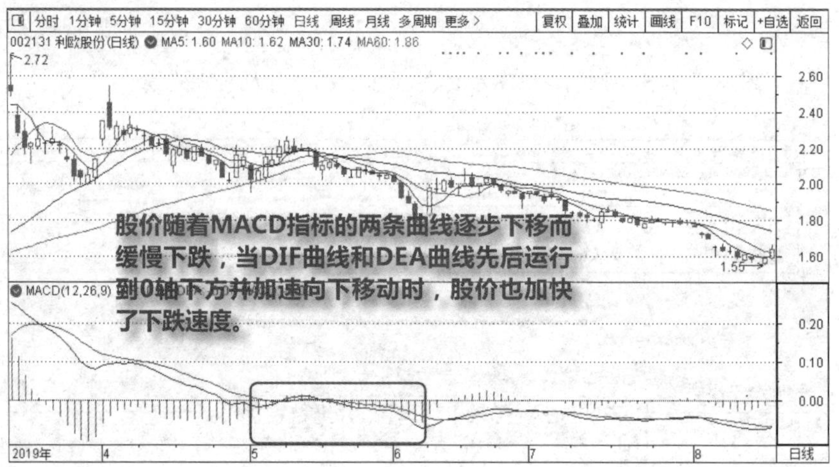

要点剖析

DIF曲线和DEA曲线从0轴上方运行到0轴下方时，表示下跌行情已经开始，如果此时两条曲线保持相对位置不变而同步向下运行，则说明股价在加速下跌。MACD指标曲线下跌速度越快，股价下跌的速度也会越快。

操盘精髓

当DIF曲线和DEA曲线在0轴下方并继续向下运行时，投资者切莫主动介入，当两曲线有加速下滑趋势时应坚决离场。

要点提示 *DIF 曲线的值是如何计算的*

在以通达信为核心的炒股软件中，DIF 曲线的计算公式为 EMA(CLOSE, SHORT)–EMA(CLOSE,LONG)，表示收盘价的 SHORT 日指数平滑移动平均与收盘价的 LONG 日指数平滑移动平均的差，其中 EMA 为通达信系统函数，用于计算给定参数的指数平均移动平均数。

分析实例　广宇集团（002133）DIF和DEA在0轴以下向下运行

如下图所示为广宇集团2018年12月至2019年5月的K线走势。

广宇集团2018年12月至2019年5月的K线走势

从上图可以知道，该股前期表现上涨行情，股价上涨至4.40元附近后止涨，并在4.2元价位线附近横盘。随后K线收出几根大阴线将股价拉低至3.60元后止跌回升。

此时查看MACD发现，DEA和DIF随着股价的急速下跌，跌至0轴以下，并保持继续下行的走势。说明此轮下跌还未结束，市场内的空方动能还未释放完全，后市继续下跌。

如下图所示为广宇集团2019年4月至8月的K线走势。

从图中可以看出，当DIF曲线与DEA曲线同时运行在0轴附近并继续向下运行时，股价的下跌速度加快。

随后当DIF曲线与DEA曲线保持在0轴下方运行，时间长达4个月左右。该股股价继续走弱。如果投资者前期没有及时出逃，则很有可能被套牢，将损失惨重。

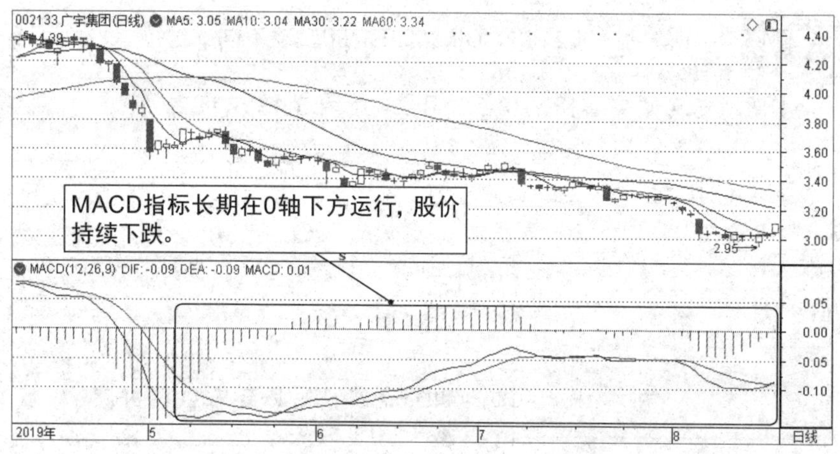

广宇集团2019年4月至8月的K线走势

NO.084

DIF 和 DEA 在 0 轴上方并同步向下的图谱

在多头行情中，DIF 曲线和 DEA 曲线会同步运行在 MACD 指标的 0 轴以上。在下跌行情的初期，DIF 曲线和 DEA 曲线会同步向下发展。

一图展示

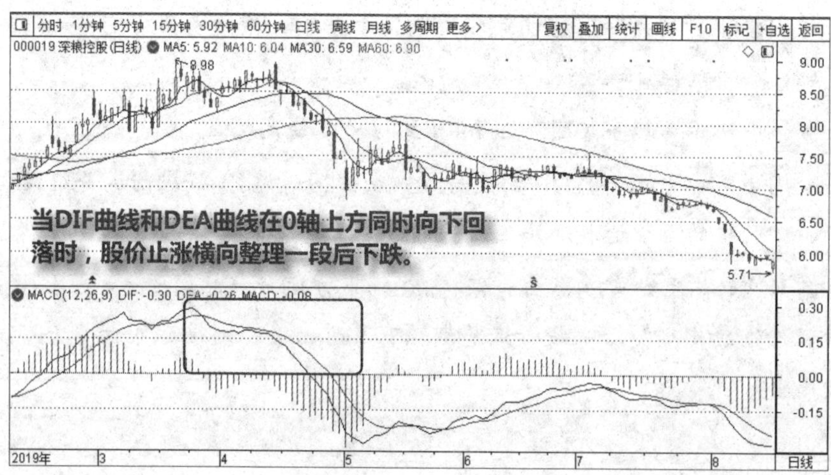

要点剖析

DIF 曲线和 DEA 曲线在 0 轴上方时，股价上涨会消耗很多多头力量，当两曲线同步调头向下时，表明空方力量已经初显苗头。

操盘精髓

DIF 曲线和 DEA 曲线在 0 轴上方向下运行时，MACD 柱线必定会有一段时间处于 0 轴下方，对于激进型的短线投资者而言，当 DIF 曲线向下交叉 DEA 曲线时，就可以及时卖出持股。

对于保守型中长线投资者而言，只要 DIF 曲线和 DEA 曲线不下穿破 0 轴，行情就仍由多头主导，即使有所下跌，也是短期的。只有当 DIF 曲线和 DEA 曲线向下穿破 0 轴时，市场主导权才会落入空头手中，而此时也就是最后的卖出时机。

分析实例 富奥股份（000030）DIF和DEA在0轴上方并同步向下

如下图所示为富奥股份2019年1月至4月的K线走势。

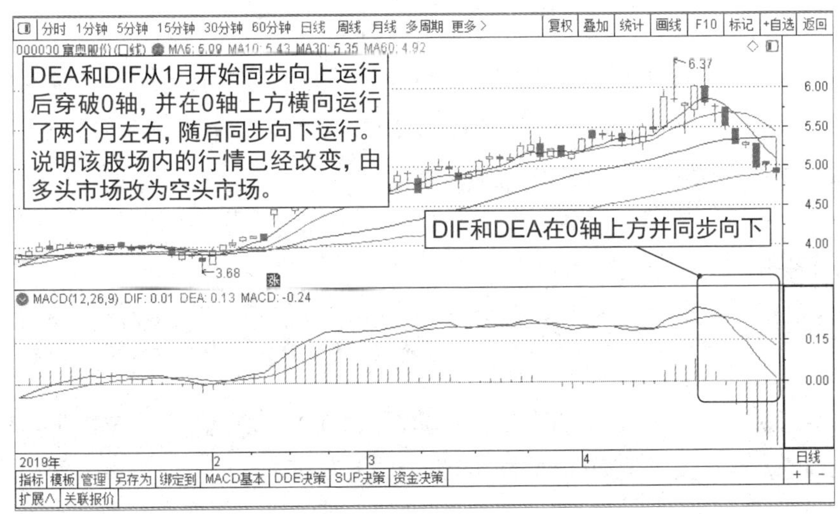

富奥股份2019年1月至4月的K线走势

从图中可以看到，该股处于上升行情中，股价从4.00元附近上涨至6.00元附近止涨下跌。此时查看MACD发现，DEA和DIF从1月开始同步向上运行后穿破0轴，并在0轴上方横向运行了两个月左右，随后同步向下运行。说明该股场内的行情已经改变，由多头市场改为空头市场，股价见顶下跌，后市继续看跌。

如下图所示为富奥股份2019年4月至7月的K线走势。

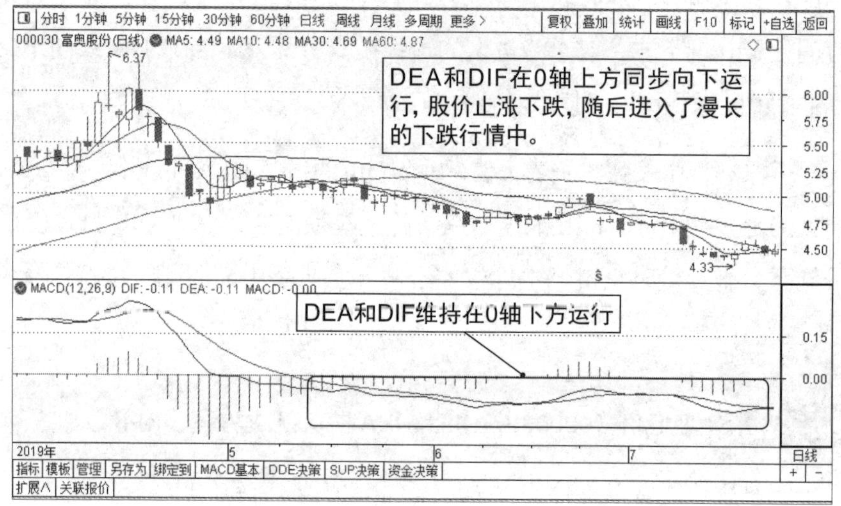

富奥股份2019年4月至7月的K线走势

从图中可以看到，DEA和DIF在0轴上方同步向下运行，股价止涨下跌。随后DEA和DIF跌至0轴以下，并维持了3个月左右，该股也进入了3个月左右的缓慢下跌行情。

NO.085

DIF和DEA在0轴下方并同步向上的图谱

在空头行情中，DIF曲线和DEA曲线会同步运行在MACD指标的0轴以下。在上升行情的初期，DIF曲线和DEA曲线会同步向上发展。

一图展示

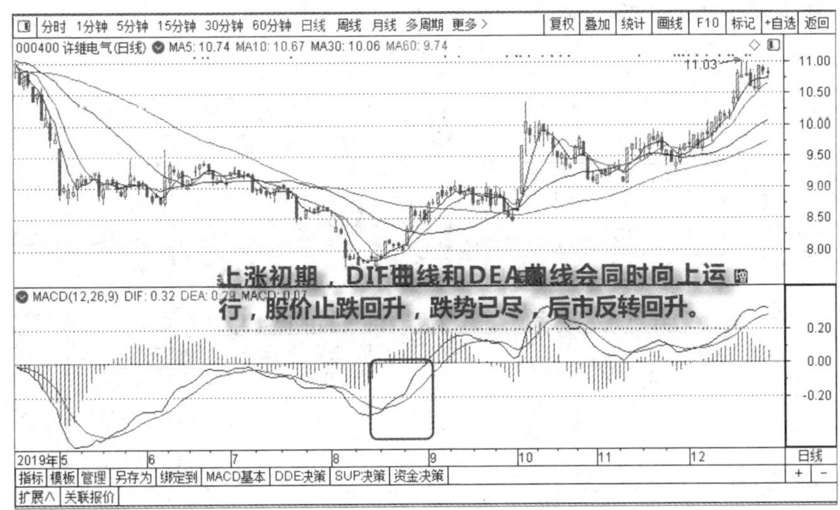

要点剖析

DIF 曲线和 DEA 曲线在 0 轴下方时，股价下跌会使多方力量逐步积聚，当两曲线同步调头向上时，表明多方力量已经初显苗头，股价有转跌为涨的可能。

操盘精髓

DIF 曲线和 DEA 曲线在 0 轴下方向上运行时，MACD 柱线必定会有一段时间处于 0 轴上方，对于激进型短线投资者而言，当 DIF 曲线向上交叉 DEA 曲线时，就可以适量买入以做试探性投资。

对于保守型的中长线投资者而言，只要 DIF 曲线和 DEA 曲线不上破 0 轴，行情就仍由空头主导，只有当 DIF 曲线和 DEA 曲线向上突破 0 轴时，行情的转势才可以确定。此处，对于股价在低位反转上涨，通常都需要有成交量放大的配合。

分析实例 航天电器（002025）DIF和DEA在0轴下方并同步向上

如下图所示为航天电器2019年3月至6月的K线走势。

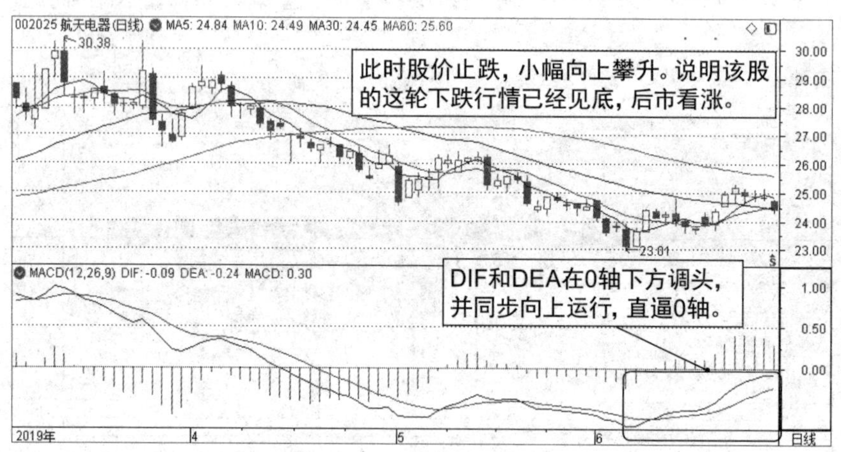

航天电器2019年3月至6月的K线走势

从图中可以看出，股价处于下跌行情中，MACD指标的两条曲线同步下行后运行到0轴以下，随后一直在0轴下方运行，股价大幅下跌。6月上旬DIF和DEA在0轴下方调头，并同步向上运行，直逼0轴，此时股价止跌，小幅向上攀升。说明该股的这轮下跌行情已经见底，后市将反转上涨。

如下图所示为航天电器2019年5月至9月的K线走势。

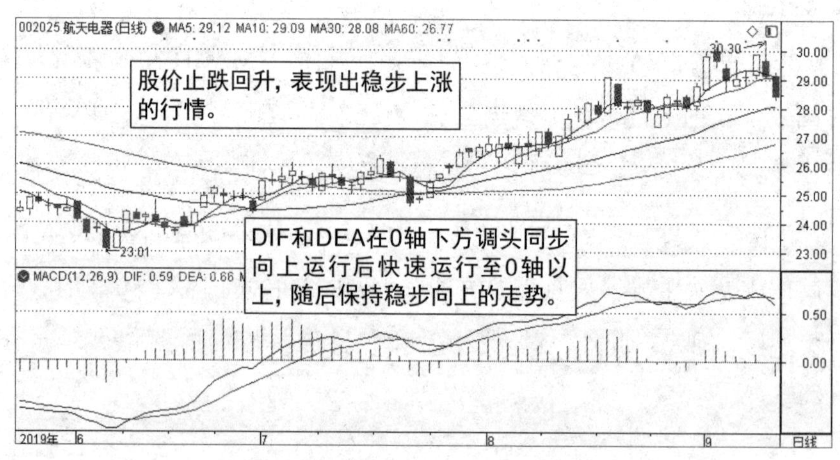

航天电器2019年5月至9月的K线走势

从图中可以看出，DIF和DEA在0轴下方调头同步向上运行后很快运行至0轴以上，随后保持稳步向上的走势。股价也止跌回升，表现出稳步上涨的行情，股价从23.00元附近上涨至29.00元附近。

NO.086

MACD 的低位金叉图谱

MACD 指标的 DIF 曲线和 DEA 曲线同步运行在 0 轴下方，当 DIF 曲线从下向上穿破 DEA 曲线形成交叉时，即为 MACD 的低位金叉。

一图展示

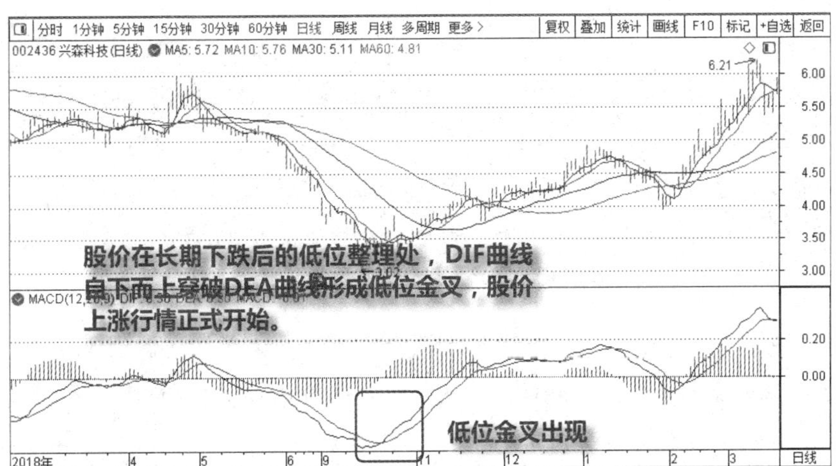

要点剖析

MACD 指标的低位金叉是需要 MACD 指标的 DIF 曲线和 DEA 曲线运行在 0 轴下方，并且交叉点也必须位于 0 轴下方，在两曲线交叉后同步向上运行并要有效上穿 0 轴。

操盘精髓

MACD 指标的低位金叉是典型的买入信号，它预示着股价的行情将由弱转强，当两曲线发生低位金叉时，激进型投资者就可以适量买入。如果两曲线发生金叉后并没有快速向上穿破0轴，则后市上涨的可能性不大。

分析实例 日海智能（002313）MACD出现低位金叉

如下图所示为日海智能2018年6月至11月的K线走势。

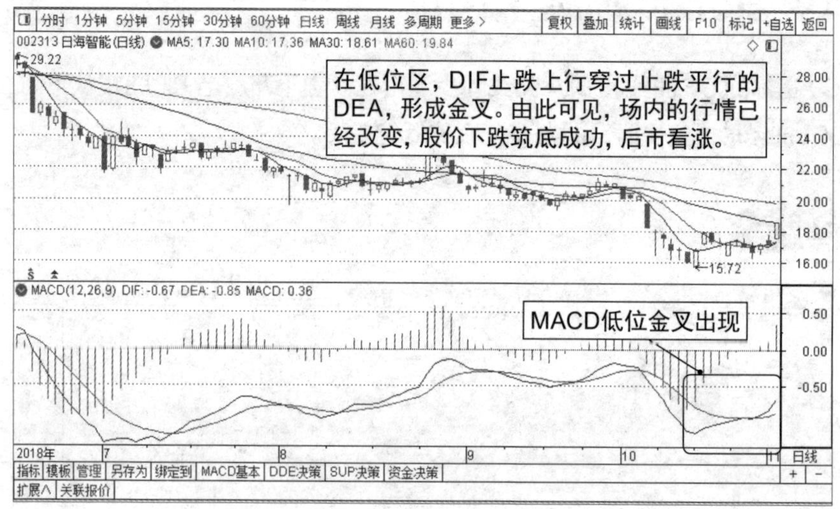

日海智能2018年6月至11月的K线走势

从图中可以看出，该股处于下跌行情中，股价从28.00元附近下跌至16.00元附近止跌横盘，跌幅达到42%，说明此轮下跌已经达到相对低点位置。此时查看MACD发现，原本0轴下方运行的DIF和DEA，DIF调头上行穿过止跌平行的DEA，形成金叉。由此可见，场内的行情已经改变，股价下跌筑底成功，后市看涨。

如下图所示为日海智能2018年10月至2019年4月的K线走势。

从图中可以看到，该股股价果然在16.00元附近筑底，MACD金叉出现后股价开始回升，走出稳定上涨的行情。股价从16.00元上涨至26.00元左右，涨幅达到62%。

另外该轮上涨行情维持了5个多月，涨势稳定。说明MACD低位金叉是可靠的股价见底回升信号，投资者发现该信号时可以大胆入场。

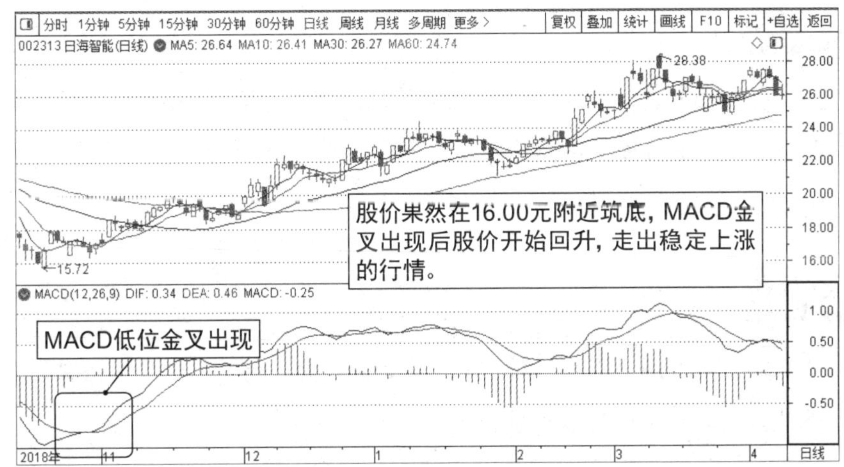

日海智能2018年10月至2019年4月的K线走势

NO.087

MACD 的高位金叉图谱

MACD 指标的 DIF 曲线和 DEA 曲线同时运行在 0 轴上方，当 DIF 曲线从下向上穿破 DEA 曲线形成交叉时，即为 MACD 的高位金叉。

一图展示

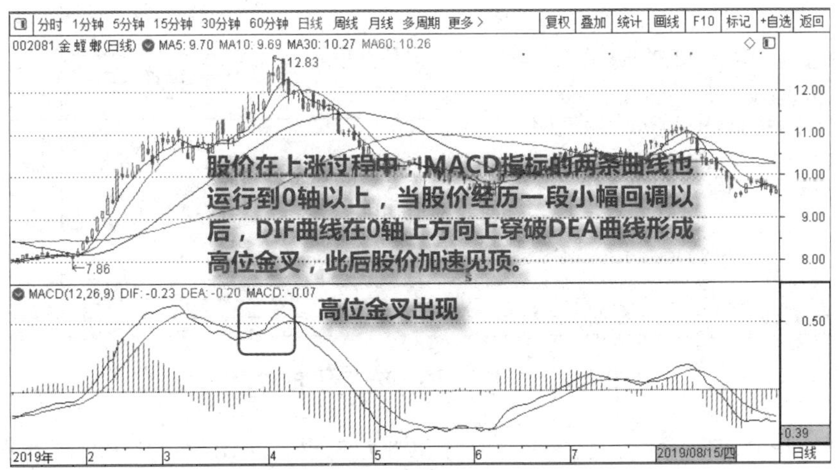

要点剖析

DIF 曲线和 DEA 曲线运行在 0 轴上方，表示市场正由多头主导，如果 DIF 曲线在 0 轴上方与 DEA 曲线形成金叉，则表示股价刚经历了上涨过程中的一轮小幅回调行情，在金叉形成后股价仍将继续上涨。

操盘精髓

MACD 指标的高位金叉是行情继续强势上涨的信号，在高位金叉发生时投资者可适量跟进，搏短线上涨行情。

如果 MACD 在形成高位金叉以后，两曲线并没有明显向上的趋势，而是交织前行并有向下的趋势，则应及时出逃，这是行情见顶的信号，股价在短时间内就可能转涨为跌，下跌速度可能会很快。

分析实例 广田集团（002482）MACD高位金叉出现

如下图所示为广田集团2018年10月至2019年4月的K线走势。

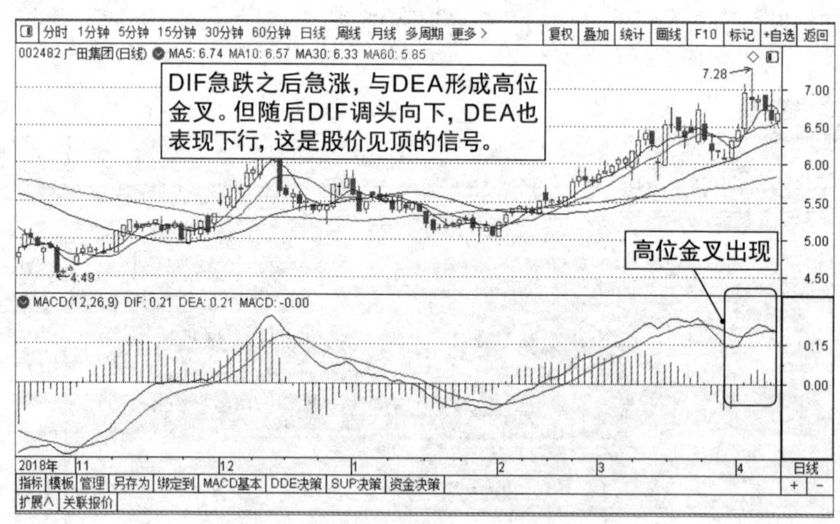

广田集团2018年10月至2019年4月的K线走势

从图中可以看出，股价整体处于上升行情中，2018年12月中旬虽然出现小幅下跌回调，但很快继续拔高向上攀升。当股价在2019年3月下旬运行至6.50元附近时，突然止涨下跌，经过一轮短暂下跌后，K线连续收出几根大阳线，使股价从6.50元附近开始加速上涨。

此时查看MACD指标，发现DEA和DIF在0.15以上的区域运行，DIF急跌之后急涨，与DEA形成高位金叉。但随后DIF调头向下，DEA也表现下行。这是股价见顶的信号，投资者要尽快抛售持股出逃。

如下图所示为广田集团2019年1月至7月的K线走势。

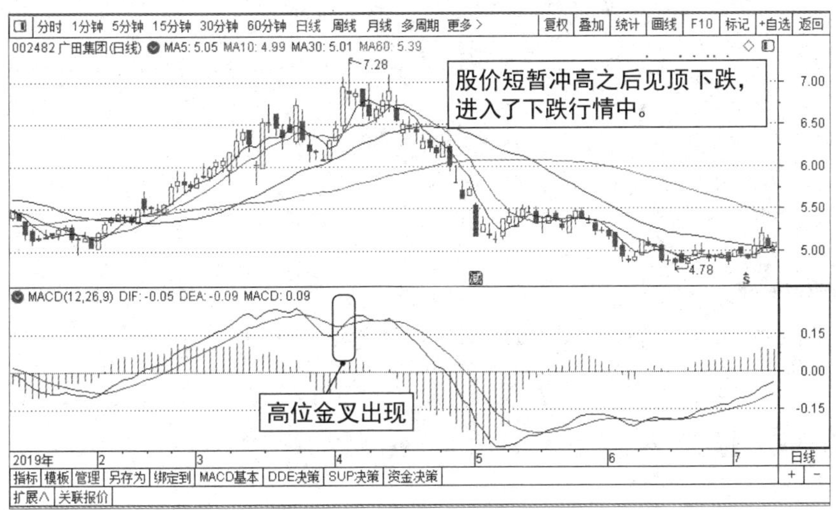

广田集团2019年1月至7月的K线走势

从图中可以看出，DIF与DEA形成高位金叉后，并没有继续上行，而是调头急转直下，运行至0轴以下，并稳定维持在0轴下方。股价短暂冲高之后见顶下跌，进入了下跌行情中。

NO.088 MACD的低位死叉图谱

MACD 指标的 DIF 曲线和 DEA 曲线同时运行在 0 轴下方，当 DIF 曲线从上向下穿破 DEA 曲线形成交叉时，即为 MACD 的低位死叉。

一图展示

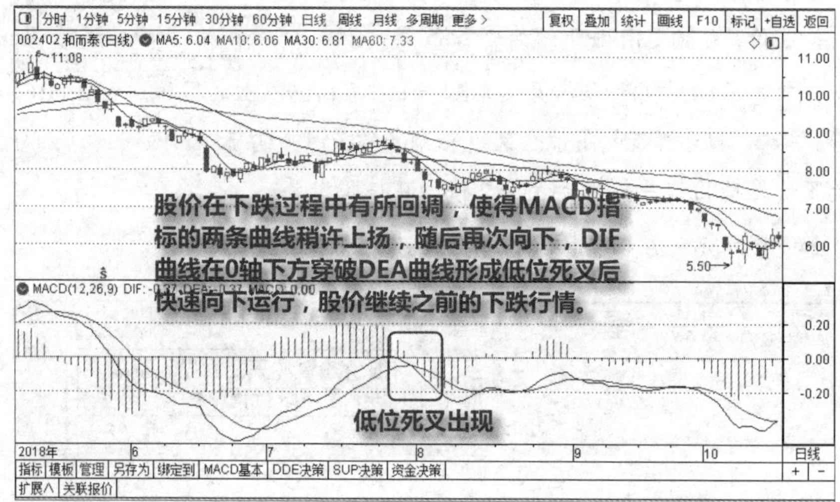

要点剖析

MACD 指标的低位死叉需要两条曲线都运行在 0 轴以下，并且 DIF 曲线向下交叉 DEA 曲线的位置也必须要低于 0 轴。死叉发生的位置越低，股价下跌的空间就越小，反之股价下跌的空间就越大。

操盘精髓

MACD 指标的低位死叉是股价将进一步下跌的信号，根据死叉发生后两曲线的走势情况，投资者可采取不同的操作方式。

- 如果MACD指标低位死叉发生以后，DIF曲线和DEA曲线保持一定的相对距离快速向下运行，则应坚决卖出持股。
- 如果MACD指标低位死叉发生以后，DIF曲线和DEA曲线交织前行并且有逐步向上的趋势，则行情可能见底回升，可少量试探性买入。

分析实例 北京科锐（002350）MACD出现低位死叉

如下图所示为北京科锐2019年4月至7月的K线走势。

北京科锐2019年4月至7月的K线走势

从图中可以看到，该股处于下跌行情中，股价从7.50元附近下跌至6.25元附近止跌，横盘运行，甚至出现小幅上涨行情，随后继续下跌。

此时查看MACD发现，随着股价的下跌，DEA和DIF下行运行至0轴下方，随后止跌回升，但没有突破0轴就调头下行，并形成死叉。这是行情进一步走弱的信号，说明后市股价将继续之前的下跌行情。

如下图所示为北京科锐2019年3月至8月的K线走势。

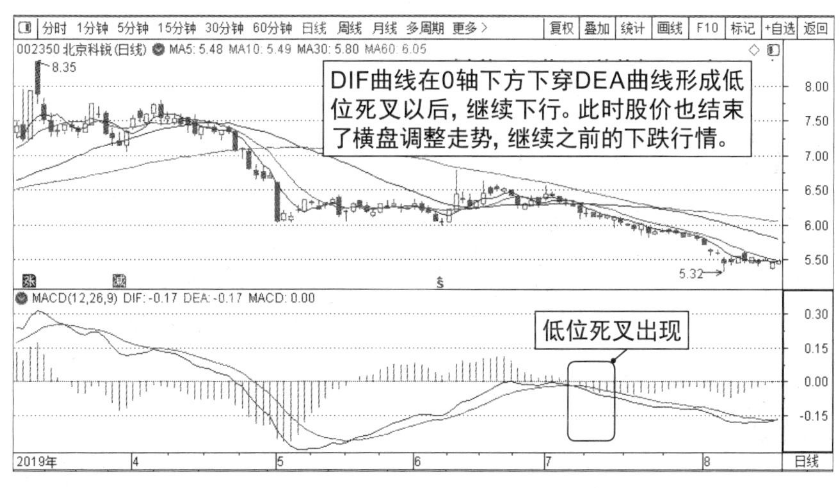

北京科锐2019年3月至8月的K线走势

从图中可以看出，DIF曲线在0轴下方下穿DEA曲线形成低位死叉以后，继续下行。此时股价也结束了横盘调整走势，继续之前的下跌行情。

NO.089

MACD 的高位死叉图谱

MACD 指标的 DIF 曲线和 DEA 曲线同时运行在 0 轴上方，当 DIF 曲线从上向下穿破 DEA 曲线形成交叉时，即为 MACD 的高位死叉。

一图展示

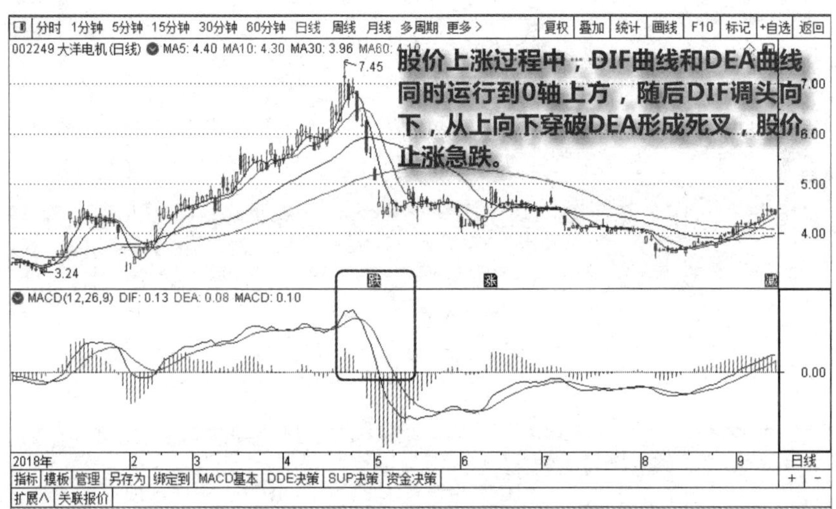

要点剖析

MACD 指标的高位死叉出现在股价大幅下跌的初期，需要注意的事，当 DIF 曲线在 0 轴上方向下交叉 DEA 曲线以后，两曲线要快速向下移动并穿破 0 轴。两曲线交叉的位置距离 0 轴越远，后市下跌的可能性就越大。

操盘精髓

根据 DIF 曲线在 0 轴上方向下交叉 DEA 曲线以后，两曲线的发展趋势不同，投资者可采取不同的操作方式。

◆ MACD指标高位死叉发生在距离0轴较远的位置，DIF曲线和DEA曲线同时快速向下运行，则投资者应坚决卖出持股，因为后市下跌速度和幅度都比较惊人。

◆ MACD指标高位死叉发生在距离0轴较近的位置，DIF曲线和DEA曲线交织前行并且有逐步向上的趋势，则视为上涨过程中的回调行情，投资者可试探性买入。

分析实例 垒知集团（002398）MACD的高位死叉

如下图所示为垒知集团2019年1月至4月的K线走势。

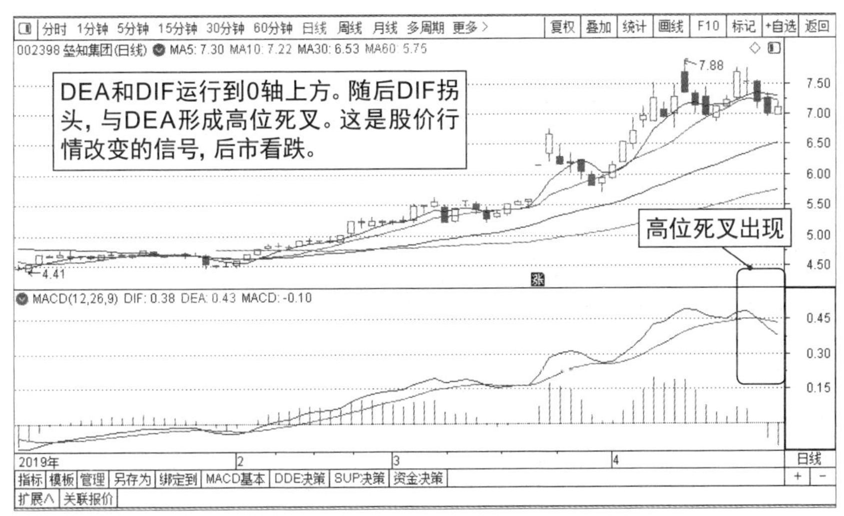

垒知集团2019年1月至4月的K线走势

从图中可以看出，股价从2月开始逐步上涨，上涨至7.00元附近后止涨横盘。此时查看MACD指标发现，两条曲线也同步向上运行到0轴上方。随后DIF拐头，与DEA形成高位死叉。这是股价行情改变的信号，说明后市股价将止涨下跌，表现下跌行情。

如下图所示为垒知集团2019年4月至8月的K线走势。

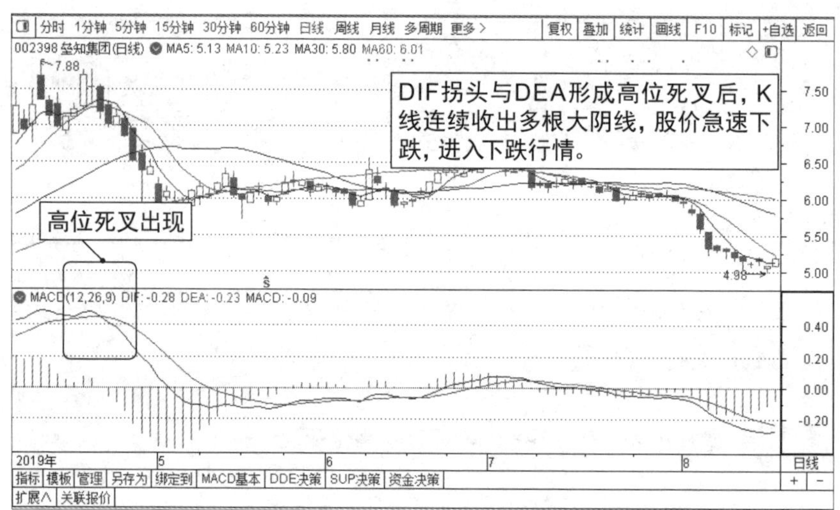

垒知集团2019年4月至8月的K线走势

从图中可以看出，DIF拐头与DEA形成高位死叉后，K线连续收出多根大阴线，股价急速下跌，进入下跌行情。随后虽然股价止跌，但横盘了3个月左右，又开始了下跌行情。

NO.090

红柱线持续放大的图谱

当 MACD 指标的 DIF 曲线运行在 DEA 曲线上方时，MACD 柱线显示为红色，红色柱线持续放大，表示 DIF 曲线在向上远离 DEA 曲线。

要点提示 *MACD 柱线数值是如何计算出来的*

MACD 指标的中红绿柱线代表了 DIF 曲线与 DEA 曲线的差值，在以通达信为核心的炒股软件中，其计算公式为“(DIF−DEA)×2”，即 DIF 的值与 DEA 的值的差的两倍。当 MACD 柱线在 0 轴附近反复变换颜色时，DIF 曲线与 DEA 曲线也会在一个窄幅范围内交织前行。

一图展示

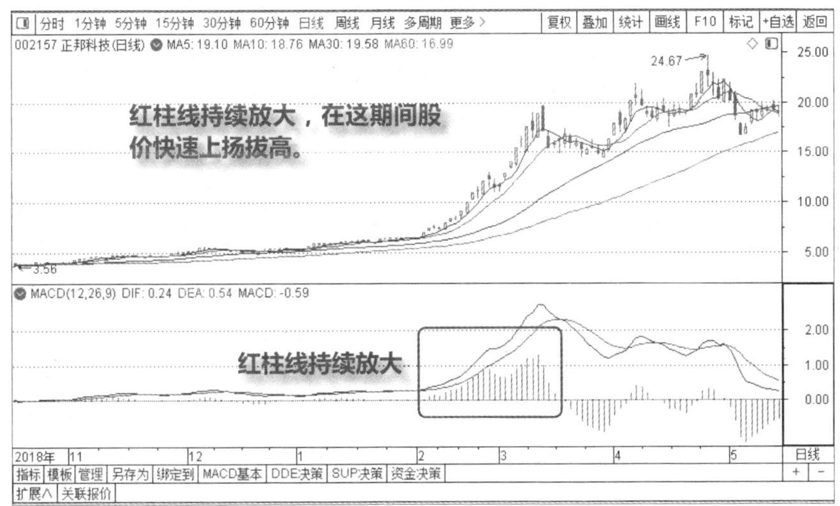

要点剖析

MACD 指标的红色柱线持续放大，表示 DIF 曲线正在向上远离其移动平均线（DEA），股价正在加速上涨。当 MACD 柱线增大到一定程度时，就可能发生逆转。

操盘精髓

当 MACD 柱线由绿转红时，表示多方力量已占上风，股价有起死回生的可能，激进型投资者即可在此入手。如果红色柱线持续增大，说明股价上涨动力强劲，投资者可大胆买入。

分析实例 东华软件（002065）MACD红柱线持续放大

如下图所示为东华软件2019年3月至9月的K线走势。

从图中可以看到，该股处于下的行情中，股价从9.00元附近开始下跌，止跌于6.50元的相对低位区域出现反弹回升。此时查看MACD，发现绿柱线缩小，而红柱线持续放大，说明该股这轮下跌的底部已经形成，后市看涨。

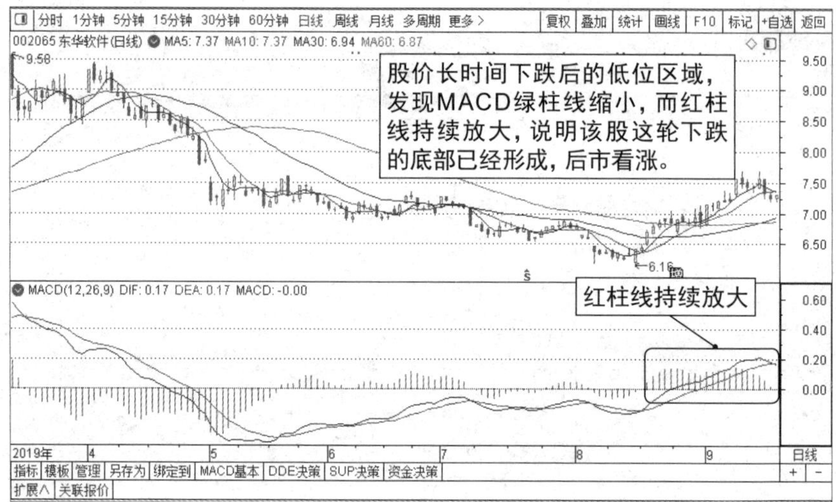

东华软件2019年3月至9月的K线走势

如下图所示为东华软件2019年4月至12月的K线走势。

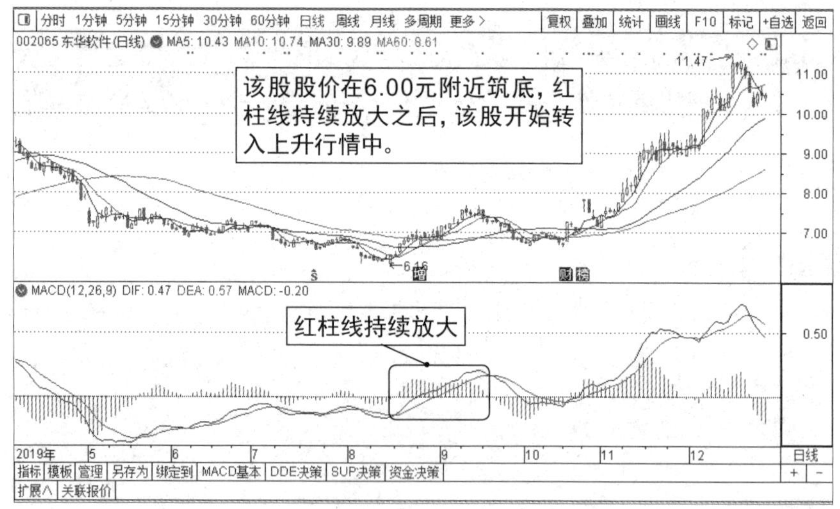

东华软件2019年4月至12月的K线走势

从上图可以看到，该股股价果然在6.00元附近筑底，红柱线持续放大之后，该股开始转入上升行情中，经过一段时间的小幅回调之后，进入了大幅上涨的走势中。

NO.091

绿柱线持续放大的图谱

当 MACD 指标的 DIF 曲线运行在 DEA 曲线下方时，MACD 柱线显示为绿色，绿色柱线持续放大，表示 DIF 曲线在向下远离 DEA 曲线。

一图展示

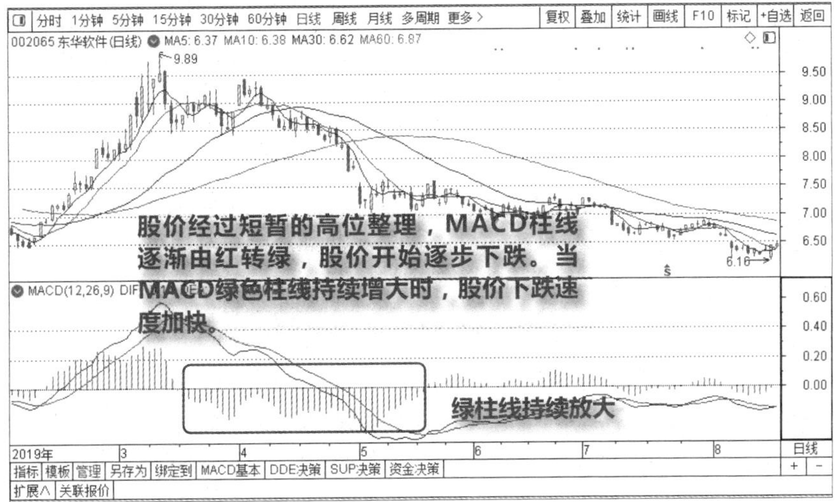

要点剖析

MACD 指标的绿色柱线持续放大，表示 DIF 曲线正在向下远离其移动平均线（DEA 曲线），股价正在加速下跌。当 MACD 柱线向下增大到一定程度时，行情就可能发生逆转。

操盘精髓

当 MACD 曲线由红转绿时，表示空方力量已占上风，股价必然会有一段下跌趋势，稳健型投资者即可在此时出货。如果绿色柱线持续增大，说明空方打压力度过于强大，股价将加速下跌。

分析实例 双鹭药业（002038）MACD绿柱线持续放大

如下图所示为双鹭药业2018年2月至6月的K线走势。

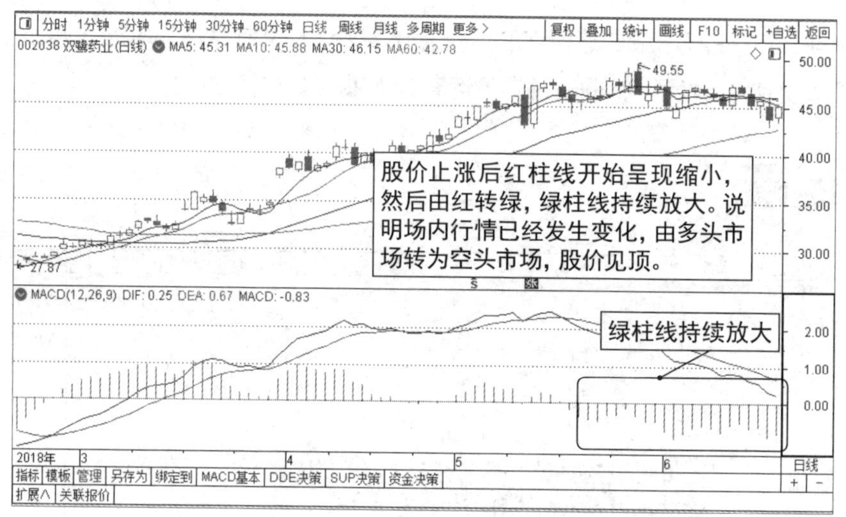

双鹭药业2018年2月至6月的K线走势

从图中可以看出，该股处于上升行情，股价从27.87元附近开始上涨，涨至45.00元价位线后止涨，并在该价位线行横盘运行。此时查看MACD发现，股价上涨红柱线也持续放大，但股价止涨后红柱线开始呈现缩小，然后由红转绿，绿柱线持续放大。说明场内行情已经发生变化，由多头市场转为空头市场，股价见顶，后市看跌。

如下图所示为双鹭药业2018年5月至10月的K线走势。

从图中可以看到，MACD柱线由红转绿之后，绿柱线不断增大，股价也在高位区横盘一段时间后转入下跌行情中，从45.00元跌至26.00元左右，使之前的上涨努力完全白费。这一轮的下跌持续了4个多月，时间周期长。

如果投资者没有在之前的高位横盘期及时出逃，将面临重大损失。所以股价上涨之后的高位区，发现绿柱线持续放大，投资者应该警惕，注意市场内的行情变化。

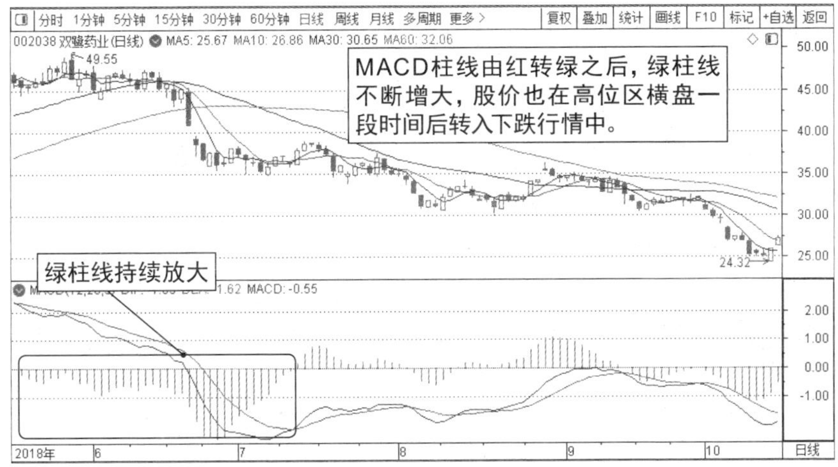

双鹭药业2018年5月至10月的K线走势

NO.092

MACD 和股价的顶背离图谱

股价在上涨过程中不断创出新高，而 MACD 指标的 DIF 曲线却在相同时间没有创新高，与股价形成顶背离行情。

一图展示

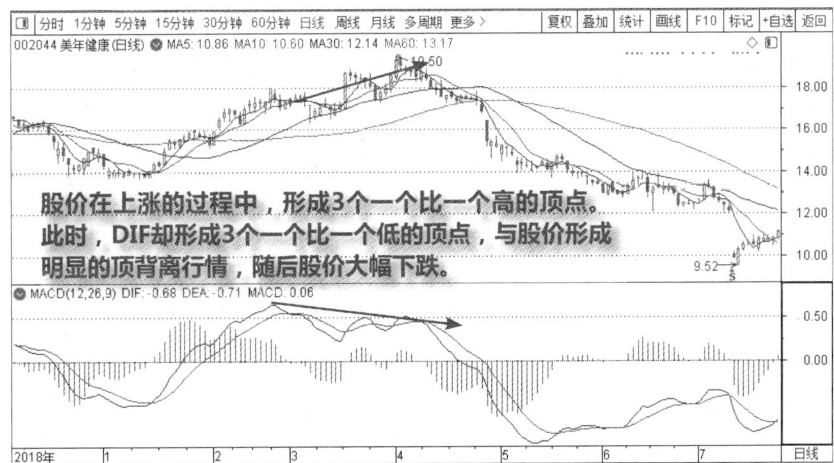

要点剖析

MACD 指标与股价的顶背离行情的确认，需要股价在上涨过程中形成两个或两个以上的相对高点，而在相同的时间，MACD 指标的 DIF 曲线也要形成相对高点。股价的两个或两个以上的高点的连线呈上升趋势，而 DIF 曲线的高点的连线却水平发展或者是呈向下趋势，则顶背离行情可以确认。

操盘精髓

顶背离行情是股价大跌的前兆，通常情况下，在 MACD 和股价第二次形成高点确认背离行情时，投资者就可以及时卖出。

在大盘并不是很弱的情况下，可能出现二次顶背离甚至顶三次背离，即股价和 DIF 曲线在相同的时间创出 3 个或 3 个以上的相对高点，而这些高点的连线都能让顶背离行情成立。一般情况下，顶背离的次数越多，股价下跌的速度和幅度就越大。

分析实例 宁波华翔（002048）MACD和股价的顶背离

如下图所示为宁波华翔2018年12月至2019年4月的K线走势。

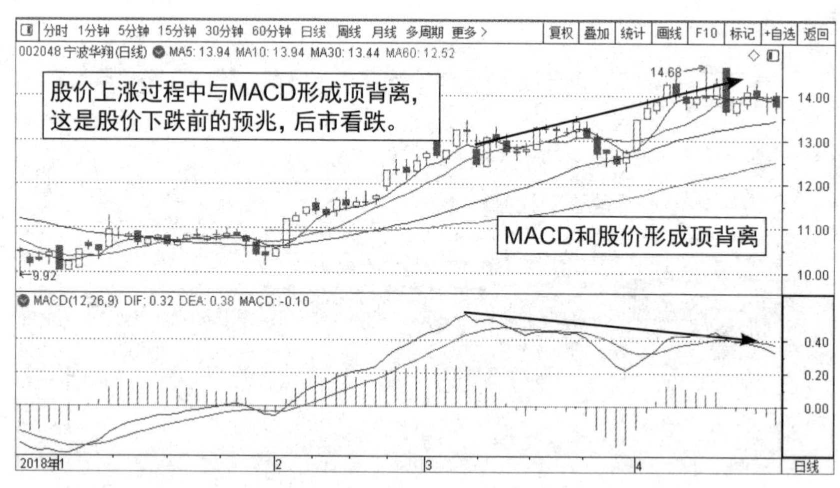

宁波华翔2018年12月至2019年4月的K线走势

从图中可以看到，该股处于上升行情中，股价从10.00元上涨至14.00元左右后止涨。股价在上升过程中形成两个顶点，后一个顶点明显高于前一个顶点。

此时查看MACD发现，DIF在跟随股价的升高，表现向上运行，随后调头向上，也形成了两个顶点，但前一个顶点高于后一个顶点。故此形成MACD和股价的顶背离，这是股价下跌前的预兆，投资者要尽快出局。

如下图所示为宁波华翔2019年3月至8月的K线走势。

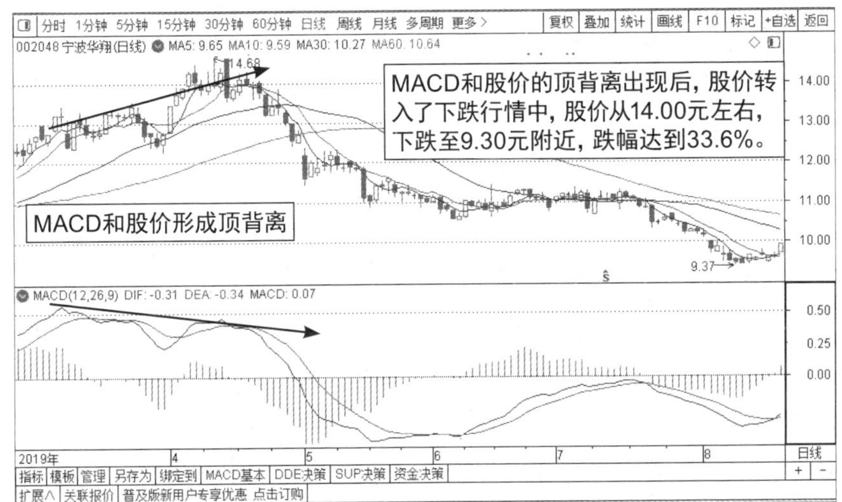

宁波华翔2019年3月至8月的K线走势

从图中可以看到，MACD和股价的顶背离出现后，股价转入了下跌行情中，股价从14.00元左右，下跌至9.30元附近，跌幅达到33.6%。

NO.093

MACD 和股价的底背离图谱

股价在下跌过程中不断创出新低，而 MACD 指标的 DIF 曲线却在相同时间没有创新低，则与股价形成底背离行情。

一图展示

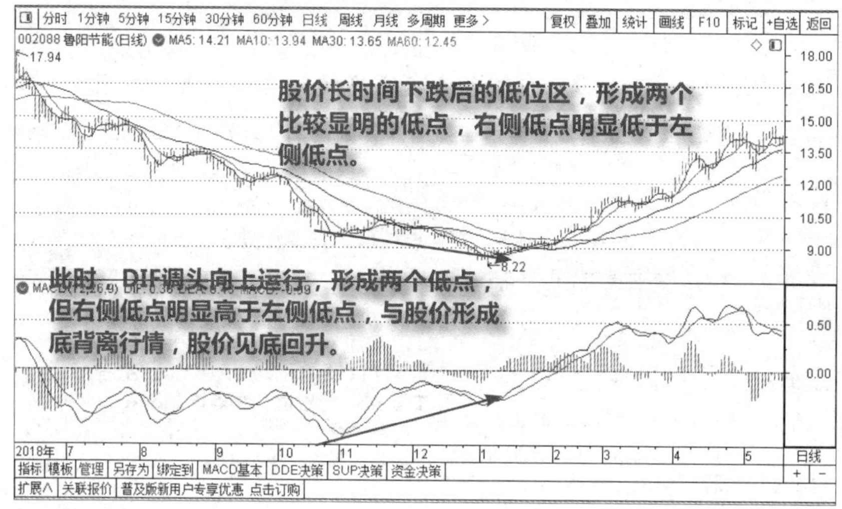

要点剖析

MACD 指标与股价的底背离行情的确认，需要股价在下跌过程中形成两个或两个以上的相对低点，而在相同的时间，MACD 指标的 DIF 曲线也要形成相对低点。股价的两个或两个以上的低点的连线呈下降趋势，而 DIF 曲线的低点的连线却水平发展或者是向上趋势，则底背离行情可以确认。

操盘精髓

底背离行情是股价大涨的前兆，通常情况下，在 MACD 和股价第二次形成低点确认背离行情时，投资者就可以及时买入。

在大盘并不是很强的情况下，也可能出现二次底背离甚至三次底背离，即股价和 DIF 曲线在相同的时间创出 3 个或 3 个以上的相对低点，而这些低点的连线仍能让底背离行情成立。一般情况下，底背离的次数越多，股价上涨的速度和幅度就越大。

分析实例 游族网络（002174）MACD和股价的底背离

如下图所示为游族网络2017年11月至2018年11月的K线走势。

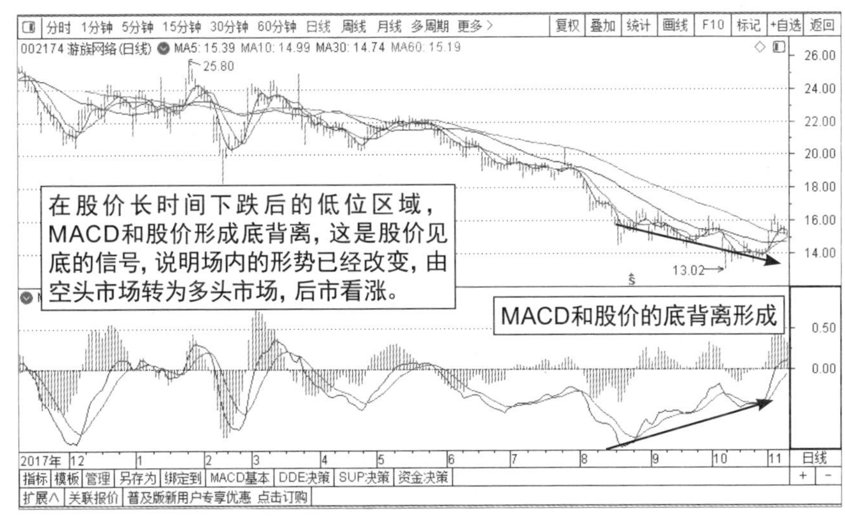

游族网络2017年11月至2018年11月的K线走势

从图中可以看出，该股处于下跌行情中，在股价长时间下跌后的相对低位区，股价继续震荡下跌但跌势渐缓，形成两个比较显明的低点，右侧低点明显低于左侧低点。

此时，查看MACD发现，DIF调头向上运行，形成两个低点，但右侧低点明显高于左侧低点，与股价形成底背离行情。这是股价见底的信号，说明场内的形势已经改变，由空头市场转为多头市场，后市看涨。

如下图所示为游族网络2018年8月至2019年3月的K线走势。

从图中可以看出，当MACD指标与股价发行底背离以后，股价果然在14.00元附近筑底，随后转入上升行情中。股价从14.00元上涨至24.00元附近，涨幅达到71%以上。

由此说明，MACD和股价的底背离形态为可靠的股价筑底，反转上升的信号，投资者发现该信号时，可以大胆买入。

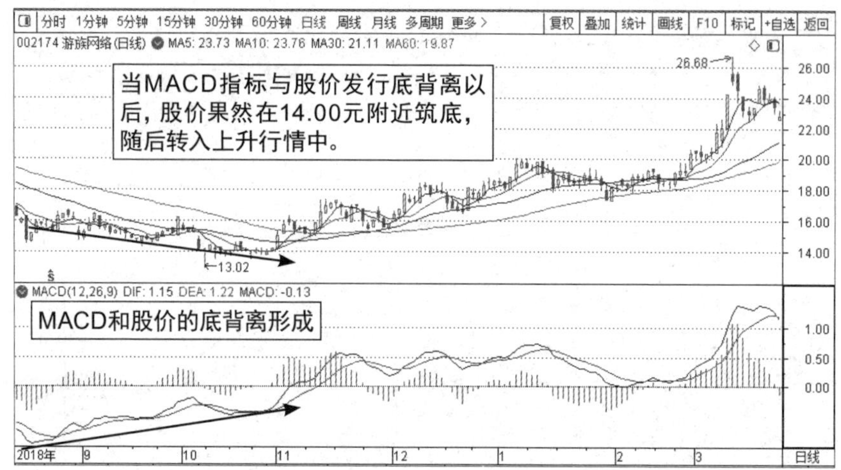

游族网络2018年8月至2019年3月的K线走势

NO.094

MACD在低位整理的图谱

MACD指标的红绿柱线均匀分布在0轴上下，频繁地变换颜色，如果此前DIF曲线和DEA曲线在0轴下方，则MACD指标会在低位横向整理。

一图展示

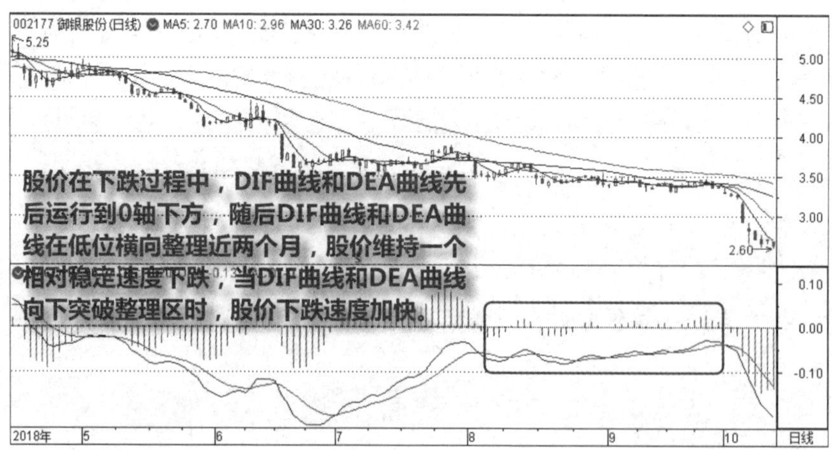

要点剖析

MACD 指标的低位横向整理是指 DIF 曲线和 DEA 曲线在 0 轴下方的一个水平方向发展，MACD 柱线在 0 轴附近频繁地变换颜色，并且柱线的长度变化不会很大。

操盘精髓

MACD 指标在低位横向整理的过程中，股价会保持其前期的下跌趋势，并且下跌速度基本保持不变，其后期走势需要根据 DIF 曲线和 DEA 曲线突破整理形态时的发展方向来确定，具体如下。

- 在MACD低位整理末期，DIF曲线和DEA曲线同步向下运行，则股价会继续深跌，投资者采取观望态度为宜。
- 在MACD低位整理末期，DIF曲线和DEA曲线同步向上运行并伴随着成交量的增大，则股价有止跌回升的可能，投资者可在两曲线上穿0轴时适量买入。

分析实例 超华科技（002288）MACD在低位整理

如下图所示为超华科技2018年6月至10月的K线走势。

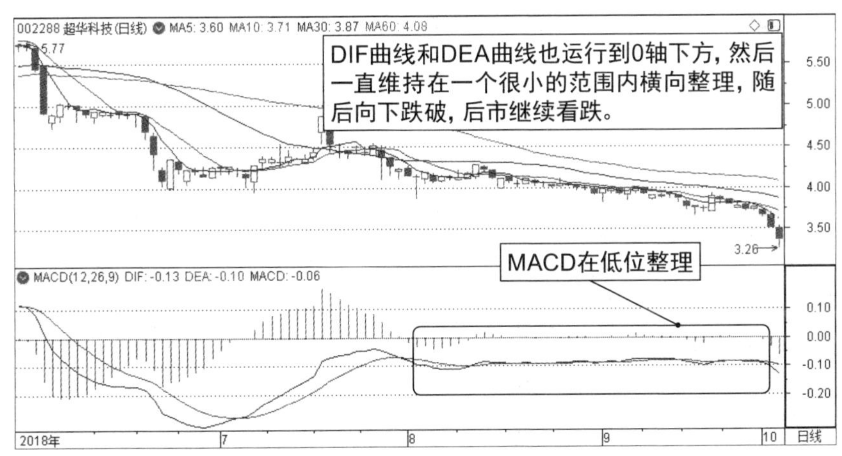

超华科技2018年6月至10月的K线走势

从图中可以看出，股价表现下跌行情，股价下跌至4.00元附近止跌，并在该价位线上横盘，随后K线收出3根阴线拉低股价，打破僵局。

此时查看MACD指标，发现DIF曲线和DEA曲线也运行到0轴下方，然后一直维持在一个很小的范围内横向整理，随后向下跌破，打破僵局。说明盘内的下跌动能还未释放完全，后市继续看跌。

如下图所示为超华科技2018年5月至11月的K线走势。

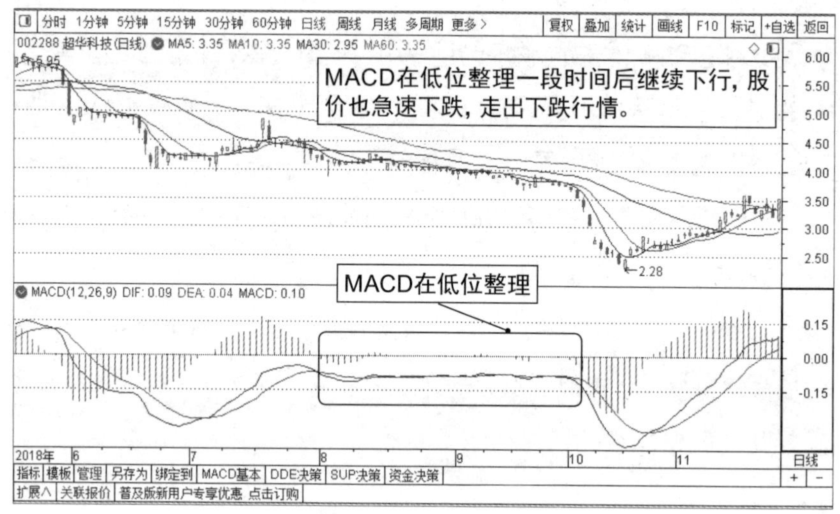

超华科技2018年5月至11月的K线走势

从上图可以看到，MACD在低位整理一段时间后继续下行，股价也急速下跌，走出下跌行情。直到DEA和DIF调头向上运行，股价才止跌回升。

第8章 用图掌握MA

收盘价简单移动平均线是 MA 的中文全称，该指标的主要作用是消除偶然因素对价格的影响，也有平均价格成本的含义。MA 指标也是股票技术中最重要的指标之一，与成交量指标配合可以很好地预测股价未来的发展趋势。

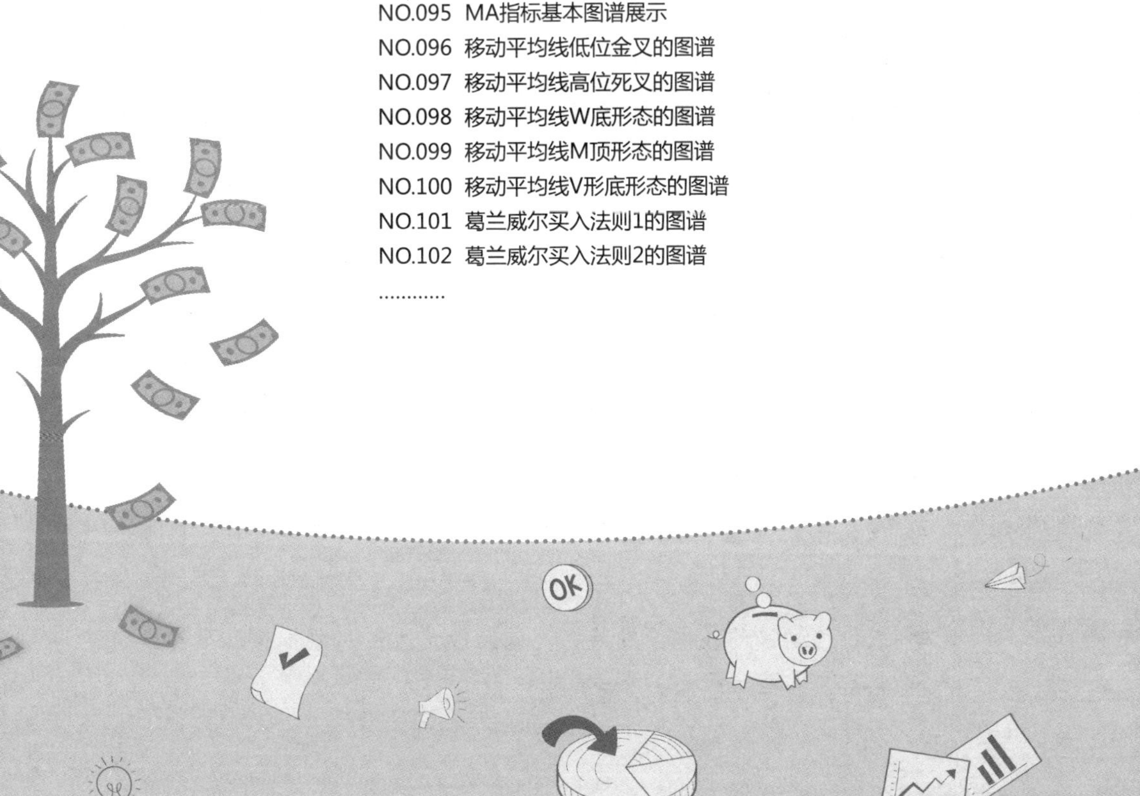

NO.095

MA 指标基本图谱展示

MA 指标属于趋势型指标的一种，由 4 条不同周期的曲线组成，以 MA* 表示（“*”代表了移动平均线的周期，如 MA5 表示 5 日均线）。

一图展示

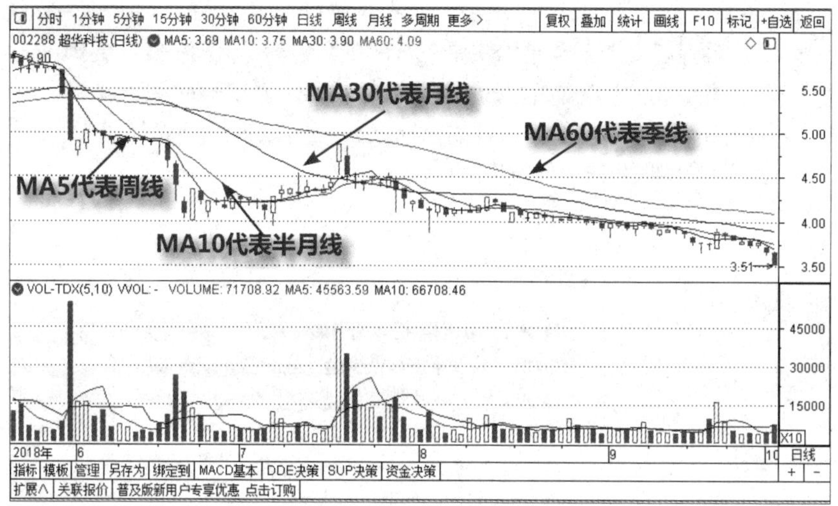

操盘精髓

默认情况下，MA 指标的 4 条曲线采用的周期分别为 5、10、30 和 60。在实际应用中，投资者可根据股价与移动平均线的位置关系以及各线交叉情况来判断买卖时机。

- 当股价运行在移动平均线上方时，属于强势行情，股价会不断上涨；当股价低于股价移动平均线时，视为股市转弱信号，后期会有小幅下跌。
- 股价移动平均线向上发展，可辅助股价上涨；股价移动平均线向下运行，会使股价下跌力量更强。

◆ 两条及以上的股价移动平均线向上交叉时（即股价移动平均线的黄金交叉，简称“金叉”），视为技术性买入信号。

◆ 两条及以上的股价移动平均线向下交叉时（即股价移动平均线的死亡交叉，简称“死叉”），视为技术性卖出信号。

◆ 不同周期均线按顺序同步向上运行时，可推动股价大幅上涨；不同周期均线按顺序同步向下运行时，会迫使股价快速下跌。

NO.096
移动平均线低位金叉的图谱

股价运行在一个相对低位，短期移动平均线调头向上突破水平运行或上升中的中期或长期移动平均线形成的交叉即为低位黄金交叉。

一图展示

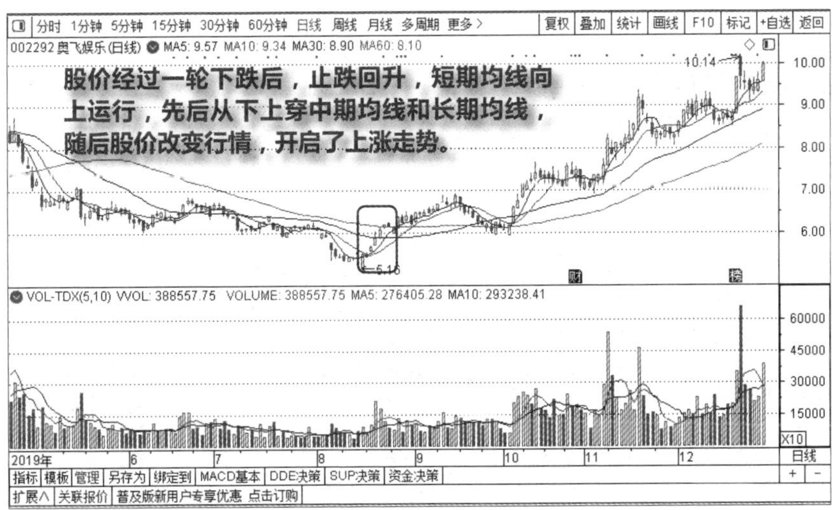

要点剖析

股价的低位没有一个恒定的标准，通常在经过一段较长时间或较大幅度的下跌以后，股价运行的位置就可以称为相对低位。移动平均线低位金叉发生时，要求短期移动平均线必须是向上运行，被其上穿的中期或长期移动平均线也要有向上的趋势。

操盘精髓

当股价经过一段较长时间的下跌后开始反弹，其短期移动平均线会最先调头向上，当其上穿正在调头或止跌走平的中长期移动平均线形成黄金交叉时，就是最佳的买入时机，如果此时有放大的成交量的配合，则后市上涨的可能性更大。

要点提示 *MA 指标的计算方法*

收盘价简单移动平均线（MA）的计算方法非常简单，以 5 日均线为例，先取最近 5 个交易日（当前交易日和其之前的连续 4 个交易日）的收盘价进行求和，再将得到的总和除以 5 即得到当日的 MA。

分析实例 精艺股份（002295）移动平均线低位金叉

如下图所示为精艺股份2018年3月至11月的K线走势。

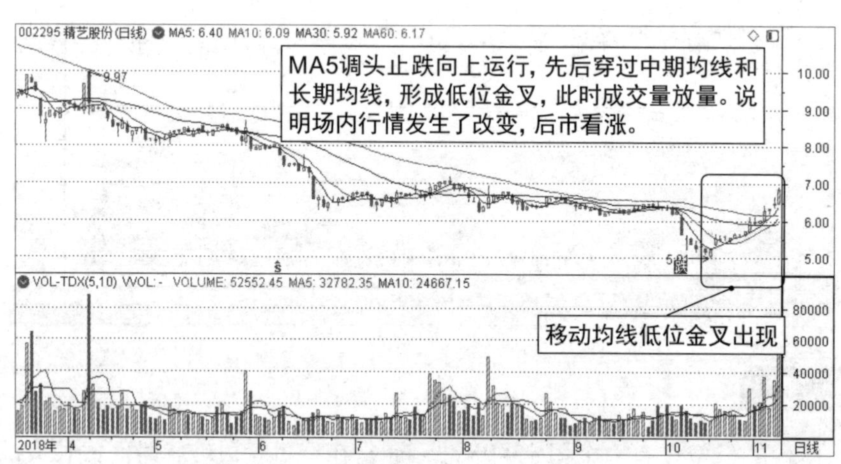

精艺股份2018年3月至11月的K线走势

从图中可以看出，股价处于下跌走势当中，股价从10.00元下跌至5.00元后，止跌回暖。此时查看MA发现，MA5调头止跌向上运行，先后穿过中期均线和长期均线，形成低位金叉，此时成交量放量。说明场内行情发生了改变，下跌动能已经释放完全，后市看涨。

如下图所示为精艺股份2018年10月至2019年4月的K线走势。

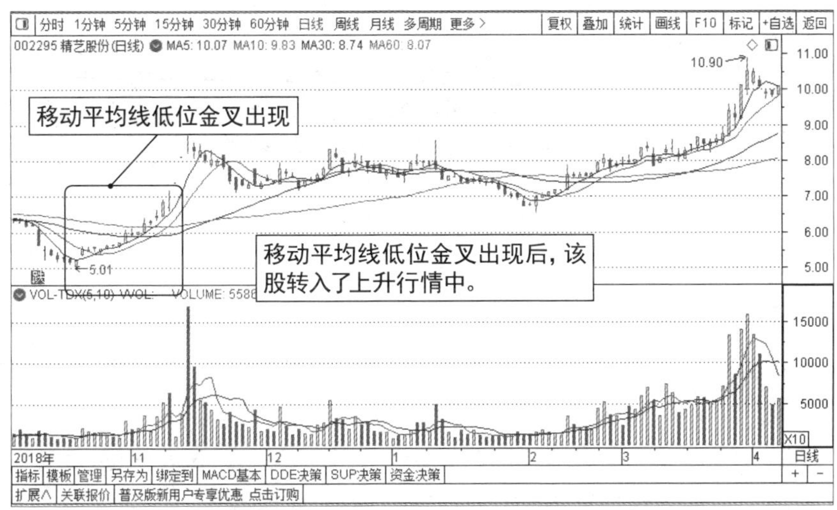

精艺股份2018年10月至2019年4月的K线走势

从图中可以看出，移动平均线低位金叉出现后，该股转入了上升行情中，虽然上涨至7.00元后止涨横盘回调，但回调结束后股价继续表现上升走势。因此投资者发现该信号时可以适当买入。

NO.097 移动平均线高位死叉的图谱

股价经过一段时间的上涨运行到一个相对高位后，MA 指标开始调头向下，短期 MA 从上向下穿破中期或长期 MA 形成的交叉即为高位死叉。

一图展示

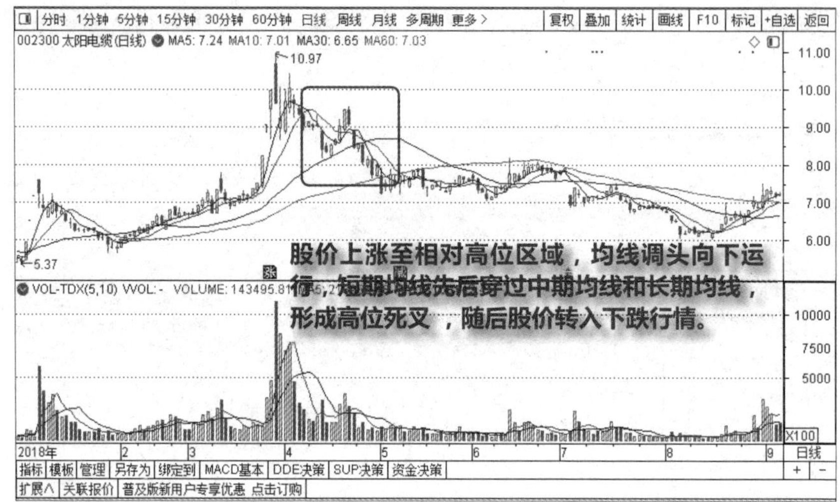

要点剖析

移动平均线的高位死叉与低位金叉刚好相反，要求股价运行在一个相对较高的位置。短期移动平均线调头向下穿破中长期移动平均线，此时不需要有成交量的配合，也不必太在意中长期移动平均线的运行方向。

操盘精髓

移动平均线的高位死叉是行情下跌的信号，投资者应该把握时机及时地卖出。

如果移动平均线高位死叉形成时，较长周期的移动平均线还未调头，且较短周期移动平均线调头的速度也并不快，则投资者不必急于卖出。

如果移动平均线高位死叉形成时，较长周期移动平均线已经开始调头向下，则说明股价的下跌行情已经形成，应及时卖出止损。

分析实例 ST云网（002306）移动平均线的高位死叉

如下图所示为ST云网2018年10月至2019年4月的K线走势。

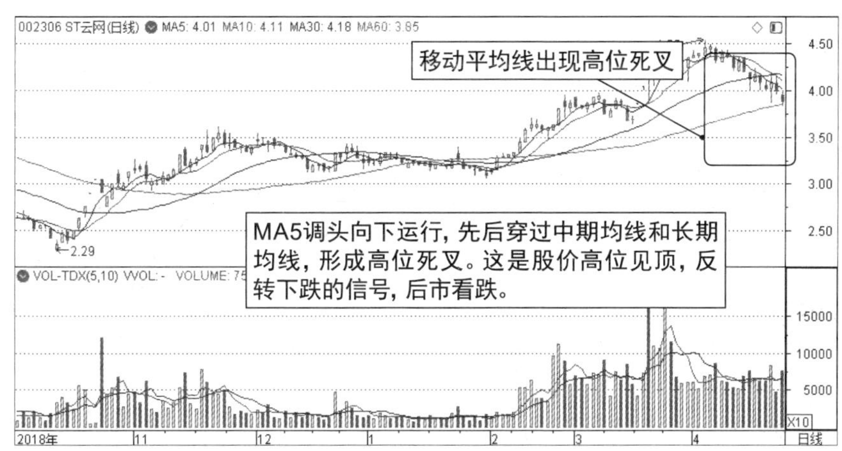

ST云网2018年10月至2019年4月的K线走势

从上图可以知道，该股处于上升行情中，股价上升至4.50元后止涨下跌。MA5调头向下运行，先后穿过中期均线和长期均线，形成高位死叉。这是股价高位见顶，反转下跌的信号。投资者应该在短期均线下穿中期均线时及时出逃，短期均线下穿长期均线则更确定了下跌的事实。

如下图所示为ST云网2019年4月至11月的K线走势。

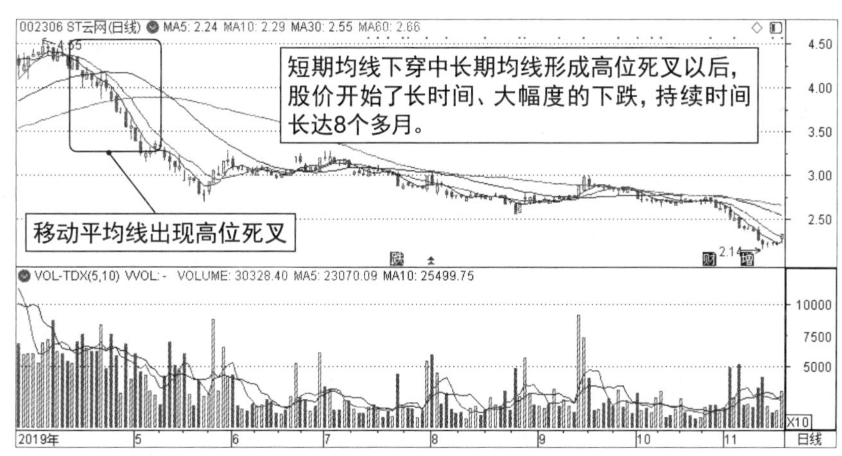

ST云网2019年4月至11月的K线走势

从图中可以看出，短期均线下穿中长期均线形成高位死叉以后，股价开始了长时间、大幅度的下跌，持续时间长达8个多月。

NO.098

移动平均线 W 底形态的图谱

股价在长时间下跌后，在一个较低位置先后形成两个低点，这两个低位的位置基本相同，随后股价开始反弹向上，短期均线形成类似一个大写的“W”字母。

一图展示

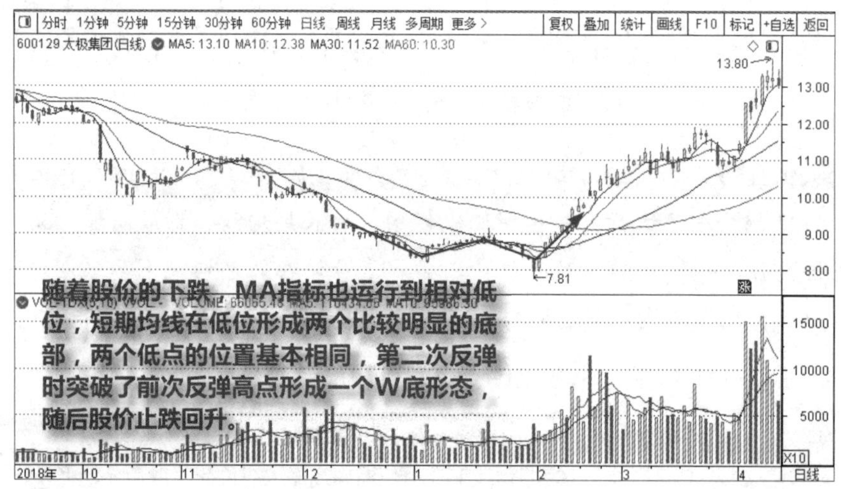

要点剖析

W 底形态的两个低点的位置要几乎相等，并且两个底部形成的时间不能太近，两底的间隔通常需要在一周以上。在第二次反弹的时候，需要有成交量放大的配合，并且要能有效突破前次反弹的高点。

操盘精髓

W 底形态是重要的底部反转形态，只要形态判断正确，当股价第二次反弹超过前次反弹高点时，投资者就可以大胆买入。如果此时没有把握机会，当股价上冲后再次回落到第一次反弹高点位置时，也是较好的介入时机。

要点提示 *短期均线查看形态*

查看均线的买入卖出信号形态时，通常以短期均线来查看，因为短期均线反应灵敏，容易形成形态，帮助投资者快速反应市场内的行情变化。而长期均线反应滞后，较为迟钝，所以往往形成的形态并不准确。

分析实例 北新建材（000786）移动平均线的W底形态

如下图所示为北新建材2018年8月至2019年2月的K线走势。

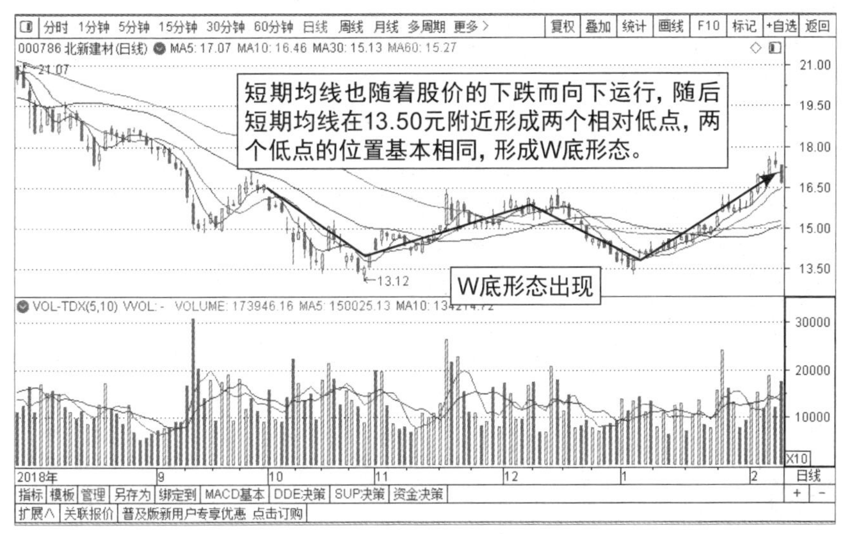

北新建材2018年8月至2019年2月的K线走势

从图中可以看到，股价在波动下跌的过程中，在13.50元附近受到支持，短期均线也随着股价的下跌而向下运行，随后短期均线在13.50元附近形成两个相对低点，两个低点的位置基本相同。2019年1月中旬，股价走出连续大阳线，短期均线强势突破之前的反弹高点，形成典型的W底形态。这是较强的买入信号，预示着后市股价的反转。

如下图所示为北新建材2018年10月至2019年4月的K线走势。

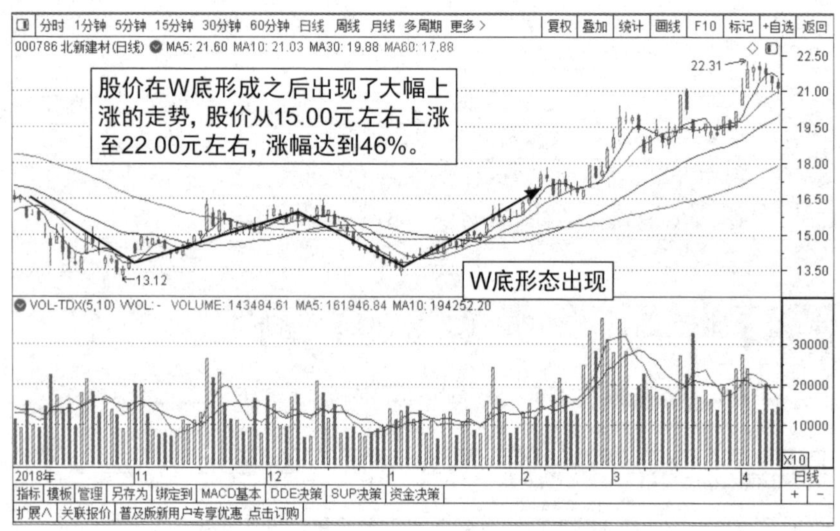

北新建材2018年10月至2019年4月的K线走势

从图中可以看到，股价在W底形成之后出现了大幅上涨的走势，股价从15.00元左右上涨至22.00元左右，涨幅达到46%。

W底的筑底，形成了两次较好的买入机会，即第二个低位区域和股价上涨突破颈线的位置。投资者如果能够抓住这两个位置进行布局，便可以很好地实行买入计划。

NO.099

移动平均线 M 顶形态的图谱

股价运行到一个较高位置，移动平均线在此形成两个明显的顶部，两个顶点的位置基本相同，随后股价开始下跌，形成一个类似于大写的“M”字母。

一图展示

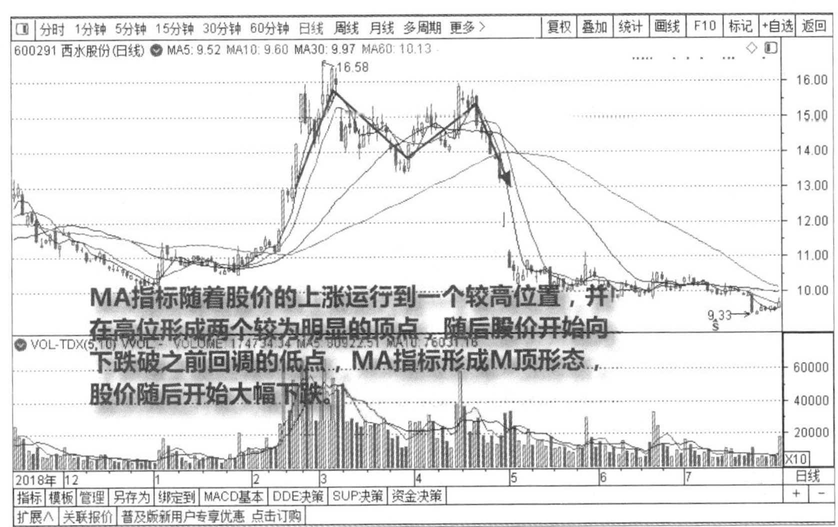

要点剖析

M 顶形态的两个顶点的位置基本相同，并且与中间低点的位置在时间上对称为最好。第一次回调到低点开始反弹时，成交量不宜过大，否则反弹可能远远超过前次高点。如果在第二次回调跌破前次低点时成交量放大，则后市跌幅可能会很大。

操盘精髓

在 M 顶形态中，有两个不错的卖出时机。当指标第二次形成高点后开始回落并下穿中期移动平均线时，为最佳卖出时机，在这里卖出的人都可称为是“先知先觉者”，通常会获利丰厚。

如果在第二次反弹高点时没能及时卖出的投资者，可在指标向下跌破第一次回调低点时卖出，这也是最后的卖出时机。

分析实例 川仪股份（603100）移动平均线M顶分析

如下图所示为川仪股份2018年11月至2019年4月的K线走势。

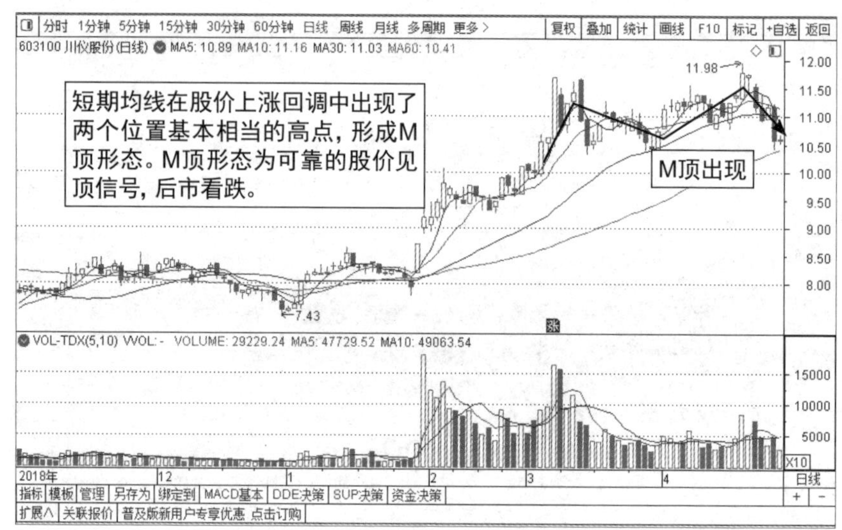

川仪股份2018年11月至2019年4月的K线走势

从图中可以看出，该股处于上涨行情中，股价上涨至11.00元左右止涨回调，然后再次上涨下跌。短期均线在股价上涨回调中形成了两个位置基本相当的高点，形成M顶形态。M顶形态为可靠的股价见顶信号，后市看跌。

如下图所示川仪股份2019年2月至8月的K线走势。

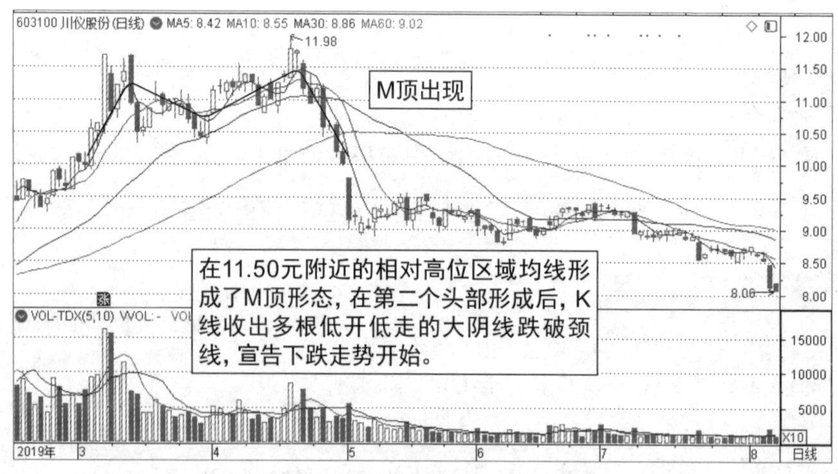

川仪股份2019年2月至8月的K线走势

从图中可以看出，该股在11.50元附近的相对高位区域均线形成了M顶形态，在第二个头部形成后，K线收出多根低开低走的大阴线跌破颈线，宣告下跌走势开始，之后股价进入了漫长的下跌行情中。

NO.100

移动平均线 V 形底形态的图谱

股价快速下跌，其短期移动平均线随着股价下跌而下跌，随后移动平均线开始反弹，形成一个“V”字形态。

一图展示

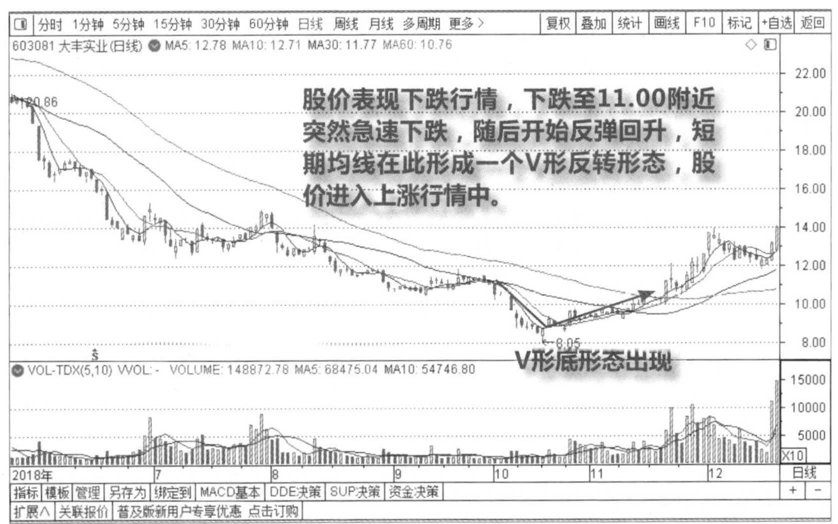

要点剖析

V 形反转形态前期必须是急速下跌行情，短时间内下跌幅度很大，反弹也很快。通常情况下，从股价开始加速下跌的时候起，当股价反弹达到下跌幅度 1/4 ~ 1/3 位置时，如果没有成交量放大的支持，则可能由于反弹力度不够而再次下跌。

操盘精髓

V 形反转形态来得比较猛烈，股价的急速下跌会让很多人感到恐惧，随后的快速反弹又会让很多人错失最好的介入时机，因此 V 形反转是最难把握的一个形态。

当股价下跌到一定深度，MA 指标开始急速调头向上并突破中长期移动平均线时，激进型投资者就可适量买入。很多时候 V 型反转在反弹阶段可能产生扩展，即在上涨途中有一段时间的缓慢整理，投资者也可在此处介入或等待形态完成后再介入。

分析实例 赛福天（603028）移动平均线V形底分析

如下图所示为赛福天2018年6月至11月的K线走势。

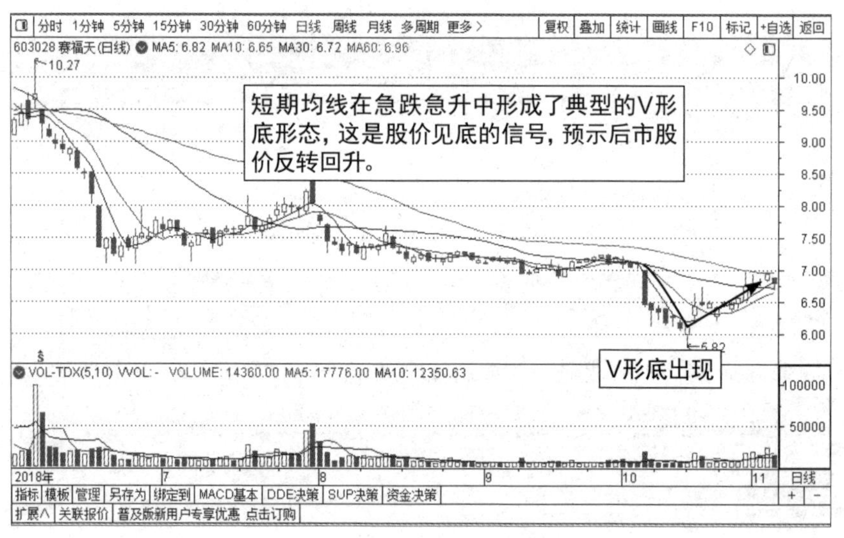

赛福天2018年6月至11月的K线走势

从图中可以看出，该股处于下跌行情中，股价下跌至7.50元附近后止跌横盘调整，运行一段时间后突然急速下跌，然后急速回升。查看移动平均线发现，短期均线在急跌急升中形成了典型的V形底形态，这是股价见底的信号，预示后市股价反转回升。

如下图所示为赛福天2018年10月至2019年3月的K线走势。

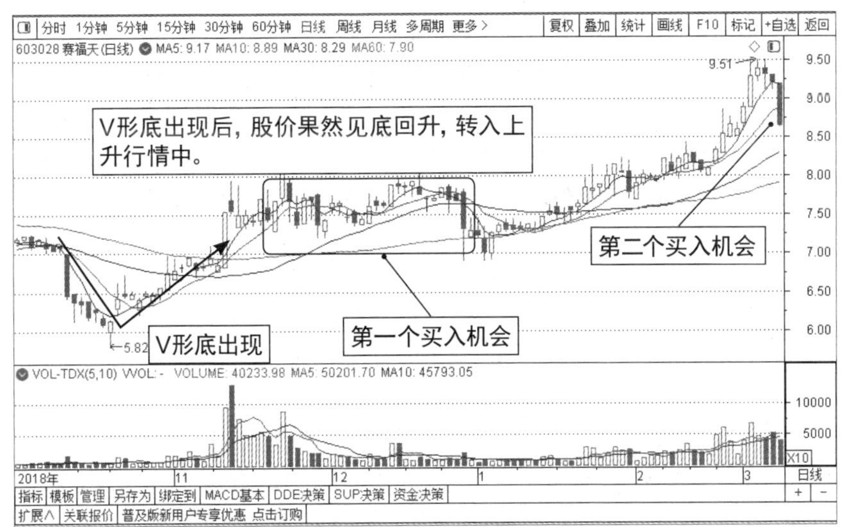

赛福天2018年10月至2019年3月的K线走势

从图中可以看到，V形底出现后，股价转入上升行情中。为了后期的强势拉升，在7.50元附近进行了一段横盘整理，此时为投资者买进的第一个机会。整理结束后，股价继续上涨，当股价上涨至9.00元价位线时，股价止涨下跌，这是主力为了清除场内浮筹而做的洗盘操作，之前没有买进的投资者此时应抓住第二次买入机会。

NO.101 葛兰威尔买入法则 1 的图谱

股价经过一段时间的下跌后，移动平均线开始走平或调头向上，股价也从移动平均线下方向上穿破移动平均线，此为第 1 个买入点。

一图展示

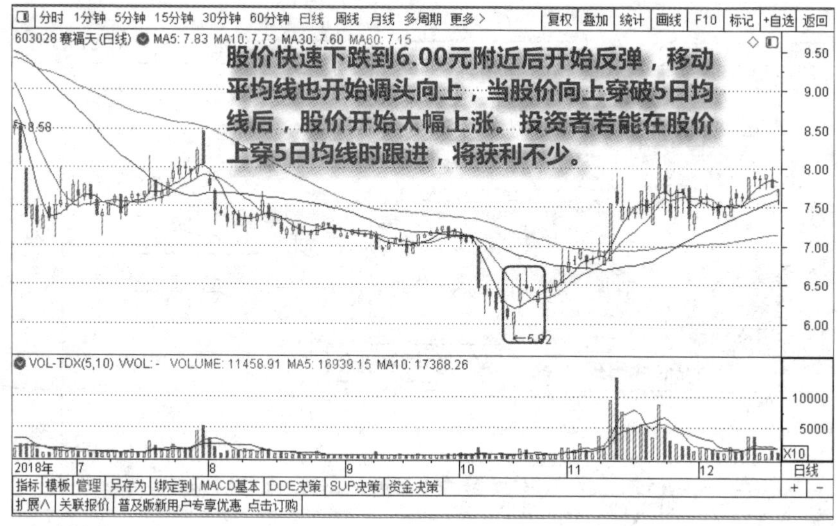

要点剖析

使用葛兰威尔买入法则第 1 条，必须要在股价经过一段较长时间或较大幅度的下跌行情以后，股价需要运行在其移动平均线下方。并且股价调头向上后，移动平均线也应该走平或者向上，如果股价上穿移动平均线时，移动平均线仍保持向下趋势，则不可视为买入信号。

要点提示 *股价上穿移动平均线的评判标准*

移动平均线是在 K 线图的基础上绘制出来，K 线图中的每一根 K 线都包含了最高价、最低价、开盘价和收盘价 4 个数值，使得判断其上穿移动平均线时采用的值难以确定。通常情况下，在整体处于强势行情中时，可以 K 线最低价大于移动平均线时确认上穿；在非强势行情中，可以收盘价站到移动平均线之上时确认上穿。

分析实例 全筑股份（603030）应用葛兰威尔买入法则1

如下图所示为全筑股份2019年4月至8月的K线走势。

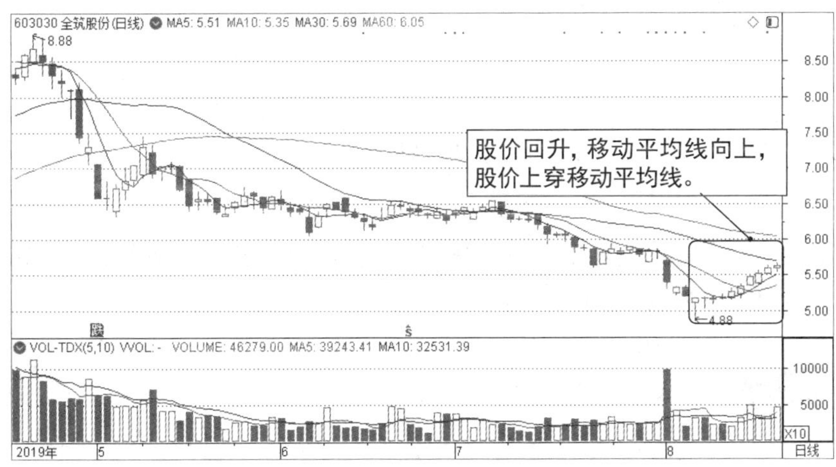

全筑股份2019年4月至8月的K线走势

从图中可以看出，该股前期表现下跌行情，股价下跌至6.50元后止跌横盘。7月上旬，股价急速下跌，跌至5.00元左右止跌回升。

此时查看移动平均线发现，在下跌过程中股价始终运行在移动平均线下方，8月初时，股价回升，移动平均线向上，股价上穿移动平均线。根据葛兰威尔买入法则1，在此时买入股票，可在后期的上涨行情中获利丰厚。

如下图所示为全筑股份2019年7月至11月的K线走势。

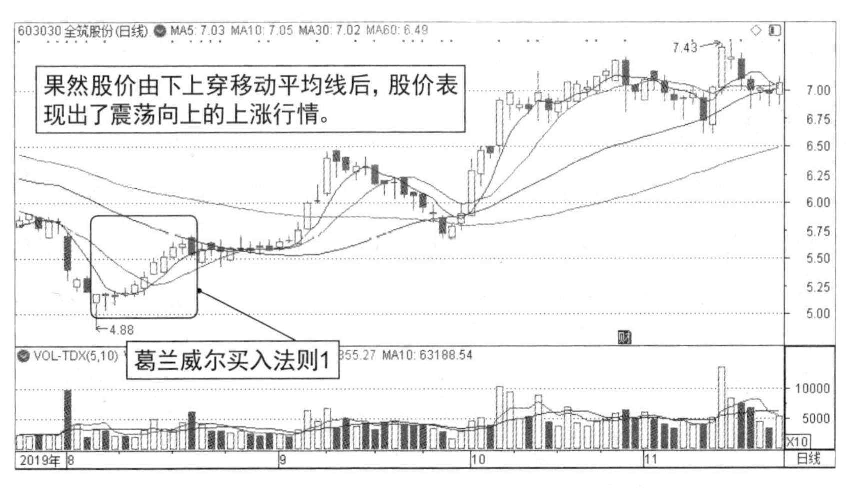

全筑股份2019年7月至11月的K线走势

从图中可以看出，果然股价由下上穿移动平均线后，股价表现出了震荡向上的上涨行情。

NO.102

葛兰威尔买入法则 2 的图谱

股价运行在移动平均线之上，当股价向下回调时，未能跌破移动平均线又再次上冲，此为葛兰威尔法则的第 2 个买入点。

一图展示

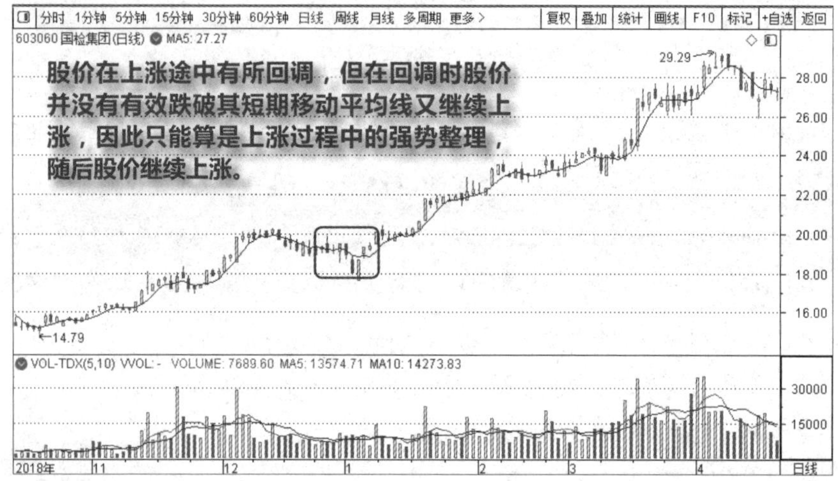

要点剖析

葛兰威尔买入法则的第 2 个买点出现在股价上涨的过程中，如果以波浪理论来看，此点应该是浪 2 回调的低点，并且回调幅度不大。从 K 线图上来看，K 线不能完全离开其移动平均线，即 K 线始终有一部分应与移动平均线相交。

分析实例 博通集成（603068）应用葛兰威尔买入法则2

如下图所示为博通集成2019年5月至9月的K线走势。

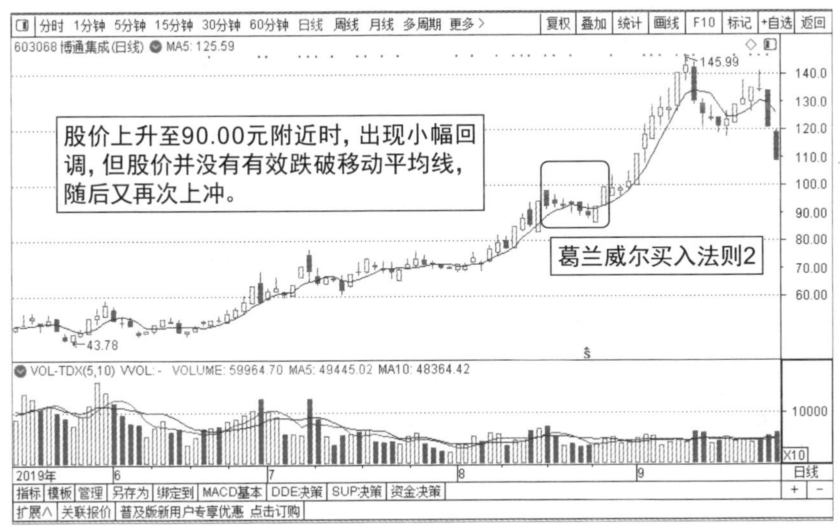

博通集成2019年5月至9月的K线走势。

从图中可以看到，该股处于上升行情中，股价上升至90.00元附近时，出现小幅回调，但股价并没有有效跌破移动平均线，随后又再次上冲，此为葛兰威尔买入法则2，投资者可以在回调位置买进。

NO.103

葛兰威尔买入法则 3 的图谱

如果股价从移动平均线上方向下跌破移动平均线后又立刻回升到移动平均线之上，并且移动平均线保持上升趋势，此为葛兰威尔法则的第 3 个买入点。

一图展示

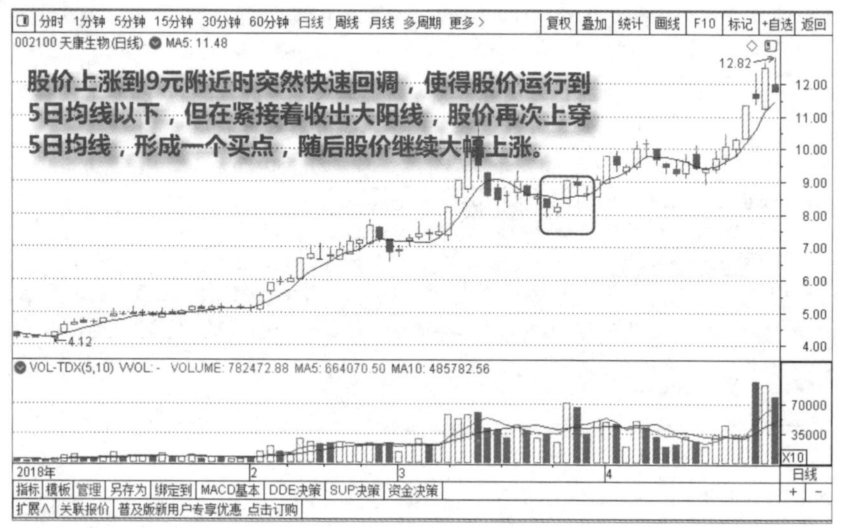

要点剖析

买入法则 3 要求股价之前运行在移动平均线上方，随着股价的回调而回落到移动平均线之下，但在短时间内又再次回到移动平均线之上，整个过程中长期移动平均线应呈现上升趋势。当股价上穿移动平均线时，就是最好的买入时机。

分析实例 华帝股份（002035）应用葛兰威尔买入法则3

如下图所示为华帝股份2018年1月至4月的K线走势。

从图中可以看出，股价在上涨过程中，股价向上运行至12.00元附近后出现回调，回调时股价运行到了5日均线以下，但在短时间内K线收出大阳线使其再次站到5日均线以上，形成葛兰威尔买入法则3定义的买点。

如果投资者能正确把握这次的买入时机，就能够在后期的上涨行情中获利丰厚。

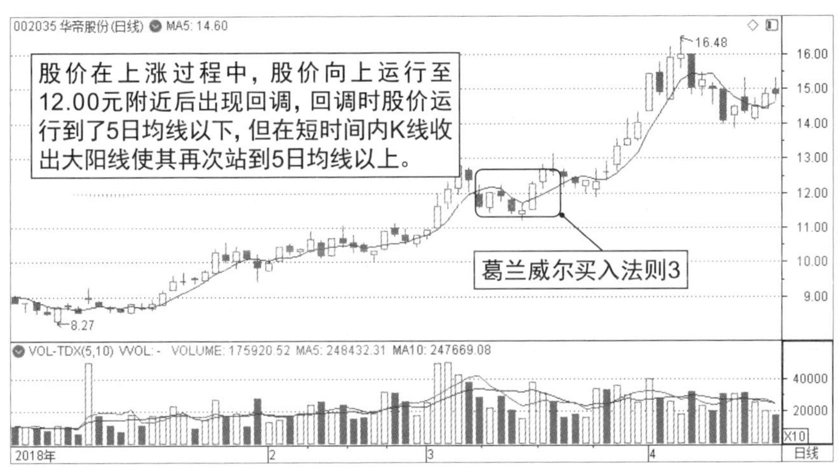

华帝股份2018年1月至4月的K线走势

NO.104

葛兰威尔买入法则 4 的图谱

股价突然急速下跌并向下穿破移动平均线，当股价远离移动平均线一定程度时，就会产生反弹，股价开始调头向上时为葛兰威尔法则的第 4 个买入点。

一图展示

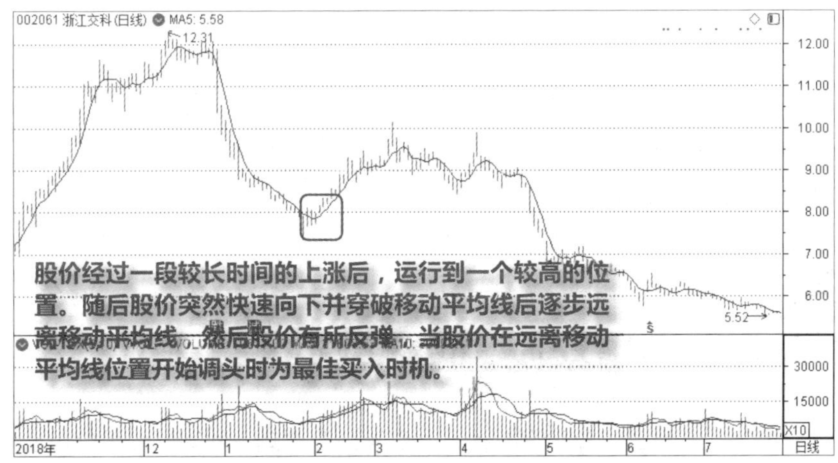

要点剖析

买入法则 4 要求股价在经过一段较长时间的上涨行情达到高位以后出现。股价需要是在大涨以后快速下落，强势穿破移动平均线以后逐步远离移动平均线。从波浪理论的角度来看，买入点 4 位于浪 B 的起点位置，在此处买入的投资者不能长时间恋战，短期反弹以后股价还会继续下跌。

分析实例 贵州百灵（002424）应用葛兰威尔买入法则4

如下图所示为贵州百灵2019年1月至8月的K线走势。

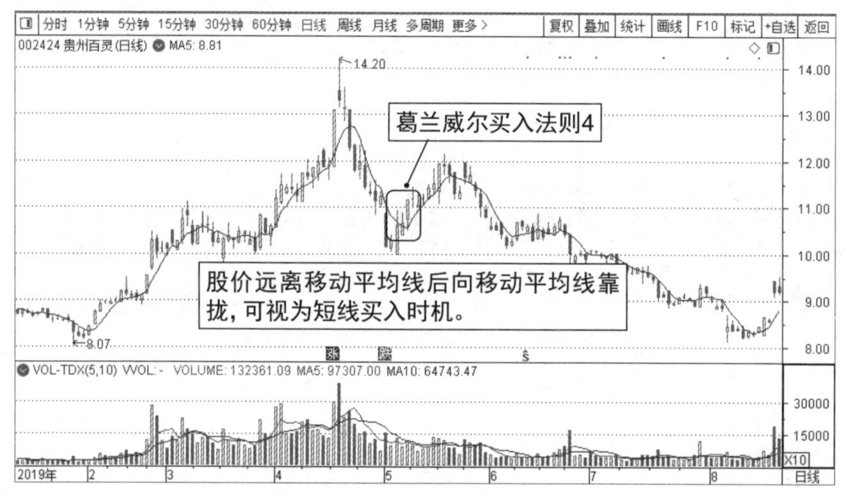

贵州百灵2019年1月至8月的K线走势

从上图可以看到，股价前期表现上涨行情，随后在13.00元附近见顶下跌。股价在5日均线下方运行，并逐渐远离。5月初K线收出连续大阳线靠拢5日均线，此时为葛兰威尔买入法则4，投资者可以及时跟进。

NO.105

葛兰威尔卖出法则 1 的图谱

股价经过长时间上涨后，移动平均线开始走平或产生向下趋势，而股价也从移动

平均线上方向下跌破移动平均线，此为葛兰威尔法则的第1个卖点。

一图展示

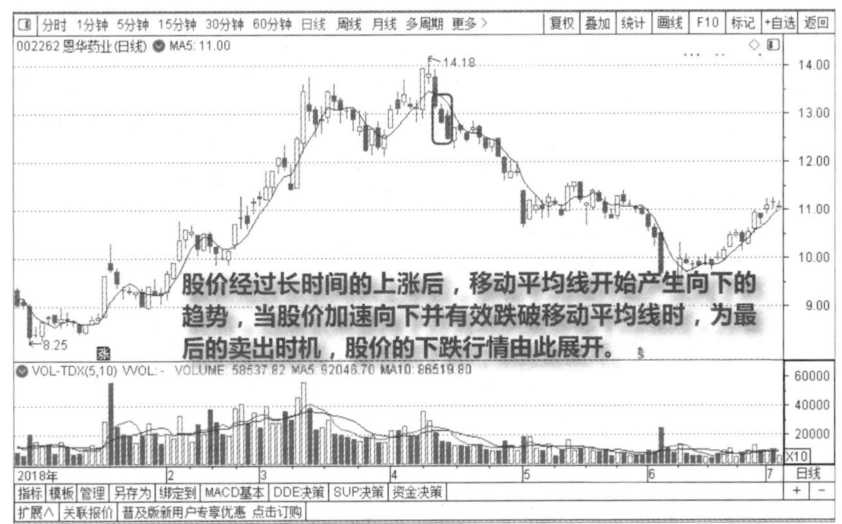

要点剖析

葛兰威尔的卖出法则也是投资者日常操作中重要的理论指导，它要求股价是在经历过一段较长时间的上涨行情以后，移动平均线开始逐步走平的时候，当股价在高位下穿移动平均线时为最佳卖出时机。

从波浪理论的形态上来看，该点处于推动浪的浪5结束的位置，或者调整浪的浪A的起点，因此投资者如果能在此点卖出，可避免后市的长期下跌行情。

分析实例 劲嘉股份（002191）应用葛兰威尔卖出法则1

如下图所示为劲嘉股份2019年1月至9月的K线走势。

从图中可以看出，股价在经过一轮大幅上涨行情后，4月初由涨转跌，移动平均线也开始调头向下。随后股价强势下穿移动平均线，根据葛兰威尔卖出法则1，股价已经运行到一个较高的位置，并且强势下穿横向发展或下跌过程中的移动平均线，形成卖出点，此后股价一路下跌。

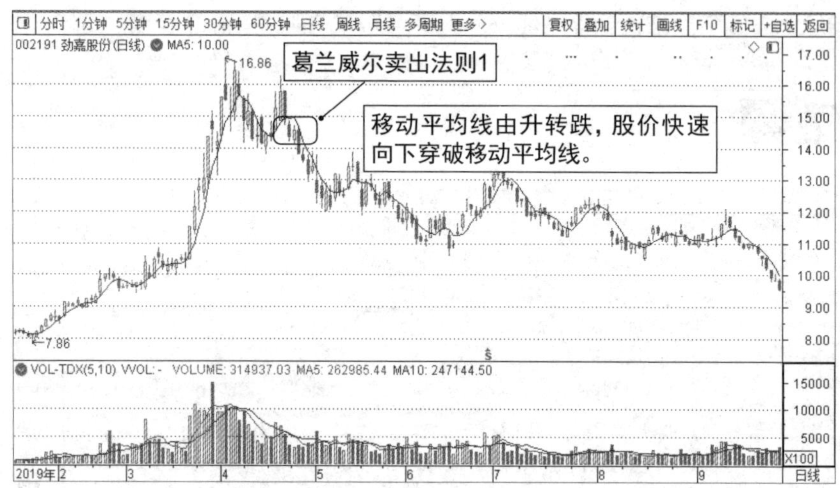

劲嘉股份2019年1月至9月的K线走势

NO.106

葛兰威尔卖出法则 2 的图谱

股价从高处开始快速下跌，当股价反弹从移动平均线下方向上穿破移动平均线后，短时间内再次下破移动平均线，此为葛兰威尔法则的第 2 个卖出点。

一图展示

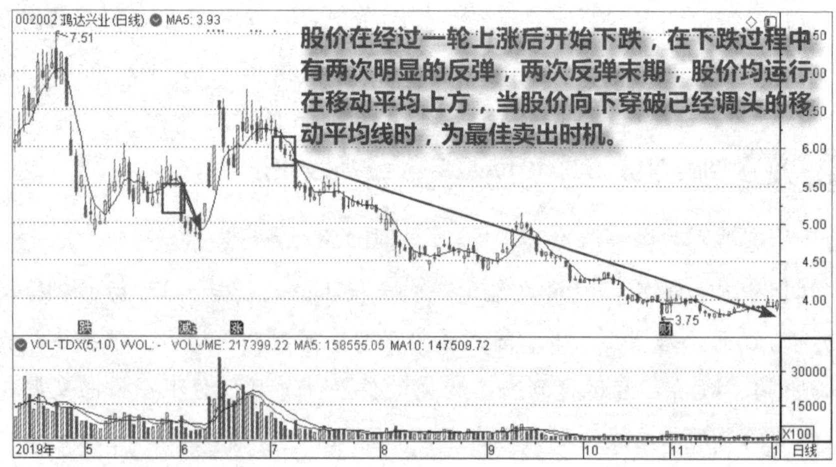

要点剖析

葛兰威尔卖出法则 2 出现在股价经过大幅上涨见顶后的下跌过程中，当股价反弹时运行到移动平均线上方，随后在短时间内再次回落到移动平均下方，即形成一个卖点，股价将继续下跌。

从波浪理论的角度来看，葛兰威尔卖出法则 2 出现的位置在调整浪的浪 B 结束的位置，也是浪 C 的开始位置，其后的下跌行情将维持很长一段时间。因此投资者在卖点 2 卖出，可避免中长线投资的损失。

分析实例 闽发铝业（002578）应用葛兰威尔卖出法则2

如下图所示为闽发铝业2019年3月至11月的K线走势。

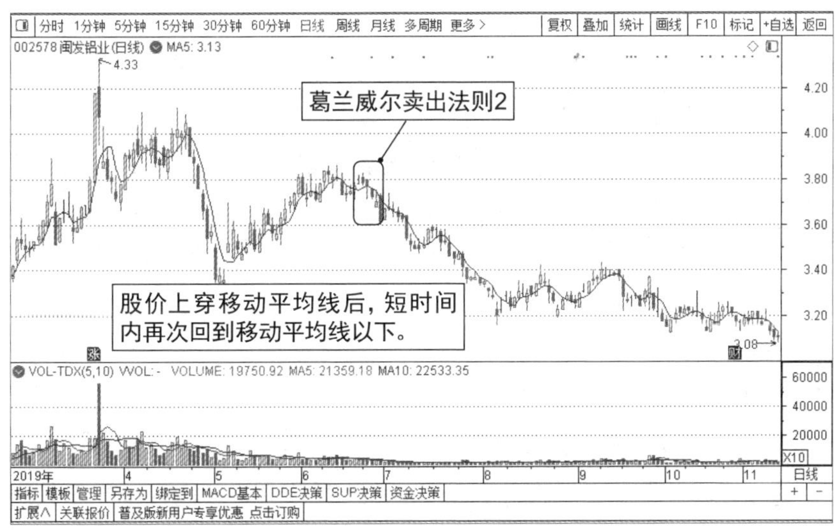

闽发铝业2019年3月至11月的K线走势

从图中可以看出，股价上涨到4.00元价位线附近开始逐步下跌，在3.40元附近开始反弹，股价运行到移动平均线之上。股价上涨至3.80元附近止涨，股价又再次下破移动平均线，股价跌破移动平均线时，就是最佳的卖出时机，后市股价继续深幅下跌。

NO.107

葛兰威尔卖出法则 3 的图谱

股价下跌到移动平均线以下，在反弹过程中向移动平均线靠拢，但未上破移动平均线又再次下跌，此为葛兰威尔法则的第 3 个卖点。

一图展示

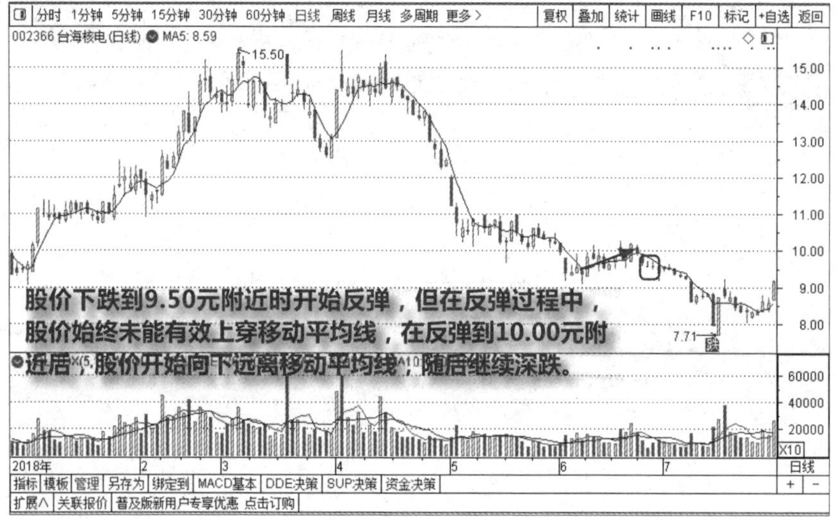

要点剖析

葛兰威尔卖出法则 3 出现在股价的下跌过程中，移动平均线整体呈下降趋势，股价运行在移动平均线之下。股价向上反弹并逐步向移动平均线靠拢，但由于反弹力度不够，未能有效向上突破移动平均线又继续向下跌。当股价再次向下远离移动平均线时，就是最后的卖出时机。

分析实例　伟星股份（002003）应用葛兰威尔卖出法则3

如下图所示为伟星股份2019年4月至11月的K线走势。

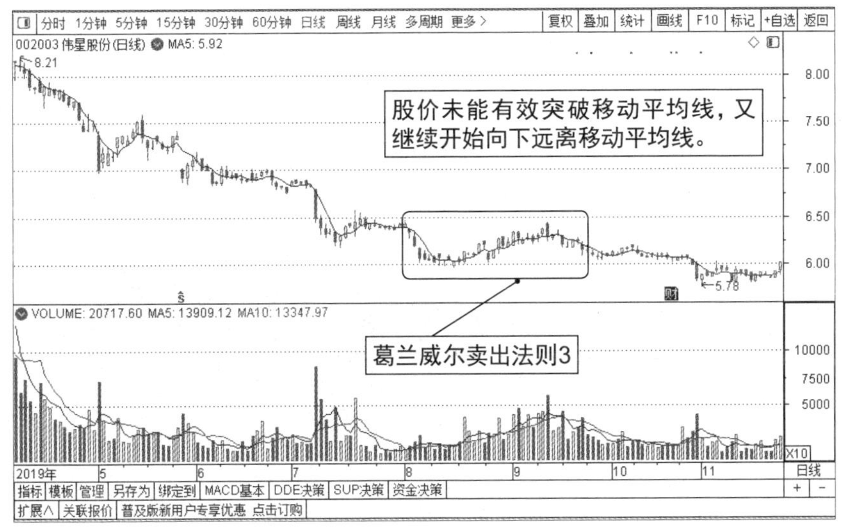

伟星股份2019年4月至11月的K线走势

从图中可以看出，该股前期经历一波上涨行情后转入下跌行情中。8月初K线连续收出几根阴线使股价急速下跌，并下跌到移动平均线下。随后股价止跌反弹，但在反弹过程中发现，股价逐渐向移动平均线靠拢，但并未上破就转而再次下跌。

之后K线继续收出连续阴线，继续之前的下跌行情。这是因为场内空方占据优势，多方反弹力度不够，所以引起的继续下跌。由此可以看出，当移动平均线整体呈下降趋势，股价运行在移动平均线之下，股价出现向上反弹并逐步向移动平均线靠拢，但又未能有效向上突破移动平均线又继续向下跌。当股价再次向下远离移动平均线时，就是投资者最后的卖出时机。

NO.108

葛兰威尔卖出法则 4 的图谱

股价在上涨过程中逐步远离移动平均线，当股价达到移动平均线上方足够远离时就会回调，回调开始时就是葛兰威尔法则的第 4 个卖点。

一图展示

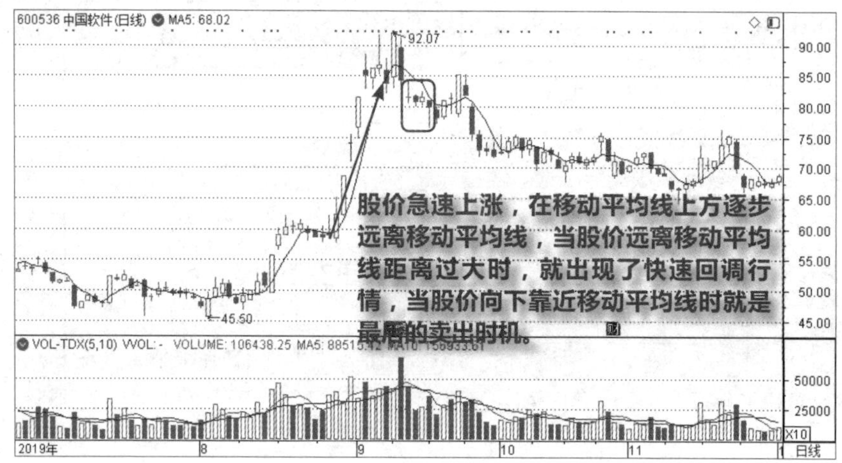

要点剖析

卖出法则 4 可以出现在任何上涨行情中，只要股价长时间运行在移动平均线之上，并且远离平均线足够的距离，当股价开始回调时就可以卖出。

分析实例 凯龙股份（002783）葛兰威尔卖出法则4

如下图所示为凯龙股份2019年1月至8月的K线走势。

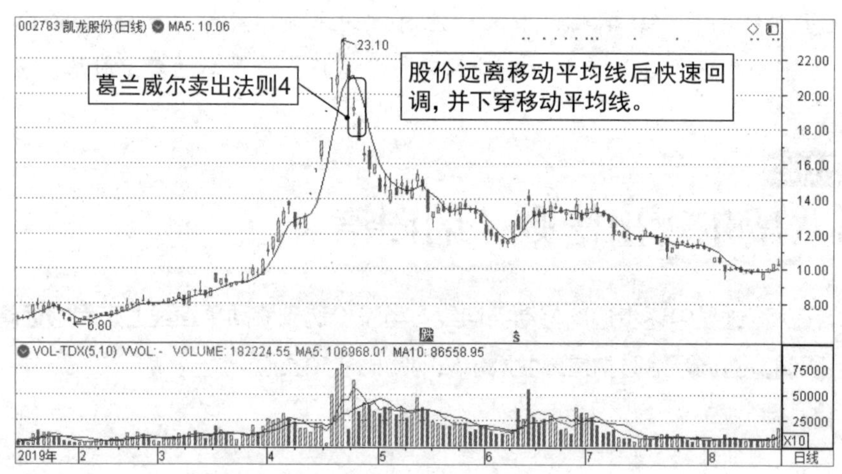

凯龙股份2019年1月至8月的K线走势

从图中可以看出，该股前期表现上升行情，4月中旬股价突然急涨，在近半个月时间内运行在移动平均线上方并不断远离，4月23日的一根阴线下穿移动平均线，随后股价在均线下方运行，股价开始长期的下跌行情。

读者意见反馈表

亲爱的读者：

感谢您对中国铁道出版社有限公司的支持，您的建议是我们不断改进工作的信息来源，您的需求是我们不断开拓创新的基础。为了更好地服务读者，出版更多的精品图书，希望您能在百忙之中抽出时间填写这份意见反馈表发给我们。随书纸制表格请在填好后剪下寄到：北京市西城区右安门西街8号中国铁道出版社有限公司大众出版中心 张亚慧 收（邮编：100054）。或者采用传真（010-63549458）方式发送。此外，读者也可以直接通过电子邮件把意见反馈给我们，E-mail地址是：lampard@vip.163.com。我们将选出意见中肯的热心读者，赠送本社的其他图书作为奖励。同时，我们将充分考虑您的意见和建议，并尽可能地给您满意的答复。谢谢！

所购书名：________________

个人资料：

姓名：__________ 性别：__________ 年龄：__________ 文化程度：__________

职业：__________ 电话：__________ E-mail：__________

通信地址：__________ 邮编：__________

您是如何得知本书的：

□书店宣传 □网络宣传 □展会促销 □出版社图书目录 □老师指定 □杂志、报纸等的介绍 □别人推荐

□其他（请指明）__________

您从何处得到本书的：

□书店 □邮购 □商场、超市等卖场 □图书销售的网站 □培训学校 □其他

影响您购买本书的因素（可多选）：

□内容实用 □价格合理 □装帧设计精美 □带多媒体教学光盘 □优惠促销 □书评广告 □出版社知名度

□作者名气 □工作、生活和学习的需要 □其他

您对本书封面设计的满意程度：

□很满意 □比较满意 □一般 □不满意 □改进建议

您对本书的总体满意程度：

从文字的角度 □很满意 □比较满意 □一般 □不满意

从技术的角度 □很满意 □比较满意 □一般 □不满意

您希望书中图的比例是多少：

□少量的图片辅以大量的文字 □图文比例相当 □大量的图片辅以少量的文字

您希望本书的定价是多少：

本书最令您满意的是：

1.

2.

您在使用本书时遇到哪些困难：

1.

2.

您希望本书在哪些方面进行改进：

1.

2.

您需要购买哪些方面的图书？对我社现有图书有什么好的建议？

您更喜欢阅读哪些类型和层次的理财类书籍（可多选）？

□入门类 □精通类 □综合类 □问答类 □图解类 □查询手册类

您在学习计算机的过程中有什么困难？

您的其他要求：